Hans Christian Altmann

Kunden kaufen nur von Siegern

Hans Christian Altmann

Kunden kaufen nur von Siegern

Wie Sie als Verkäufer unwiderstehliche Ausstrahlungskraft erreichen, Kunden begeistern und Ihren Umsatz explodieren lassen

Die Deutsche Bibliothek – CIP Einheitsaufnahme

Altmann, Hans Christian:
Kunden kaufen nur von Siegern : wie Sie als Verkäufer unwiderstehliche Ausstrahlungskraft erreichen, Kunden begeistern und Ihren Umsatz explodieren lassen / Hans Christian Altmann. - Landsberg/Lech: mi, 1998
ISBN 3-478-24250-9

© 1998 verlag moderne industrie, 86895 Landsberg/Lech
Internet: http://www.mi-verlag.de

Alle Rechte, insbesondere das Recht der Vervielfältigung und Verbreitung sowie der Übersetzung, vorbehalten. Kein Teil des Werkes darf in irgendeiner Form (durch Fotokopie, Mikrofilm oder ein anderes Verfahren) ohne schriftliche Genehmigung des Verlages reproduziert oder unter Verwendung elektronischer Systeme gespeichert, verarbeitet, vervielfältigt oder verbreitet werden.
Umschlaggestaltung: Daniela Lang, Stoffen
Satz: mi, M. Zech
Druck/Bindearbeiten: Pustet, Regensburg
Printed in Germany 240 250/089801
ISBN 3-478-24250-9

Inhaltsverzeichnis

Vorwort: **Auf der Spur der Sieger** 11

Teil 1: **Die Eigenschaften der Sieger** 15

1. Kapitel: Der Beruf als Berufung 17
Warum kaufen Kunden nur von Siegern? 17
Das glanzvolle Comeback eines Top-Verkäufers 22
Die Erfolgsstrategien der Sieger 31
Testen Sie Ihren Siegerstatus 34

2. Kapitel: Die Chancen der Nr. 1 36
Werden Sie die Nr. 1 für Ihre Kunden! 36
Wie können Sie für Ihre Top-Kunden die Nr. 1 werden? ... 39

3. Kapitel: Die Macht des Glaubens 42
Alles beginnt mit dem Glauben! 42
Was sagen die besten Verkäufer der Welt
über die Macht des Glaubens? 43
„Das ganze Buch ist einfach super!" 45
10 Methoden, wie Sie Ihren Glauben und Ihre
Begeisterung verstärken können 46
Warum eine Lexika-Verkäuferin um 300 Prozent
besser verkauft als ihre Kollegen 48
Wie man sich als Anlageberater
einen Millionen-Kunden angelt 61
Warum bei Fred Hoch plötzlich die Umsätze explodierten ... 65
Wie Sie über den Glauben Ihre Überzeugungskraft
verstärken können 69
Acht Tips, wie Sie auch in einer harten
Wettbewerbssituation den Glauben an sich und Ihren
Erfolg verstärken können 72

Test und Checkliste: Wie stark ist Ihr Glaube
an sich und Ihren Erfolg? 73

4. Kapitel: Die Angst der Einkäufer 76

Die neuen Regeln im Umgang mit Einkäufern 76
Wie ein Key Account Manager bei einem neuen Kunden
seine Preise durchsetzte 77
Die speziellen Herausforderungen
für einen Key Account Manager 81
15 Tips, die Sie bei den Verhandlungen mit
Einkäufern berücksichtigen sollten 84
15 Empfehlungen, wie Sie mit Einkäufern am
erfolgreichsten verhandeln 86

5. Kapitel: Mut zu neuen Strategien 89

Wie eine klare Kundenqualifizierung einen neuen
Umsatzschub auslöste 90
Sieben Erfolgsstrategien, wie neue Anlageberater zu
ihren ersten Abschlüssen kommen 95
Warum bestimmte professionelle Pferdewetter
zu 95 Prozent auf das richtige Pferd setzen 98
Das große Geheimnis der Top-Verkäufer 99
Wie ein Profi intuitiv die „richtigen Strategien" findet 101
Kann jeder Verkäufer aus dem Bauch heraus verkaufen? ... 104
Orientieren Sie sich an Ihren Quoten! 106
Die Geheimformel eines Superverkäufers 108
Das tolle Comeback eines total demoralisierten Verkäufers 109
Ein Phönix steigt aus der Asche 114
15 Empfehlungen, wie Sie einen echten Expertenstatus
erreichen und zum Zukunftspartner Ihrer Kunden werden 123

6. Kapitel: Das Geheimnis der Sieger 125

Die Kunst, als Sieger aufzutreten 125
Warum treten so wenige Verkäufer als Sieger auf? 128
Wie erreicht man ein starkes Siegergefühl? 130

Nur erkämpfte Erfolge schaffen ein Siegergefühl! 133

7. Kapitel: Die Macht des Optimismus 136
Wie aus einem Mißerfolg plötzlich ein Erfolg wurde 137
Wie man das Teuerste am besten verkauft! 139
Wie ein Optimist den Umsatz geradezu explodieren ließ 141
Wie man einen aussichtslosen Wettbewerb gewinnt 143
13 Tips, wie Sie Ihren Optimismus verstärken können 145

8. Kapitel: Die neue Sprache der Partnerschaft 148
„Für mich ist es jedesmal ein Fest!" 148
Der Mann, der in drei Tagen mehr verkauft als seine
Kollegen in fünf Tagen 160
Verkaufsgespräch eines Verkäufers von Elektroheizungen 167

Teil 2: Die Strategien der Sieger 171

9. Kapitel: Neukundenakquisition am Telefon 173
Wie eine professionelle Telemarketing-Agentur vorgeht 173
Gesprächsleitfaden 1 für die telefonische Terminvereinbarung . 182
Gesprächsleitfaden 2 für die telefonische Terminvereinbarung . 186
Die raffinierte Terminvereinbarung eines Verkäufers
von Elektroheizungen 188
30 Tips für die telefonische Terminvereinbarung 189
20 Maßnahmen, mit denen Ihre Umsätze geradezu explodieren 192

10. Kapitel: Die vier wichtigsten Schritte im Verkauf 195
Schritt 1: Wie man mit dem Kunden ins Gespräch kommt 196
Schritt 2: Wie man sich und seine Firma vorstellt 199
Schritt 3: Wie man ein aktuelles Problem anspricht 199
Schritt 4: Wie man dem Kunden ein Problem bewußtmacht 200
Wie man den Wunsch eines Kunden nach Unterlagen
in eine Seminaranmeldung verwandelt 204

11. Kapitel: Die Attraktivität des Angebots ... 208
Erfolgsfaktor 1: Die Harmonie ... 208
Erfolgsfaktor 2: Die Einmaligkeit ... 219
Erfolgsfaktor 3: Das Erlebnis ... 222
Erfolgsfaktor 4: Die Kompetenz ... 236
Erfolgsfaktor 5: Die emotionale Beziehung zum Kunden ... 237
Die Formel für die Attraktivität Ihres Angebots ... 241

12. Kapitel: Die Präsentation als Erlebnis ... 245
Wie man eine Problemlösung präsentiert und demonstriert ... 245
12 Empfehlungen, wie Sie aus Ihrer Präsentation
das Beste machen können ... 246
Produktpräsentation: „Supergrund" ... 249
10 Tips, mit denen Sie Ihre Präsentation noch
wirkungsvoller gestalten können ... 251
Wie ein Vertreter auf einen Schlag 40 Waagen verkaufte ... 251

13. Kapitel: Die Kunst der Einwandbehandlung ... 256
Der Verkauf beginnt, wenn der Kunde nein sagt! ... 257
20 Tips, wie Sie den Kunden in eine positive,
„begeisterte" Stimmung versetzen ... 259
12 Tips, wie Sie „überflüssige" Einwände
vermeiden können ... 261
Der Kampf mit dem Ego ... 264
Wie ein Top-Vertreter mit Selbstbewußtsein auch
schwierige Einwände erfolgreich abwehrt ... 266
Spontane Antworten sind enorm wichtig! ... 270
Wie Top-Verkäufer auch unmöglich erscheinende
Einwände überwinden ... 274
Wie Sie die wahren Einwände erkennen ... 287
Motivierende Einstellungen, um Einwände erfolgreich
beantworten zu können ... 288
Wie Sie mit überlegten Fragen aus jeder
Sackgasse herauskommen ... 289

Übersicht über die einzelnen
Einwandbehandlungsmethoden 293

14. Kapitel: *Der Abschluß als Finale* 295
Der Abschluß beginnt vor dem Gespräch 295
Checkliste: Wie Sie sich auf Abschlußverhandlungen
erfolgreich vorbereiten können 296
Vier Testfragen, die über Ihren Abschlußerfolg entscheiden 299
Die 10 wichtigsten Fragen eines erfolgreichen
Abschlußtrainings 304
Welche Fehler lassen Abschlußgespräche scheitern? 315
Wie sich ein Top-Verkäufer beim Abschluß
mit Erfolg durchsetzte 317
Ein absolut „provozierender" Abschluß 323
Wie sich Top-Verkäufer und Durchschnittsverkäufer
beim Abschluß unterscheiden 325

Schlußwort 327

Dank 329

Quellenangabe und Literaturverzeichnis 331

In eigener Sache 333

> *„Erfolg besteht darin, daß man genau die Fähigkeiten hat, die im Augenblick gefragt sind."*
> Henry Ford

Vorwort

Auf der Spur der Sieger

Immer wieder lerne ich bei Seminaren, Begleittagen oder Interviews Verkäufer kennen, die weit überdurchschnittliche, ja geradezu phänomenale Erfolge erzielen. Dabei frage ich mich: Warum sind diese Sieger so erfolgreich?

- Warum verkaufen sie z. B. nicht um 20 oder 30 Prozent, sondern gleich um 300 Prozent oder 400 Prozent besser?
- Warum sind sie – selbst wenn sie vorher noch nie im Außendienst waren – schon nach ein oder zwei Jahren an der Spitze der Rennliste?
- Warum schaffen sie diese Top-Ergebnisse nicht nur einmal, sondern immer wieder, fast wie am laufenden Band?

Doch am brennendsten interessiert mich dabei die Frage: Wie gehen sie vor? Wie erreichen sie ihre überragenden Erfolge? – Einige Beispiele:

- Wie schafft es eine junge Anlageberaterin, in wenigen Jahren die Nr. 1 unter 400 Kollegen zu werden und einen Umsatz von 25 Mio. DM pro Jahr zu erreichen?
- Wie gelingt es einem Verkäufer von Elektroheizungen, der die Nr. 1 von 90 Vertretern ist, an drei Tagen in der Woche mehr Umsatz zu machen als seine Kollegen an fünf Tagen?
- Wie geht eine junge Verkäuferin von Lexika vor, die zuvor noch nie im Außendienst war, aber nach eineinhalb Jahren unter 300

Kollegen bereits die Nr. 1 ist und im Durchschnitt um 300 Prozent mehr Umsatz macht als die anderen?
- Wie schafft es ein 55 Jahre alter ehemaliger Direktor eines Landmaschinenkombinats, der vorher noch niemals im Verkauf war, in einem der schwierigsten Gebiete Deutschlands, in Mecklenburg-Vorpommern, Bäderausstattungen für 5,4 Mio. DM zu verkaufen, wo zuvor fünf (westliche) Handelsvertreter ganze 350.000 DM Umsatz erzielten?
- Wie schafft es ein Verkäufer, der Kopiergeräte verkauft, vier Monate lang überhaupt keinen einzigen Kopierer zu verkaufen und am Ende des Jahres doch noch die Nr. 2 in der bundesweiten Rennliste zu werden?
- Wie wird ein einfacher Finanzdienstleister für einen schwerreichen Bauträger zur Nr. 1, wenn es um Finanzierungen und Versicherungen geht, und versichert nicht nur alle seine Gebäude im Wert von über 25 Mio. DM, sondern auch noch sein Leben für 3,5 Mio. DM?

Alle diese Beispiele werden Sie in diesem Buch kennenlernen und erleben. Aber natürlich interessieren Sie jetzt vor allem folgende Fragen:

- Warum sind diese Sieger so außergewöhnlich erfolgreich?
- Welche Strategien setzen sie ein?
- Welchen Gesetzmäßigkeiten verdanken sie ihre beeindruckenden Erfolge?

Eine Frage wird Sie ganz besonders interessieren:

Was kann ich von den Siegern lernen?

Hier gilt: Selbst wenn Sie von diesen Siegern nur eine einzige neue Idee übernehmen und in der Praxis verwirklichen, haben Sie die Chance für ungeahnte Verkaufserfolge. Denn die Methoden und

Strategien, die die Sieger in diesem Buch einsetzen, können auch Sie einsetzen! So werden Sie in diesem Buch erfahren,

- wie es einem Verkäufer von Finanzdienstleistungen innerhalb von acht Tagen gelang, 1.800 neue (qualifizierte) Adressen zu bekommen, von denen jede zweite zu einem Termin führte;
- wie Fertighausverkäufer durch eine neue Qualifikationsstrategie schlagartig ihren Umsatz um 35 Prozent erhöhten;
- wie ein Verkäufer von Direktwerbemitteln durch die Veränderung einer einzigen Strategie sein Monatseinkommen auf 20.000 DM steigerte;
- wie eine Gruppe von Finanzdienstleistern durch kreative Akquisitionsideen ihren Umsatz in einem Jahr um 400 Prozent steigerte;
- wie ein Trainer durch eine außergewöhnliche Fragemethode sein Akquisitionsgespräch aus der Sackgasse herausholte und damit einen Auftrag über 50.000 DM gewann.

Doch nicht genug damit! Ich will in diesem Buch nicht nur die Geheimnisse der Sieger und ihre faszinierenden Strategien aufzeigen, die sie geradezu wie auf Schienen zum Erfolg führen, sondern **ich will Sie auch ermutigen, es den Siegern gleichzutun.** Ich will Ihnen mit diesem Buch

- Mut machen, Ihre (augenblicklichen) Grenzen zu überwinden und neue, überdurchschnittliche Erfolgs- und Umsatzchancen zu erkennen,
- zeigen, was Sie an Umsätzen und Provisionen erreichen können, wenn Sie nur die richtige Einstellung haben und die richtige Strategie anwenden, und
- helfen, im gnadenlosen Prozeß der Globalisierung zu den Siegern zu gehören und von den neuen, phantastischen Chancen zu profitieren.

Das alles können auch Sie schaffen!

Die Sieger in diesem Buch sind der beste Beweis dafür. Denn alle Strategien in diesem Buch stammen von ihnen. Damit haben Sie die absolute Gewißheit,

- daß es sich hier nicht um „namenlose Wunderkinder" aus dem Land der Phantasie handelt, sondern um reale Sieger aus Fleisch und Blut, die ich (bis auf wenige Ausnahmen) mit ihrem wirklichen Namen vorstelle;
- daß es sich hier nicht um „amerikanische Traumgeschichten" à la Hollywood handelt, sondern um Verkäufer, die hier in Deutschland – im Osten wie im Westen – Erfolge erzielt haben;
- daß es sich um Geschichten dreht, die ich (bis auf wenige Ausnahmen) persönlich erlebt, recherchiert und geschrieben habe.

Nutzen Sie dieses Buch für Ihren persönlichen „Aufbruch zu neuen Ufern"! **Versuchen Sie, der Beste zu werden, der Sie werden können!** Dieses Buch will Sie dabei „als guter Freund" unterstützen! Nützen Sie das aus! Denn die Sieger erwarten Sie bereits in ihrem Kreis!

Zuletzt noch ein Wort an Sie, verehrte **Leserin**! Obwohl gerade die beeindruckendsten Beispiele von „Siegern" in diesem Buch von Frauen stammen, bitte ich Sie doch um Verständnis dafür, daß ich aus Gründen der besseren Lesbarkeit nur von „Verkäufern" spreche. Zum einen, weil mir die Bezeichnung „Verkäuferin" nicht gefällt; und zum andern, weil die typische „Verkäuferin" allzu schnell mit der Frau hinter dem Ladentisch eines Kaufhauses assoziiert wird, die aufgrund ihrer kurzen Ausbildung nur selten der hohen Qualifikation einer guten Außendienstmitarbeiterin oder Beraterin entspricht.

Germering, August 1998   Dr. Hans Christian Altmann

Teil 1
Die Eigenschaften der Sieger

„Salve lucrum - Sei gegrüßt, der du Gewinn bringst!"
Inschrift in Pompeji, 71 n. Chr.

1. Kapitel

Der Beruf als Berufung

Warum kaufen Kunden nur von Siegern?

Zuerst einmal: Wer ist überhaupt ein Sieger? – Sieger zu sein heißt für mich nicht, den Rambo zu spielen, den Kunden zum Verlierer zu machen, den Wettbewerber brutal zur Seite zu drängen und im übrigen als Strahlemann aufzutreten, der seine Kunden nach dem Motto „Anhauen, umhauen, abhauen" abkassiert. Es heißt auch nicht, mit Hochdruck schnellstmögliche Abschlüsse zu erzielen und alle nicht so erfolgreichen Menschen als Verlierer oder als Menschen zweiter Klasse anzusehen. Nein! Sieger zu sein heißt vor allem:

- den Beruf zu wählen, bei dem die persönlichen Fähigkeiten am besten mit den Anforderungen des Berufes übereinstimmen. Das ist die Erfolgsregel Nr. 1 für alle Sieger;
- seinen Beruf zur Berufung zu machen, indem man ihn mit Liebe und Begeisterung ausübt, denn ohne Liebe und Begeisterung kann nichts Großes gelingen;
- den Glauben an sich, an sein Produkt und an den Nutzen des Produkts für die Kunden zu verstärken, was die wichtigste Voraussetzung für jeden Verkaufserfolg ist;
- seine Stärken zu erkennen und aus seinen Fähigkeiten das Beste zu machen, denn nur so kann man Spitzenleistungen erreichen;

- **seine Grenzen zu überwinden** und immer neue Herausforderungen anzustreben, da man nur so immer größere Ziele erreicht.

Dabei kommt es nicht darauf an, daß Sie als Sieger unbedingt an der Spitze der Rennliste stehen, die absolute Nr. 1 unter Ihren Kollegen werden, das größte Einkommen und den höchsten Lebensstandard haben, also im Vergleich mit anderen der Beste sind, sondern Sieger zu sein bedeutet in Wahrheit nur eines: **daß Sie der beste Verkäufer werden, der Sie werden können!** Und das bedeutet: **Jeder kann im Spiel des Lebens zu den Siegern gehören!**

Natürlich streben Sieger nach dem Erfolg. Denn der Erfolg bedeutet für sie Selbstverwirklichung, und deshalb glauben sie dem amerikanischen Spitzentrainer John Wooden, der meinte:

> **„Erfolg ist Seelenfrieden – das Ergebnis von Selbstzufriedenheit in dem Wissen darüber, daß man sein Bestes gegeben hat, um der Beste zu werden, der man werden kann."**

Bleibt die Frage: Warum müssen die Verkäufer überhaupt zu den Siegern gehören?

Der Grund ist einleuchtend: Der Verkäufer lebt im Wettbewerb und vom Wettbewerb! Er lebt von den Erfolgen und leidet unter den Mißerfolgen. Er muß im Zeichen der Wettbewerbsgesellschaft zu den Siegern gehören – oder er geht unter. Er muß seine Konkurrenten ausstechen können – oder er steht ohne Aufträge da. Er muß seine Kunden zu Siegern machen können – oder er steht als Verlierer da.

Damit sind wir jedoch bei der Kernfrage: Warum kaufen Kunden heute nur von Siegern?

Der Grund ist einfach: Weil auch sie selbst im Spiel des Lebens zu den Siegern gehören wollen. Und der Verkäufer, der ihnen dazu verhilft, wird ihr Partner für die Zukunft und die Nr. 1, wenn sie als

Privatkunde an Versicherungen, Autos, Immobilien oder als Einkäufer an Bürogeräte, Gabelstapler oder neue Computer denken.

Jeder will heute in dieser Wettbewerbsgesellschaft zu den Siegern gehören. Jeder will das Gefühl haben, mehr aus seinem Leben gemacht zu haben. Jeder möchte anerkannt, bewundert und erfolgreich sein. Denn oben fühlt man sich nicht nur besser, man fühlt sich auch gelassener und souveräner.

Vielleicht sagen Sie jetzt, daß doch auch schwächere Verkäufer dem Kunden etwas verkaufen? – Das stimmt nicht! Bei diesen schwächeren Verkäufern stillen die Kunden nur den Zweckbedarf, den sie ohnehin irgendwo kaufen müssen, wobei es ihnen egal ist, wo sie das tun. Hauptsache, Qualität und Preis stimmen. Aber sie geben ganz bestimmt nicht mehr Geld aus, weil sie der Verkäufer dazu animiert hat. Und wenn sie wirklich mehr als notwendig einkaufen, dann tun sie das nicht wegen des Verkäufers, sondern trotz des Verkäufers! Also hängt alles von der Definition des Verkaufens ab!

Wirklich verkaufen heißt für mich nicht, dem Kunden das zu beschaffen, was er ohnehin kaufen muß oder möchte! Sondern **wirklich verkaufen** heißt für mich, den Kunden zu einer Kaufentscheidung zu veranlassen, die er ohne die emotionale Ansprache, die vertrauensvolle Beziehung, die begeisternde Präsentation oder die faszinierende Demonstration des Verkäufers nicht getroffen hätte! Wirklich verkaufen heißt, daß es dem Verkäufer gelingt, den Kunden in jene emotionale Stimmung der Begeisterung und der Faszination zu bringen, die ihn dazu bewegt,

- sich spontan für überraschende Zusatzkäufe zu entscheiden,
- sich den Luxus zu erlauben, den er sich bisher versagt hat,
- sich das zu kaufen, was ihm hilft, seine Persönlichkeit zu definieren oder seine Lebensqualität zu steigern.

Genau das kann der Verlierer nicht! Warum nicht? – Aufgrund neuester wissenschaftlicher Forschungen wissen wir,

- daß die **„emotionale Begeisterung"** für den Verkaufserfolg heute das entscheidende Kriterium darstellt;
- daß die **„vernünftige Zustimmung"** des Kunden aufgrund guter rationaler Argumente in der Industrie zu 33 Prozent und im Konsum nur zu 21 Prozent aller Abschlüsse führt,
- daß aber 66 Prozent aller Abschlüsse in der Industrie und 78 Prozent (!) aller Verkäufe im Konsum zustande kommen, wenn es dem Verkäufer gelingt, den Kunden in eine Stimmung der **Begeisterung und Faszination** zu versetzen;[1]
- daß sich bei 87 Prozent aller Menschen der **erste Eindruck** sofort in einer endgültigen Meinung niederschlägt und 91 Prozent aller Menschen sagen, daß sie sie nur „schweren Herzens" korrigieren würden.[2]

Was bedeutet das?

- Nur der Verkäufer, der selbst von seinem Angebot hundertprozentig überzeugt und begeistert ist, kann auch den Kunden emotional begeistern und überzeugen!
- Nur der Verkäufer, der es versteht, den Kunden in eine Stimmung der Begeisterung und der Faszination zu versetzen, kann ihm auch „wirklich etwas verkaufen" (in dem Sinne, wie wir es bereits besprochen haben).
- Nur der Verkäufer, der bereits bei der ersten Begegnung einen positiven, vertrauensvollen und sympathischen Eindruck macht, schafft es auch, zu dem Kunden eine gute emotionale Beziehung herzustellen.

Da müssen wir uns doch fragen:

- Wie soll es dem unqualifizierten Verkäufer gelingen, sich selbst zu begeistern, den Kunden zu faszinieren und einen vertrauensvollen und sympathischen Ersteindruck zu machen?
- Wie soll er selbst Begeisterung fühlen, wenn er sich weder mit seinem Beruf identifiziert noch an sich und sein Produkt glaubt? Und genau daran hapert es doch so oft bei den schwächeren Verkäufern!

- Wie soll er den Kunden in einen Zustand der Begeisterung bringen, wenn er tagein, tagaus mehr Mißerfolge als Erfolge erlebt, wenn er bei jedem Preisgespräch unter Streß steht und wenn er jeden harten Kundeneinwand als Angriff empfindet?

Hier gilt: Ein Verlierer kann emotional gar nicht aus sich herausgehen und mit seiner Begeisterung den Kunden anstecken! Viel eher leidet er an dem „Pinocchio-Syndrom", einer ausgeprägten emotionalen Ausdrucksschwäche!

Was heißt das im Klartext? – Wenn die obengenannten Aussagen stimmen, dann hat der unter negativen Emotionen leidende oder emotionslose Verlierer von heute in Zukunft immer weniger Chancen! Denn ohne die Fähigkeit, selbst positive Emotionen zu zeigen und Emotionen der Begeisterung und Faszination beim Kunden hervorzurufen, hat er nur noch die Chance, mit guten rationalen Argumenten maximal 33 Prozent aller Industrie- und 21 Prozent aller Konsumabschlüsse zu realisieren.

Im Gegensatz dazu verstehen es die Sieger geradezu virtuos, Emotionen zu zeigen und zu wecken! Auch aus diesem Grund gehört ihnen die Zukunft, denn Prof. Horst W. Opaschowski, der bekannteste Zukunftsforscher Deutschlands, sagte ganz klar: „Das nächste Jahrhundert ist nicht das Jahrhundert von Multimedia, sondern das Jahrhundert der Erlebnissucht!"[3]

Und was suchen die Kunden? – Das Einkaufserlebnis, also Emotionen pur!

Nein! Alle diese positiven Emotionen kann – wie wir noch sehen werden – nur der Sieger ausdrücken! Nur der Sieger zeichnet sich durch jene Eigenschaften aus, die heute bei den Kunden noch spontane Kaufimpulse auslösen: durch **Leidenschaftlichkeit und Begeisterung.**

Aber die vielen Sieger in diesem Buch, von denen sich z. B. kein einziger durch eine überragende bzw. perfekte Rhetorik auszeichnet, veranstalten keineswegs ein riesengroßes Ballyhoo, um ihre Kunden zu begeistern und zu faszinieren, sondern sie profilieren sich viel eher durch ihre „stillen Emotionen", z.B. durch ihre Fähigkeit zuzuhören, sich in die Ängste, Hoffnungen und Wünsche ihrer Kunden einzufühlen, den Kunden Hilfe und Verständnis zu signalisieren, die Werte und Bedürfnisse der Kunden anzusprechen und schließlich mit ihnen gemeinsam eine optimale Problemlösung zu finden.

Albrecht Biffar, Juniorchef von Deutschlands Türenhersteller Nr. 1, beschrieb dieses Phänomen in einem Vortrag vor 300 seiner Verkäufer: „Sieger können auch Kunden gewinnen und überzeugen, die nicht mehr alles glauben, die nicht mehr sofort kaufen und die auch nicht mehr das Teuerste kaufen. Es sind Menschen, die in eigentlich ausweglosen Situationen Grandioses leisten." Genau diese Menschen werden Sie in diesem Buch erleben!

Unsere Botschaft, daß Kunden nur von Siegern kaufen, hat daher auch eine absolut positive Perspektive! **Wenn Emotionen so wichtig sind, dann können Sie als Verkäufer am schnellsten und nachhaltigsten Ihre Verkaufsergebnisse steigern, wenn Sie sich entschließen, künftig mehr Leidenschaftlichkeit und Begeisterung in Ihren Beruf zu investieren!** Wenn Sie dann auch noch die richtige Strategie einsetzen, dann können Ihre Umsätze wirklich explodieren. Und genau dabei soll und wird Ihnen dieses Buch helfen! Deshalb Vorhang auf für den ersten Sieger! Denn er zeigt in geradezu idealer Weise auf, was einen echten Sieger ausmacht.

Das glanzvolle Comeback eines Top-Verkäufers

Eduard Wirtitsch verkauft Kopiergeräte an die Industrie, das Stück zwischen 10.000 und 50.000 DM. Nach einer intensiven Ausbildung legte er einen Raketenstart hin, wurde zum Senkrechtstarter in seiner Firma, bis er plötzlich von einem Tag auf den anderen abstürzte. Nichts ging mehr! Kein Auftrag, kein Abschluß, rein gar nichts. Über vier Monate dauerte dieser freie Fall aus heiterem Himmel, bis er sich plötzlich wieder fing und anschließend fast „am laufenden Band" verkaufte – mit dem Resultat, daß er am Ende des Jahres trotz des totalen Flops bundesweit der Zweitbeste war.

So könnte man im Telegrammstil die Höhen und Tiefen eines Superverkäufers beschreiben, der uns hier schon die erste Lektion für Sieger vermittelt: **Gib nie auf! Glaube an deinen Erfolg! Laß dich von keinem Mißerfolg unterkriegen!**

Beginnen wir noch einmal von vorne: Wie schafft man einen solchen Raketenstart? Wie überwindet man eine solche Mißerfolgssträhne? Wie verkauft man am laufenden Band und wird trotz eines monatelangen Flops noch zur Nr. 2?

Das erste Erfolgsgeheimnis von Eduard Wirtitsch liegt in seinem **Produkt- und Wettbewerbswissen.** „Wenn du die Produkte der Wettbewerber vor den Augen deiner Kunden auseinandernehmen kannst, dann fühlst du dich wirklich kompetent!" sagte er dazu. Seine Motivation war hoch, und sie wurde durch die Schulung sogar noch stärker. Denn Kernpunkt dieser Schulung war die totale Markttransparenz!

Im Rückblick dazu meint er: „Meine Kollegen und ich haben bei unserer Schulung alle Geräte – die eigenen wie die des Wettbewerbs – bis auf die letzte Schraube zerlegt und kannten auf diese Weise jedes Gerät in- und auswendig. Wir wußten hundertprozentig über den gesamten Markt Bescheid. Kein Kunde und kein Wettbewerber konnten uns jetzt noch ein X für ein U vormachen. Schließlich waren ich und meine Kollegen ganz heiß darauf, unser Wissen unter Beweis zu stellen und unsere Kopierer an den Mann zu bringen. Firmen zu besuchen wurde zum höchsten Lebensgefühl für mich, weil ich von meinem Produkt hundertprozentig überzeugt war und weil ich wußte, daß ich jedem Wettbewerber Paroli bieten konnte."

Wieder erleben wir die Tatsache:

Wer von seinem Produkt hundertprozentig überzeugt und begeistert ist, der kann auch seine Kunden voll davon überzeugen und begeistern!

„Wie kam es dann zu diesem kolossalen Absturz?" will ich wissen. Eduard Wirtitsch antwortet mit entwaffnender Ehrlichkeit: „Ich weiß es bis heute nicht! Ich weiß nur, daß auf einmal überhaupt nichts mehr ging!"

„Was haben Sie dagegen getan? Oder besser gefragt: Wie kamen Sie aus diesem Loch wieder heraus?"

„Es war merkwürdig. Trotz dieses total überraschenden Einbruchs habe ich **keinen Augenblick an mir gezweifelt** oder mich abgewertet, sondern weiter kontinuierlich meine Termine und Besuche gemacht. Und ich habe – und das wußte ich einfach – mit innerlicher Gewißheit darauf gewartet, daß eines Tages der Knoten wieder platzen würde."

„Was sagte Ihr Verkaufsleiter dazu?"

„Der war mir eine ganz große Hilfe und gab mir volle Rückendeckung. Er sagte zu mir: ‚Auch wenn Sie noch ein halbes Jahr lang nichts verkaufen, machen Sie sich keine Sorgen. Ich weiß, daß Sie früher oder später wieder in den Tritt kommen!'"

Die alles entscheidende Motivation beruhte also in diesen schwarzen Tagen auf drei Säulen: erstens auf dem **Glauben an sich** („Eines Tages wird der Knoten wieder platzen!"), zweitens auf dem **Glauben des Verkaufsleiters** an ihn („Sie kommen früher oder später wieder in den Tritt!") und drittens auf seiner Bereitschaft, diesen **Glauben zu beweisen** (z. B. durch die kontinuierliche Akquisition). Hier gilt:

> **Solange ein Verkäufer an sich glaubt und diesen Glauben auch durch seine Arbeit beweist, hat er noch alle Chancen!**

Ich versuche weiterhin, das Geheimnis von Absturz und Aufstieg zu ergründen: „Wie haben Sie auf diese Mißerfolge reagiert?"

„Mein vorrangiges Ziel war, ganz genau herauszubekommen, warum der Kunde nicht gekauft hat. Ich fragte also den Kunden: ‚Konnte mein Gerät bestimmte Anforderungen nicht erfüllen? Gab es andere Entscheider, die dagegen sprachen? Gab es Vorbehalte gegenüber meiner Firma? Hatte der Wettbewerber den Vorteil fester Beziehungen?'

Aus diesem Grund habe ich nach Mißerfolgen mit den Kunden auch öfters einen neuen Termin ausgemacht. Etwa nach dem Motto: ‚Herr Kunde, ich würde Sie gerne noch einmal aufsuchen und mit Ihnen über das letzte Gespräch reden. Ich respektiere Ihre Entscheidung, aber es würde mir sehr helfen, wenn Sie mit mir noch einmal darüber sprechen würden. Wäre ein halbe Stunde möglich?'

Wenn ich dann beim Kunden saß, fragte ich ihn ganz frei heraus: ‚Herr Kunde, was ist der eigentliche Grund für Ihre Absage? Jetzt können wir ja viel lockerer darüber reden. Lag es an meinem Produkt, an meiner Firma oder an meiner Person?'

Bei diesem Gespräch habe ich bewußt nicht danach gefragt: ‚Herr Kunde, was muß ich tun, damit ich beim nächsten Mal zum Zug komme?' Ich habe ihm nur angeboten, ihn weiter zu betreuen und aufzusuchen."

Auch hieraus läßt sich eine bestimmte Siegereigenschaft erkennen:

> **Sieger geben sich nicht einfach mit Mißerfolgen zufrieden, sondern sie wollen aus ihren Mißerfolgen lernen!**

„Gab es nach Ihrer Mißerfolgssträhne ein **Schlüsselerlebnis**, das Ihnen vielleicht schlagartig half, wieder an Ihre früheren Erfolge anzuknüpfen?"

„Ja, genau das gab es!" antwortete Wirtitsch und fuhr fort:

„Eines Tages erhielt ich den Anruf eines Mannes, der mir gegen Provision eine Kundenadresse vermitteln wollte. Natürlich war jetzt mein Jagdinstinkt geweckt, und ich beschloß, als erstes einmal diesem Vermittler selbst ein Gerät zu verkaufen. Als ich ihn besuchte, stellte es sich heraus, daß er Hersteller von Schießbudenfiguren war und damit ein sagenhaftes Geld verdiente.

Den Mann selbst konnte ich anfangs kaum erkennen, so sehr hatte er sein enges, chaotisches Büro mit seinen schweren kubanischen Zigarren eingenebelt. Prompt kam er auch gleich auf sein Angebot und die mögliche Provision zu sprechen. Ich sagte zunächst gar nichts, sah in nur sekundenlang an und sagte dann: „**Jetzt bieten Sie mir doch einmal eine Zigarre an!**' Einen Augenblick herrschte verblüfftes Schweigen, dann huschte ein Lächeln über sein Gesicht, und er sagte: ‚Junger Mann, Sie gefallen mir!' Er reichte mir seine Zigarrenkiste, und gemeinsam pafften wir nun den letzten Rest von Sauerstoff aus dem Büro.

Zwei Minuten später – bevor wir uns aufgrund der Rauchschwaden völlig aus den Augen verloren – gingen wir gemeinsam die Unterlagen durch. Ich holte eine gebrauchte Maschine herein und präsentierte sie dem Kunden so eindrucksvoll mit all ihren kostengünstigen und zeitsparenden Vorteilen, daß der Kunde schließlich darauf bestand, dieses Gerät sofort behalten zu dürfen. Ich wollte zuerst nicht, denn das war mein Vorführgerät. Aber schließlich ließ ich es ihm zum Neupreis da, nachdem der Kunde noch vier zusätzliche Geräte – ohne einen Pfennig Rabatt – bestellt hatte.

In diesem Moment wurde mir zum ersten Mal bewußt, welche unglaubliche Überzeugungskraft von einem Verkäufer ausgeht, der ebenso kompetent wie selbstbewußt ist und der obendrein auch noch über das gewisse Quentchen Schlagfertigkeit und Courage verfügt."

Und wir wissen: Wirtitsch hat durch diese phantastische Präsentation den Kunden genau in diese Stimmungslage der Begeisterung und Faszination versetzt, die der wirkungsvollste Auslöser für Kaufentscheidungen ist.

„Gab es noch ein weiteres Erlebnis, das Ihrem Selbstvertrauen den entscheidenden Kick gab?"

„Ja, das war, als ich zum **Mann für spezielle Herausforderungen** wurde. Wo andere Kollegen schon mehrmals vergeblich vorgesprochen hatten, da wurde ich jetzt als Nothelfer gerufen. Und so schwierig die Situation auch oft war, so hatte ich doch stets vom ersten Moment an das Gefühl, daß ich das schaffen würde.

Aber mein Erfolg kam nicht von ungefähr: **Meine Methode bestand darin, mir als erstes alle möglichen Informationen über den Kunden zu beschaffen,** also mir ein vollständiges Bild von ihm zu machen. Zum Beispiel: Welche Funktionen braucht der Kunde? Welches sind seine Prioritäten? Welche Maschinen hat er bisher eingesetzt? Was hat ihm daran gefallen? Womit war er unzufrieden? Kann der Kunde allein entscheiden? Wer entscheidet mit?

Ganz entscheidend aber war für meinen Erfolg das Gefühl, daß ich nie unter Umsatzdruck stand, also jetzt unbedingt einen Auftrag schreiben mußte. **So blieb ich locker** und betrieb das Ganze aus Spaß. Es war für mich eine Herausforderung, auf die ich mich regelrecht freute. Natürlich mischte sich darin auch die Freude, meine Kollegen zu übertreffen und etwas zu schaffen, was ihnen nicht gelungen war."

Auch hier erkennen wir eine sehr wichtige Siegereigenschaft:

> **Sieger haben Freude an neuen Herausforderungen und verspüren die Lust, sich vor anderen auszuzeichnen.**

„Und wie schafften Sie es, geradezu am laufenden Band zu verkaufen?"

„Als ich immer erfolgreicher wurde, ging ich dazu über, Kunden sogar ohne jeden Termin anzusprechen. Dann sagte ich zu mir, quasi in Form einer geistigen Programmierung: Ich werde jetzt diesen Kunden X abschließen! Niemals sagte ich bei solchen Spontanbesuchen, daß ich gerade zufällig in der Gegend sei und bei dieser Gelegenheit nur mal vorbeischauen wolle. Statt dessen sagte ich, um meinen Besuch und den Kunden aufzuwerten: ‚Herr Kunde, ich bin von weit her gekommen, nur um Sie zu besuchen ... Ihre Firma ist für mich so wichtig, daß ich mir extra die Zeit dafür genommen habe...'"

„Und wie gingen Sie mit den Einwänden und Absagen um?"

„Wollte sich mein Gesprächspartner – zum Beispiel der Einkaufsleiter – am Ende des Gespräches damit herausreden, daß über eine solche Entscheidung nur der Herr Direktor entscheiden könne, dann beugte ich dieser Ausflucht vor, indem ich nach der Präsentation zu ihm sagte:

‚Glauben Sie nicht auch, daß ein Mann, der in dieser Sache so genau Bescheid weiß wie Sie und der auch die richtige Entscheidung kennt, nicht am besten den Herrn Direktor und die anderen Entscheider davon überzeugen kann?'"

„Überzeugen scheint Ihnen Spaß zu machen?" werfe ich ein.

„**Ich liebe meinen Beruf.** Das heißt, ich liebe es, den Kunden zu überzeugen. Ich bin begeistert davon, andere Menschen überzeugen zu können. Und je negativer und abweisender der Kunde ist, um so weniger lasse ich mir das anmerken und um so genauer höre ich zu! Dann schreibe ich mir jeden Punkt ganz genau auf und frage zuletzt den Kunden: ‚Herr Kunde, sind das alle Ihre Einwände? ... Sind wir für Sie der richtige Partner, wenn ich diese Punkte zu Ihrer Zufriedenheit klären kann?'"

„Sie nehmen also den Kunden schon vor der Einwandbehandlung in die Verpflichtung?"

„Genau! Denn ich möchte wissen, woran ich bin. Und ich sehe es als nutzlos an, den Kunden durch gute Beweise zu überzeugen, z. B. durch Vorführungen, Vergleiche oder Testergebnisse, wenn ich dann immer noch im luftleeren Raum stehe."

„Und was ist, wenn es trotz aller Beweise zu einer definitiven Absage kommt?"

„Dann berührt mich das gar nicht, denn ich gehe von vornherein davon aus, daß es nicht immer und überall klappen kann."

„Was war Ihr schönster Abschluß?"

„Als ich es bei Siemens einmal schaffte, alle Entscheider und Anwender an einen Tisch zu bekommen, um über ihre Bedürfnisse und Vorstellungen zu diskutieren. Daraufhin wurden in den nächsten Tagen die Aufträge jeder Abteilung an eine spezielle Pinnwand geheftet, so daß ich sie nur noch wie reife Äpfel einzusammeln brauchte."

Auch dieses Verhalten beweist eine Siegereigenschaft:

> **Sieger sprechen nicht mit den leichtesten, sondern den wichtigsten Gesprächspartnern – den Entscheidern!**

Zusammenfassung: Wenn wir die Geschichte von Eduard Wirtitsch noch einmal Revue passieren lassen, erkennen wir die Einstellungen, Verhaltensweisen und Strategien, die alle Sieger auszeichnen, egal was sie im einzelnen verkaufen, und von denen jeder Verkäufer profitieren kann:

- **Kompetenz motiviert.** Wenn Sie wie Wirtitsch und seine Kollegen Ihre eigenen Produkte und die der Wettbewerber bis auf die letzte Schraube kennen und in jeder Situation um Ihre Chance wissen, dann brennen auch Sie darauf, Ihr Wissen unter Beweis zu stellen und Ihr Produkt so erfolgreich wie möglich an den Mann zu bringen.
- **Begeisterung wirkt ansteckend.** Wer von seinem Angebot so überzeugt und begeistert ist wie Wirtitsch und weiß, daß er jedem Konkurrenten Paroli bieten kann, der wird mit dieser Überzeugung und Begeisterung auch seine Kunden mitreißen und erfolgreich abschließen können.
- **Glaube gibt Kraft.** Wirtitsch konnte eine viermonatige Mißerfolgsserie durchstehen, weil er hundertprozentig an sich und sein Produkt glaubte und diesen Glauben durch seine täglichen Anrufe und Termine unter Beweis stellte. Mit diesem Glauben überwindet man jede Mißerfolgsserie.
- **Mißerfolg wird zum Lernerfolg.** Sieger lernen aus den Mißerfolgen und probieren so lange neue Strategien aus, bis sie die erfolgversprechendste gefunden haben.
- **Mut zur Provokation.** Wirtitsch erschien vor dem Hersteller der Schießbudenfiguren nicht als Bittsteller, sondern als gleichrangiger Geschäftspartner, der sein Selbstvertrauen auch gleich unter Beweis stellte. („Jetzt bieten Sie mir doch einmal eine Zigarre an!") Er wußte: Handle wie ein Sieger, und du wirst wie ein Sieger behandelt.

- **Faszinierende Präsentation.** Wirtitsch hat diesem Kunden sein Gerät so eindrucksvoll präsentiert, daß dieser in Begeisterung geriet, also genau in die Stimmung, die die höchste Abschlußgarantie bietet, was sich ja auch prompt in den vier Zusatzbestellungen ausdrückte.
- **Vom Preis überzeugt.** Wer von seinem Produkt so hundertprozentig überzeugt und begeistert ist, der kennt auch seinen Wert und gibt keinen Rabatt, auch wenn der Kunde fünf Stück auf einen Schlag kauft. Damit bewies Wirtitsch: Das Preisbewußtsein spiegelt auch den Glauben an sich und sein Produkt wider.
- **Annahme von Herausforderungen.** Jeder Sieger sucht immer wieder neue Herausforderungen, so wie Wirtitsch sich als „Nothelfer" bei den Kunden beweisen wollte, an denen sich seine Kollegen die Zähne ausgebissen hatten. So stärkte er mit jedem Erfolg sein Selbstvertrauen und seine positive Ausstrahlung.
- **Bedürfnisse des Kunden kennen.** Sieger wissen: Man kann nur dann gut verkaufen, wenn man den Kunden und seine Bedürfnisse möglichst genau kennt. Aus diesem Grund war Wirtitsch immer bemüht, sich ein möglichst vollständiges Bild von dem Kunden zu machen.
- **Gelassenheit und Lockerheit.** Erfolg bewirkt, daß man nicht unbedingt jeden Kunden abschließen muß und in jeder Situation locker und gelassen bleiben kann. Genau das strahlen die Sieger aus, und genau das bewirkt, daß sich die Kunden bei ihnen wohl fühlen.
- **Liebe zum Beruf.** Wirtitsch liebt das Verkaufen, also das Überzeugen, weil ihm sein Beruf zur Berufung wurde. Sieger suchen sich immer den Beruf aus, dessen Anforderungen am besten mit ihren natürlichen Fähigkeiten übereinstimmen.
- **Suche nach Resultaten.** Statt sich von Einwänden oder dem abweisenden Gesicht eines Kunden einschüchtern zu lassen, notiert sich Wirtitsch in aller Ruhe diese Einwände und fragt den Kunden anschließend: „Herr Kunde, wenn ich diese Einwände zu Ihrer Zufriedenheit kläre, sind wir für Sie dann der richtige Partner?" Hier gilt: Sieger wollen immer wissen, woran sie sind.

Sie jagen keinen Illusionen nach, sondern sie wollen sicher sein, daß ihre Arbeit auch zu einem Ergebnis führt.

Und damit Sie, lieber Leser, sich schon von vorab ein Bild von den „wahren Qualitäten" der Sieger machen und die kommenden Beispiele, Methoden und Strategien richtig einordnen können, möchte ich Ihnen schon jetzt 15 entscheidende Siegerstrategien vorstellen:

Die Erfolgsstrategien der Sieger

- **Strategie 1: Überzeugungskraft durch Emotionen!**
  Sieger gehen in Verkaufsgesprächen emotional voll aus sich heraus und erreichen dadurch eine hohe Überzeugungskraft, während die Verlierer an einer emotionalen Ausdrucksarmut leiden.
- **Strategie 2: Überlegenheit durch Gelassenheit**
  Sieger bleiben gerade in den „kritischen Situationen" (z.B. bei Einwänden oder Preiswiderständen) aufgrund ihrer Selbstsicherheit und Kreativität gelassen und konzentrieren sich voll auf die optimale Kundenlösung, während die Verlierer eher an den Auftragsverlust denken und die Kunden mit ihrer Unsicherheit und Nervosität anstecken.
- **Strategie 3: Richtige Vorgehensweise durch das „stillschweigende Wissen"**
  Sieger verfügen über einen großen Wissens- und Erfahrungsspeicher, aus dem sie in jeder Situation die optimale, bereits erprobte Strategie abrufen, während die Verlierer nur auf Routinestrategien zurückgreifen können.
- **Strategie 4: Selbstbestätigung durch positive Erinnerungen**
  Sieger erinnern sich in schwierigen Situationen (z.B. bei harten Abschlußeinwänden) vor allem an frühere Verkaufserfolge, die sie in ihrer Kompetenz bestätigen, während sich die Verlierer in der gleichen Situation viel eher an frühere Mißerfolge erinnern.

- **Strategie 5: Ausstrahlungskraft durch die Macht des Glaubens**
Sieger glauben an sich, an ihr Produkt und an den Nutzen ihres Produkts für den Kunden und können diesen Glauben auf ihre Kunden übertragen, während sich die Verlierer weder mit ihrem Beruf noch mit ihren Produkten besonders identifizieren.
- **Strategie 6: Selbstbewußtsein durch die Übereinstimmung von Charakter und Beruf**
Sieger haben sich genau den Beruf gesucht, bei dem ihr Fähigkeitsprofil vollkommen mit dem Aufgabenprofil übereinstimmt, so daß ihnen ihr Beruf zur Berufung wurde, während die Verlierer eher zufällig – ohne ihre Stärken und Schwächen zu kennen – „in den Verkauf" geraten sind.
- **Strategie 7: Schnelle Erfolge durch sofortiges Handeln**
Sieger wollen so schnell wie möglich zum Erfolg kommen und nehmen deshalb auch unangenehme Aufgaben sofort in Angriff (z. B. die Neukundenakquisition), während die Verlierer alle möglichen Ersatzhandlungen wählen (z. B. Mailing-Aktionen), um den unangenehmen Aufgaben aus dem Weg zu gehen.
- **Strategie 8: Differenzierung durch kreative Ideen**
Sieger wollen anders als andere sein und überlegen sich immer wieder neue, kreative und außergewöhnliche Strategien, während die Verlierer auch bei veränderten Marktbedingungen unflexibel und ausdauernd bei ihren alten und überholten Strategien bleiben.
- **Strategie 9: Zielrealisierung durch hundertprozentigen Einsatz**
Sieger setzen sich Ziele und sind bereit, sie mit Ausdauer, Flexibilität und Kampfgeist zu erreichen, während die Verlierer nur von großen Zielen träumen, sich aber nicht zu einem engagierten Handeln aufraffen können.
- **Strategie 10: Langzeiterfolge durch starke emotionale Beziehungen**
Sieger beherrschen vor allem die Kunst, gute und langfristige Beziehungen zu ihren Kunden aufzubauen (und weniger die Re-

dekunst), während die Verlierer auf die Kunst der Überredung den größten Wert legen.
- **Strategie 11: Bewältigung von Mißerfolgen durch positiven inneren Dialog**
Sieger verstehen es, sich auch in schwierigen Situationen (z. B. bei Mißerfolgsserien) durch einen optimistischen inneren Dialog zu einem neuen, engagierten Handeln zu motivieren und neue Chancen zu erkennen, während die Verlierer sich durch ihren pessimistischen inneren Dialog geradezu in die Resignation und Aufgabe hineinreden.
- **Strategie 12: Begeisterung durch Zukunftsvisionen**
Sieger sprechen vor allem über die Zukunft, haben ein Gespür für künftige Entwicklungen und können ihre Kunden mit ihren Visionen begeistern, während die Verlierer mit ihren Kunden gewöhnlich nur über die Vergangenheit oder die Gegenwart sprechen.
- **Strategie 13: Motivation durch neue Kompetenzen**
Sieger investieren auf eigene Kosten in neues Wissen, neue Fähigkeiten und neue Zukunftschancen (z. B. eine professionellere Ausstattung), während die Verlierer selbst den kostenlosen Weiterbildungsmaßnahmen ihrer Firma mit Skepsis gegenüberstehen.
- **Strategie 14: Top-Status durch schnellen Nutzennachweis**
Sieger beweisen neuen Kunden schon in den ersten drei bis vier Gesprächen ihre Kompetenz und Zuverlässigkeit (also ihren Nutzen) und werden dadurch von ihnen ernst genommen und respektiert, während die Verlierer ohne diesen Nachweis von ihren Kunden als mittelmäßige Verkäufer eingestuft und entsprechend behandelt werden.
- **Strategie 15: Selbststeuerung durch Erfolgsquoten**
Sieger überwinden Mißerfolge relativ leicht, weil sie darin entweder eine Lernerfahrung oder eine Bestätigung ihrer Erfolgsquoten sehen, während die Verlierer Mißerfolge als persönliche „Schicksalsschläge" ansehen und auf die Orientierung durch permanent kontrollierte Erfolgsquoten verzichten.

Tip: Machen Sie doch gleich einmal einen Test, um ihr eigenes Siegerprofil kennenzulernen! Wenn Sie ihn am Ende des Buches oder nach einer bestimmten Zeit wiederholen, können Sie so auch Ihre persönlichen Fortschritte erkennen:

Testen Sie Ihren Siegerstatus: Inwieweit wenden Sie die Siegerstrategien der vorangegangenen Seiten bereits im täglichen Verkauf an?

	ja	nein	teilweise
1. Gehen Sie bei Ihren Gesprächen emotional voll aus sich heraus? Zeigen Sie offen Begeisterung und Enthusiasmus?			
2. Bleiben Sie in kritischen Situationen so ruhig und gelassen, daß Sie sich weiterhin voll auf die optimale Kundenlösung konzentrieren können, statt an einen möglichen Auftragsverlust zu denken?			
3. Verwenden Sie in schwierigen Situationen instinktiv die richtige Strategie?			
4. Erinnern Sie sich in schwierigen Verhandlungen automatisch an frühere Erfolge, die Sie in Ihrer Kompetenz bestätigen?			
5. Glauben Sie hundertprozentig an den Nutzen Ihres Angebots für Ihre Kunden?			
6. Haben Sie das Gefühl, daß Ihre Fähigkeiten genau mit Ihrem beruflichen Aufgabenprofil übereinstimmen?			

	ja	nein	teilweise
7. Nehmen Sie bei neuen Zielen die unangenehmen Aufgaben sofort in Angriff?			
8. Suchen Sie immer wieder nach neuen, kreativen Ideen und Methoden, um besser zu werden?			
9. Sind Sie bereit, mit hundertprozentigem Einsatz um Ihre Ziele zu kämpfen?			
10. Können Sie zu Ihren Kunden starke und langfristige emotionale Beziehungen aufbauen?			
11. Können Sie sich auch nach mehreren Mißerfolgen durch einen optimistischen inneren Dialog wieder zu einem neuen, engagierten Handeln motivieren bzw. Neue Chancen erkennen?			
12. Sprechen Sie mit Ihren Kunden auch über Zukunftsvisionen und -projekte?			
13. Investieren Sie auch auf eigene Kosten in Ihre Weiterbildung und Ausstattung?			
14. Sind Sie fähig, neuen Kunden schnell Ihre Kompetenz und Zuverlässigkeit und damit Ihren Nutzen zu beweisen?			
Summe			

Die **Auswertung** ist sehr einfach: Zählen Sie alle Ja-Antworten zusammen, und bewerten Sie jede mit 6,7 Prozent. Wenn Sie z.B. 12 Ja-Antworten haben, dann besitzen Sie (12 × 6,7 = 80,4) bereits 80 Prozent der Siegereigenschaften. Jetzt wissen Sie, wo Ihre größten Reserven liegen, und Sie können sich ganz gezielt den Defiziten und ihrer Verbesserung widmen.

*"Arbeit ohne Ehrgeiz
bringt Mißerfolg".*
Vergil

2. Kapitel

Die Chancen der Nr. 1

Werden Sie die Nr. 1 für Ihre Kunden!

Als Jack Welch, gefeierter und bewunderter Vorstandschef bei General Electrics das Ruder übernahm, gab er zwei ebenso einfache wie wirkungsvolle Parolen aus:

1. Für den mittelmäßigen Lieferanten von Produkten und Dienstleistungen – das Unternehmen im Mittelfeld – wird kein Platz mehr sein.
2. Die Gewinner werden diejenigen sein, die sich die wirklichen Wachstumsindustrien aussuchen, dort aktiv werden und in jedem ihrer Geschäftsbereiche unbedingt die Nr. 1 oder Nr. 2 sind.

Er führte auch gleich die Vorteile an, die die Nr. 1 oder Nr. 2 haben:

- Sie nehmen selbst bei einem Konjunkturabschwung keinen Schaden.
- Sie verlieren auch in schwierigen Zeiten keine Marktanteile.
- Sie können laufend neue Produkte auf den Markt bringen.
- Sie haben mehr Kraft, um sich im globalen Wettbewerb zu behaupten. Und:
- Sie erreichen vor allem eine wesentlich höhere Rendite.

Die Schlußfolgerung für uns im Verkauf?

- Wenn Sie ein Versicherungsverkäufer sind, sollte „Ihr Kunde" als erstes an Sie denken, wenn er Versicherungsfragen oder -bedarf hat.
- Wenn Sie ein Anlageberater sind, sollte der Kunde als erstes an Sie denken, wenn er an seinen Vermögensaufbau oder seine Altersvorsorge denkt.
- Wenn Sie ein Pharmareferent sind, dann sollte der Arzt zuerst an Ihre Präparate denken, wenn er Bedarf dafür hat.

Kurzum:
Wenn der Kunde Bedarf nach Produkten oder Dienstleistungen hat, die Sie anbieten, dann sollte er als erstes an Sie denken und Sie anrufen!
Daraus ergeben sich phantastische Vorteile für Sie!
In welcher Hinsicht?
Sieger haben nicht nur viel mehr Erfolgserlebnisse, sondern sie haben – und das ist das Entscheidende – auch mit vielen Problemen, mit denen sich die Verlierer jeden Tag herumschlagen müssen – nichts zu tun!

Das wiederum verstärkt nicht nur ihre Kundenbeziehungen und schützt dauerhaft ihre positive Stimmung, sondern es erspart ihnen auch unnötigen Zeit- und Energieaufwand.
Der Grund:
Nach einer Untersuchung, die ich in meinem Buch **„Erfolgreicher verkaufen durch Positives Denken"** sehr ausführlich behandelt habe und hier nur in Kurzform zusammenfassen will, haben Sieger folgende Vorteile im Umgang mit ihren Kunden:

1. Sieger bekommen die größeren Aufträge, ohne ihre Kunden besonders überzeugen zu müssen.
2. Sieger geben ihren Kunden Empfehlungen, die von jenen fast immer akzeptiert werden.
3. Sieger haben trotz hartem Wettbewerb und hoher Preistransparenz (= Preisvergleichbarkeit) kaum Preisdiskussionen.

4. Sieger müssen sich bei ihren Kunden keine Jammergeschichten (z. B. über die schlechte Konjunktur) anhören, sondern können sofort über ihre Produkte sprechen.
5. Sieger müssen kaum warten und werden auch im Gespräch nicht unterbrochen (z. B. durch „dringende Gespräche" mit der Produktion).[4]

Das heißt in der Praxis:
Sieger werden von ihren Kunden geachtet und respektiert, und es heißt zweitens:
Sieger haben es im Verkauf viel leichter!
Eine solche Vorzugsbehandlung genießen Top-Verkäufer, wenn sie in den ersten drei oder vier Gesprächen dem Kunden

- ihre Fachkompetenz,
- ihre Zuverlässigkeit und damit
- ihren Nutzen bewiesen haben!

Wollen Sie noch einen Beweis dafür, warum es so wichtig ist, bei Ihren Kunden die Nr. 1 zu sein? – Hier ist er! Darf ich Sie fragen:

- Wer hat als erster den Mount Everest erstiegen? Sie kennen sicher den Namen! ... Es war Sir Edmund Hillary mit seinem Sherpa Tensing. Und jetzt die eigentliche Frage: Wer hat ihn als nächster erstiegen? ... (Ich weiß es auch nicht!)
- Wer hat als erster den Atlantik überflogen? Auch den Mann kennen Sie wahrscheinlich ... Es war Charles Lindbergh ... Und wer hat ihn als zweiter überflogen? ... (Ich kenne ihn auch nicht!)

Sie sehen:

Den Ersten kennt man, den Zweiten nicht!

Ganz ähnlich formulierte es der legendäre Formel-1-Weltmeister Ayrton Senna: „Who cares about the second? – Wer kümmert sich um den Zweiten?" Bleibt die Frage:

Wie können Sie für Ihre Top-Kunden die Nr. 1 werden?

Kein Verkäufer ist in der Lage, bei Hunderten von Kunden die Nr. 1 zu spielen. Das schafft er weder physisch noch psychisch. Konzentrieren Sie sich deshalb auf Ihre wichtigsten Kunden, und profitieren Sie dabei von einem einzigartigen Gesetz. Es besagt:

Die Chance, aus einem guten Kunden einen sehr guten Kunden zu machen, ist wesentlich größer, als aus einem ablehnenden oder schwachen Kunden einen guten Kunden zu machen. Daraus folgt:

- **Suchen Sie sich als erstes die 30 bis 50 besten Kunden heraus.**
  Die genaue Zahl hängt natürlich von den Umständen ab. Qualifizieren Sie jedoch die besten Kunden nicht nur nach dem Auftragsvolumen in der Gegenwart, sondern auch nach dem zu erwartenden Auftragspotential in der Zukunft. Studieren Sie die besonderen Merkmale dieser Kunden, z.B. Größe, Struktur und Entscheidungsprozesse, um in Zukunft relativ frühzeitig neue Top-Kunden zu erkennen.
- **Konzentrieren Sie Ihre Energie auf diese Top-Kunden.**
  Vermeiden Sie das „Polieren hohler Nüsse" (also die Akquisition unergiebiger Kunden)! Beweisen Sie Ihren Top-Kunden ganz schnell Ihre Kompetenz und Ihre Zuverlässigkeit und damit Ihren Nutzen. Dadurch werden Sie am schnellsten von ihnen ernst genommen, respektiert und bevorzugt behandelt.
- **Lernen Sie die Sprache Ihrer Top-Kunden kennen.**
  Machen Sie sich mit der Sprache Ihrer Top-Kunden, ihren Werten und ihrer Kultur vertraut, um auf einer Wellenlänge mit ihnen sprechen zu können. Denn je mehr Sie ihre Sprache und

Denkweise nachvollziehen können, um so eher akzeptieren sie Sie als ihren Partner.
- **Binden Sie Ihre guten Kunden durch eine aktive Beziehungspflege an sich.**
Versuchen Sie, die Motive, Wünsche und Ziele Ihrer Top-Kunden kennenzulernen und darauf einzugehen. Binden Sie diese Kunden durch einen ganz speziellen Zusatznutzen an sich, der für sie von großem Interesse ist. Das kann von persönlichen Dienstleistungen (z. B. der Herstellung wichtiger Kontakte) bis zur Lieferung wertvoller Informationen reichen. Bemühen Sie sich auch um ebenso regelmäßige wie spontane Kontakte, um mögliche Konflikte schon im Vorfeld erkennen und lösen zu können.
- **Legen Sie genau fest, welche Umsatzziele Sie mit den einzelnen Top-Kunden erreichen wollen.**
Stellen Sie den Gesamtbedarf Ihrer Top-Kunden fest, und haben Sie dann den Mut, diesen Gesamtbedarf anzusprechen und zu akquirieren! Überlegen Sie dabei auch, welche außergewöhnlichen Vorteile Sie den Kunden dafür anbieten können, damit sie erkennen, daß es sich auch für sie lohnt (z.B. die Übernahme der gesamten Qualitätskontrolle).
- **Konzentrieren Sie sich auf den Verkauf von kompletten Problemlösungen.**
Dadurch sichern Sie sich drei Vorteile: Zum einen können Sie hier Ihr „einzigartiges Angebot", also die Kombination Ihrer Produkt-, Fach- und Servicekompetenz am besten einsetzen; zum andern können solche Komplettlösungen viel weniger leicht kopiert werden. Und drittens können Sie dadurch Ihre Kunden wesentlich enger an sich binden.
- **Lernen Sie Ihre Top-Kunden kennen.**
Fragen Sie Ihre Top-Kunden nach ihren sachlichen und persönlichen Bedürfnissen. Fragen Sie sie auch danach, wie sie die Stärken und Schwächen Ihres Angebotes wahrnehmen und welche speziellen Erwartungen sie gegenüber Ihrem Angebot haben. Fragen Sie sie außerdem, was Sie tun müssen, um eine langfristige Partnerschaft zu erreichen.

- **Versorgen Sie Ihre Kunden mit wertvollen Informationen.**
  Neben Ihrer kompetenten Beratung sind die wertvollsten Informationen vor allem solche, die schwer erhältlich sind und die dem Kunden helfen, einen Wettbewerbsvorsprung zu erreichen. Dazu gehören vor allem Informationen über den Markt und die Wettbewerber, z. B. über Innovationen und neue Projekte sowie über vertrauliche Personalia (z. B. über Fusionen, Personalwechsel oder Umstrukturierungsmaßnahmen).
- **Stellen Sie die schwächeren Kunden vor die Entscheidung, ob sie noch weiter betreut werden wollen oder nicht!**
  Der Preis für den Service Ihrer Top-Kunden ist der Verzicht auf die intensive Betreuung der schwächeren Kunden. Haben Sie den Mut, die Kunden, deren Serviceansprüche in keinem Verhältnis zu ihren Umsätzen stehen, vor die Entscheidung zu stellen, mehr von Ihnen zu kaufen oder auf Ihren Service zu verzichten. Hier gilt: Kontakte, die man nicht belasten kann, sind nur die Hälfte wert!
- **Streben Sie mit Ihren Top-Kunden eine Zukunftspartnerschaft an.**
  Sprechen Sie mit ihnen vor allem über mögliche Zukunftsprojekte. Erwärmen bzw. Begeistern Sie sie für eine verheißungsvolle Zukunftsvision. Denn nichts bindet zwei Partner mehr aneinander als gemeinsame Investitionen in eine attraktive Zukunftsidee.

Sehen wir uns jetzt die erste und wichtigste Voraussetzung an, um für unsere Kunden die Nr. 1 zu werden:

> *„Der Glaube an sich selbst ist das wertvollste Gut, das ein Mensch besitzen kann. Diesen Glauben bekommt man nicht geschenkt."*
> Heinrich Harrer

3. Kapitel

Die Macht des Glaubens

Alles beginnt mit dem Glauben!

Die erste Voraussetzung, die Nr. 1 zu werden, besteht darin, daß Sie sich selbst als die Nr. 1 sehen und daß Sie davon überzeugt sind, von allen Wettbewerbern am besten die Wünsche Ihrer Kunden erkennen und erfüllen zu können.

Der beste Beweis für dieses positive Bild von sich ist Ihr Glaube, daß Sie jedes Recht haben, auch mit der obersten Führungsetage oder einer hochgestellten Persönlichkeit über Ihr Angebot zu sprechen.

Ein Pharmareferent, der Angst davor hat, seine Präparate auch dem Chefarzt einer großen Klinik vorzustellen, wird scheitern. Denn der Chefarzt ist die wichtigste Entscheidungsperson, wenn es um den Einsatz von Präparaten geht.

Ein Versicherungsberater, der immer nur Leute besucht, mit denen er über 20.000-DM-Policen sprechen kann, und um Selbständige und höhere Führungskräfte einen Bogen macht, wird immer nur Mittelmaß bleiben.

Ein Computerfachmann, der nur den EDV-Leiter anspricht und dem Chef der Firma aus dem Weg geht, legt seinen Auftrag in die Hand des Schicksals, statt ihn selbst zu beeinflussen.

Die Konsequenz daraus: Für den Sprung an die Spitze muß man innerlich davon überzeugt sein, dem Kunden einen Nutzen zu bieten, der es auf jeden Fall wert ist, angehört zu werden.

Das bedeutet: **Wenn Sie die Nr. 1 werden wollen, müssen Sie unbedingt an sich, an Ihr Angebot und an den Nutzen Ihres Angebots für den Kunden glauben!**

Gehen wir einen Schritt weiter:

Was sagen die besten Verkäufer der Welt über die Macht des Glaubens?

Joe Gandolfo, wahrscheinlich der erfolgreichste Versicherungsverkäufer der Welt, der in einem Jahr sogar einmal für mehr als 1 Mrd. $ (!) Versicherungen abschloß, sagt dazu: „Jede Karriere eines Verkäufers beginnt mit dem Glauben an sein Produkt. Ich glaube, daß man nichts wirklich effektiv machen kann, wenn man nicht hundertprozentig daran glaubt!" Er bewies seinen Glauben an Lebensversicherungen, indem er schon in jungen Jahren eine Police über 1 Mio. $ auf sich selbst abschloß. Seit dieser Zeit glaubt Gandolfo so stark an sein Produkt, daß er weiß, daß jede Person, mit der er einen Termin vereinbart hat, von ihm kaufen wird.

Joe Girard, der einzige Verkäufer, der im Guinness-Rekordbuch steht, weil er in einem Jahr (ohne Großkundengeschäft, sondern Stück für Stück) 1.425 Autos verkaufte, sagte dazu, und das beweist seinen unbändigen Glauben an sich: „Mein großes Geheimnis ist, ich verkaufe einfach das beste Produkt auf der Welt. Ich verkaufe Joe Girard. Ich verkaufe mich selbst!"

Martin D. Shafiroff, der als Anlageberater mehrere Mio. $ pro Jahr verdient und der mit mehr Vorständen und Geschäftsführern verhandelt als jeder andere Stockbroker in den USA, beschreibt sein Erfolgsgeheimnis so: „Ich bin felsenfest davon überzeugt, daß auch sehr erfolgreiche Menschen meine Hilfe brauchen. Ich glaube, daß man eine sehr starke Überzeugung, ja sogar eine Philosophie entwickeln muß, um seine Botschaft dem Kunden vermitteln zu können." Und er fährt fort: „Alle großen Geschäftsleute sind überzeugt von dem, was sie tun. Deshalb sind Sie die erste Person, an die Sie verkaufen sollten, wenn Sie erfolgreich sein wollen. Ich glaube, das ist absolut entscheidend. Denn wenn Sie an das glauben, was Sie tun, dann sind Sie auch authentisch in dem, was Sie dem Kunden sagen.

Aus diesem Grunde glaube ich auch, daß jeder Verkäufer so lange das ganze Spektrum seines Berufs und seiner Branche studieren muß, bis er mit einem Produkt und einer Strategie hervortreten kann, für die er mit Überzeugung eintreten kann."

Bernice H. Hansen hat bei Amway alle Preise gewonnen und Zehntausende von „Sponsoren" (Unterhändlern) unter Vertrag. Diese unglaubliche Zahl führt sie auf die erfolgreiche Rekrutierung (Anwerbung) neuer „Mitarbeiter" zurück. Und diese Rekrutierung fällt ihr leicht, denn sie glaubt felsenfest daran, daß andere Familien genauso von der Amway-Organisation profitieren können, wie sie selbst und ihre Familie davon profitiert haben. „Wenn ich rekrutiere", sagt sie, „betone ich nur, wie wunderbar dieses Geschäft für unsere Familie gewesen ist. Das überzeugt alle.

Und deshalb lautet mein Rat an alle ehrgeizigen Verkäufer: Wenn Sie an das, was Sie tun, so stark glauben wie ich, dann gibt Ihnen das auch das Selbstvertrauen, andere zu überzeugen, denn die Menschen können diese Art von Selbstvertrauen fühlen. Sie brauchen dieses Selbstvertrauen, um im Verkauf erfolgreich zu sein. Denn nur dann gehen Sie auch wirklich auf die Kunden zu."

Und schließlich nennt sie die entscheidende Voraussetzung: „Aber zuerst müssen Sie an Ihre Produkte glauben! Also sie als erster kaufen und verwenden! Sie müssen davon überzeugt sein, daß die Qualität Ihrer Produkte gut ist, daß Sie einen wettbewerbsfähigen Preis haben und daß Sie deshalb in der Lage sind, sie erfolgreich zu verkaufen. Nur dann werden Sie auch das Selbstvertrauen haben, rauszugehen und bei den Kunden Enthusiasmus zu erzeugen! Und, bei Gott, dieser Enthusiasmus ist eine absolut ansteckende Sache!"

Welche unheimliche Begeisterung der Glaube an eine Sache auslösen kann, habe ich erst vor kurzem selbst erlebt:[5]

„Das ganze Buch ist einfach super!"

Ein Verkäufer, der mein Buch „**Erfolgreicher verkaufen durch Positives Denken**" gelesen hatte, rief mich eines Tages an und sagte mir: „Ihr Buch ist Wahnsinn! ... Wirklich, Ihr Buch ist ein echter Wahnsinn! ..." Gott sei Dank handelte es sich um einen positiven Wahnsinn, also fragte ich ihn: „Was hat Ihnen denn an diesem Buch so gut gefallen?" Seine Antwort: „Das ganze Buch ist einfach super ... Spitze! ... der echte Wahnsinn!" Mehr war aus ihm nicht herauszubringen. Trotz mehrmaliger Nachfrage konnte er mir im Augenblick kein einziges Detail nennen, was denn nun so wahnsinnig (positiv) an dem Buch sei.

Und jetzt kommt der Clou: Ich lud ihn zu mir nach Hause ein, um über seine Verkaufstätigkeit zu sprechen, und bat ihn, auch dieses Buch mitzunehmen! Ich wollte sehen, ob er es nur einmal flüchtig durchgelesen oder sich z. B. durch Markierungen und Unterstreichungen wirklich intensiver damit beschäftigt hatte. Und jetzt kommt's! Sie werden es nicht glauben! Der Mann, der zu mir sagte, daß er sich im Augenblick an kein einziges Detail erinnern könne, hatte das Buch Absatz für Absatz durchstudiert, alle wichtigen Aussagen oder gar ganze Absätze mit einem Leuchtstift markiert und es am Rand sogar noch mit Ausrufezeichen, Sternchen oder Bemerkungen wie „sehr wichtig" versehen. Und dennoch konnte er mir am Telefon kein einziges Detail nennen!

Die Erklärung dafür: Er war hundertprozentig von dem Glauben erfüllt, daß das Buch gut sei und daß es ihm helfen werde. Allein dieser Glaube löste eine so übersprudelnde Begeisterung aus, daß er sich in dem betreffenden Augenblick an kein einziges Detail mehr erinnern konnte.

Genauso funktioniert die Überzeugung im Verkauf! Der Verkäufer, der an sich und an den Nutzen seines Angebots für den Kunden glaubt und davon hundertprozentig überzeugt ist, denkt in diesem Augenblick auch nicht an jeden einzelnen Vorteil. Bestenfalls konzentriert er sich auf ein paar besonders attraktive und wichtige Vorteile und überlegt, wie er damit auf die speziellen Bedürfnisse seines Kunden eingehen könnte. Aber was er in Wirklichkeit ausdrückt, ist etwas ganz anderes. Er drückt aus, daß er ganz aufgeregt ist, wenn er nur an sein Produkt denkt, daß er selbst davon fasziniert ist und daß es nichts Besseres auf der Welt gibt als sein Angebot. Was ihn wirklich bewegt, sind positive Gefühle, diese Gefühle drückt er aus und überträgt sie auf den Kunden. Mit einem Wort:

> **Argumente erklären, aber nur Gefühle überzeugen!**

Bleibt die Frage: Was können Sie persönlich für Ihren Glauben und Ihre Begeisterung tun?

10 Methoden, wie Sie Ihren Glauben und Ihre Begeisterung verstärken können

1. **Steigern Sie Ihre Kompetenz.** Lernen Sie alles über Ihren Beruf und Ihr Angebot. Je mehr Details Sie kennen, um so größer werden Ihr Glaube und Ihre Begeisterung für Ihr Angebot, und um so motivierter sind Sie, Ihr Wissen auch in der Praxis anzuwenden. Je näher Sie an einen (bewunderten) Expertenstatus herankommen, um so mehr werden Sie den Respekt und die Anerkennung Ihrer Kunden genießen und von ihnen profitieren.
2. **Suchen Sie nach Unterscheidungsmerkmalen.** Je mehr Sie sich mit Ihrem Produkt beschäftigen und je mehr Marktkenntnisse und Fachwissen Sie erwerben, um so kompetenter und engagierter können Sie dem Kunden die Unterschiede zu den übrigen Wettbewerberangeboten aufzeigen und sich dadurch profilieren. Statt Angst vor dem Wettbewerb zu haben, fordern Sie Ihre Kunden geradezu mit Stolz und Nachdruck zu Wettbewerbsvergleichen auf.
3. **Entwickeln Sie eigene Problemlösungen.** Wenden Sie Ihre Produktkenntnisse an, um individuelle Problemlösungen für Ihre Kunden zu finden. Je mehr Sie das Gefühl haben, daß Sie dem

Kunden Problemlösungen anbieten können, die nur Sie haben, um so begeisterter werden Sie auch für sie werben und sich für sie einsetzen! Denn dann ist es Ihr Angebot und nicht das Ihrer Firma.
4. **Bereiten Sie sich auf alle Kundenfragen vor.** Beschäftigen Sie sich mit dem Umfeld Ihres Produkts und den spezifischen Anwendungsmöglichkeiten beim Kunden so intensiv, daß Sie 95 Prozent aller Kundenfragen sofort (aus dem Stegreif) beantworten können. Das imponiert nicht nur den Kunden, sondern erfüllt auch Sie selbst mit Stolz und Begeisterung.
5. **Arbeiten Sie perfekte Präsentationen aus.** Entwickeln Sie Präsentationen, die perfekt sitzen und die durch ihre Wirkung nicht nur Ihre Kunden verblüffen und faszinieren, sondern auch Sie selbst immer wieder mit neuer Begeisterung aufladen.
6. **Seien Sie immer neugierig.** Halten Sie ständig Ausschau danach, ob es auf Ihrem Verkaufsgebiet neue Lösungen, neue Ideen oder neue Informationen gibt, ob ein Kollege oder ein Wettbewerber neue Verkaufsmethoden einsetzt oder ob es irgendwo neue Verfahrensweisen oder Anwendungsmöglichkeiten gibt. Das Gefühl, an der Spitze des Fortschritts zu marschieren, wird sowohl Sie selbst als auch den Kunden begeistern.
7. **Schaffen Sie sich gute Reserven.** Bereiten Sie sich auf Ihre Kundengespräche gut vor. Denn kaum etwas verschafft Ihnen eine solche Überlegenheit wie das Gefühl, auf alle Einwände des Kunden exzellent vorbereitet zu sein und bei Bedarf neue Argumente nachlegen zu können, also zu wissen, daß Sie in jedem Fall mehr Argumente kennen, als der Kunde Einwände hat. Erst dann „sprudeln" Sie auch im Ernstfall vor Begeisterung über.
8. **Sprechen und handeln Sie mit Begeisterung.** Vermeiden Sie das Pinocchio-Syndrom, wie ein Stück Holz vor dem Kunden zu sitzen. Stellen Sie Ihr Produkt nicht nur vor, sondern leben Sie es! Setzen Sie sich hundertprozentig ein, indem Sie Ihr Bestes geben, statt mit angezogener Handbremse durchs Leben zu laufen. Konzentrieren Sie sich daher auf Aussagen, die Sie selbst entflammen. Denn nur, was Sie selbst entflammt, wird auch den Kunden entflammen!

9. **Beobachten Sie Top-Kollegen bei ihrer Arbeit.** Lassen Sie sich davon anstecken, wie Könner ihren Beruf in Vollendung ausüben. Erfahren Sie auf diese Weise, was in Ihrem Beruf mit höchster Professionalität möglich ist, und Sie werden erneut von Ihrem Beruf und seinen Chancen begeistert sein.
10. **Suchen Sie ein stimulierendes Umfeld auf.** Pflegen Sie den Kontakt zu erfolgreichen, positiv denkenden und mutigen Menschen, die über Ziele und Chancen statt über Fehler und Schwächen anderer sprechen. Meiden Sie alle Negativdenker und Neinsager, und lassen Sie sich lieber von der Initiativkraft und der Begeisterung echter Könner anstecken.

Dazu drei faszinierende Geschichten, die die Bedeutung des Glaubens auf geradezu einzigartige Weise demonstrieren:

Warum eine Lexika-Verkäuferin um 300 Prozent besser verkauft als ihre Kollegen

Cornelia Grewe ist 36 Jahre alt, ledig, sie war mehrere Jahre Chefsekretärin, dann in der Schmuck- und Lederwarenbranche als Geschäftsinhaberin selbständig, bis sie in der Süddeutschen Zeitung auf ein Inserat stieß, das sie geradezu magisch anzog, obwohl es ganz pauschal nur vom Vertrieb von Medien sprach. Sie bewarb sich, wurde eingestellt, und obwohl sie bisher weder Erfahrung im Direktvertrieb noch mit dem Verkauf von Lexika hatte, war sie beinahe von der ersten Stunde an die Beste in ihrem Vertriebsgebiet, und steht im Augenblick auf Platz 1 der bundesweiten Rennliste (unter 300 Kollegen und Kolleginnen).

Schon diese knappen Aussagen verraten drei hervorstechende Eigenschaften: erstens: eine klare Leistungsorientierung (sonst macht man sich nicht selbständig), zweitens: ein starker Glaube an sich (sonst geht man nicht in den Vertrieb), und drittens: eine gehörige Portion Optimismus (sonst flüchtet man nach verschiedenen Mißerfolgen in eine sichere Stellung).

Vor ihrem Start im Direktvertrieb – und das mag für viele andere Verkäufer ein Trost sein – war ihr Selbstvertrauen alles andere als groß. Sie meint dazu: „Ich hatte kein Selbstvertrauen. Als ich vorzeitig vom Gymnasium abging, sagten meine Eltern zu den Verwandten: ‚Die Cornelia taugt nichts, die ist vorzeitig von der Schule abgegangen!'" Und als sie in ihrem neuen Beruf schon nach 9 Monaten die Zugehörigkeit zum SCI (Sales Club International) schaffte, wofür selbst die Besten im Durchschnitt ein Jahr brauchen, reagierten die Eltern statt mit Anerkennung mit der kritischen Bemerkung: „Schau erst einmal, ob du das wirklich kriegst!" (Sie meinten die damit verbundene Reise.)

Es spricht für ihren Glauben an sich, daß die wiederholten abwertenden Aussagen der Eltern „Du kannst nichts, und du wirst auch nichts!" nicht zu einer sich selbst erfüllenden Prophezeiung wurden, sondern daß sie es trotz dieser Belastung schaffte, die Nr. 1 zu werden. Unser Fazit: Eine schlechte Erziehung durch die Eltern ist keine Entschuldigung dafür, aus seinem Leben nichts mehr zu machen und sich von vornherein aufzugeben! Hier gilt wirklich:

> **Verloren hat nicht der, der zu Boden geht, sondern der, der liegenbleibt.**

Interessiert hake ich nach:

Warum entschieden Sie sich ausgerechnet für den Direktvertrieb, obwohl Sie zur gleichen Zeit auch eine Stellung als Chefsekretärin angeboten bekamen?

„Ich entscheide alles aus dem Bauch heraus!" sagt sie dazu und fährt fort, „deshalb bin ich in meinen Privatbeziehungen auch schon oft auf die Nase gefallen! Aber bei diesem Inserat hatte ich einfach eine positive Vorahnung. Also habe ich die Probe aufs Exempel gemacht und mir auch noch die Tarot-Karten gelegt, und siehe da: Prompt zog ich eine Reihe von X-Karten, die alle Symbole für Geld sind. Klar, daß ich danach beschloß, in den Verkauf zu gehen. Wenn ich heute an meinen Erfolg und an mein Einkommen denke, dann weiß ich, daß meine Vorahnung und die Karten wieder einmal recht hatten."

Man mag über diese Art der „Gefühlsentscheidung" lächeln. Aber die Vorahnungen und die Tarot-Karten bedeuten nichts anderes, als daß sie auf ihre innere Stimme hört. Und genau das zeichnet Sieger aus: daß sie oft genug – auch im Verkaufsgespräch – Entwicklungen vorausahnen und darauf richtig reagieren. Sie wissen:

> **Intelligenz ist gut – Intuition ist besser!**

Ihre Intuition verhalf ihr auch schon kurz nach dem Start zu ihrer ersten wichtigen Erkenntnis: „Nach vier Wochen Grundausbildung und einem einzigen Begleittag durch die Verkaufsleiterin wußte ich, daß ich mich künftig nur noch auf mich selbst verlassen konnte." Auch das ist ein Zeichen der Sieger. Während die durchschnittlichen Verkäufer ein Seminar nach dem anderen besuchen, bevor sie den ersten Kunden ansprechen, wissen Sieger, daß sie sich die besten Strategien letztlich selbst erarbeiten müssen.

„Diesen Prozeß der Selbstverbesserung wollen die Verlierer nicht gehen. Wenn heute meine Kollegen mit mir mitfahren wollen, dann nur deshalb, weil sie den Geheimtrick erfahren wollen, mit dem ich so erfolgreich bin. Aber während sie nach diesem einzigartigen Trick Ausschau halten, übersehen sie dabei die wirklich entscheidenden Vorgänge. Denn den Geheimtrick – der das Verkaufen auf einen Schlag so bequem und erfolgreich machen würde – gibt es nur in der Phantasie der Verlierer."

Das bestätigt wieder einmal die alte Erkenntnis:

> **Sieger sind immer Autodidakten, die sich das Wesentliche selbst beibringen!**

Sind Sie der Meinung, daß das Verkaufen heute schwieriger geworden ist?

Ihre Meinung dazu: „Mir ist in der letzten Zeit folgendes aufgefallen:

- Die Kunden werden immer ängstlicher!
- Sie nehmen ihr Leben nicht mehr in die eigene Hand, sondern warten einfach ab, bis alles vorbei ist.
- Sie haben – und das betrifft vor allem die jungen Leute – eine wahnsinnig negative Einstellung und zeigen kaum noch Initiative und Risikobereitschaft. Sie lassen sich statt dessen von den Medien immer mehr in eine Art Panikstimmung hineintreiben!"

Wie drückt sich das im Verkaufsgespräch aus?

„Früher habe ich in einer Stunde etwas verkauft! Heute brauche ich allein eine Stunde, um die Kunden in eine positive Stimmung zu bringen! Für mich heißt das: Ich beginne erst dann mit dem eigentlichen Verkauf, wenn ich mit dem Kunden zusammen einmal herzhaft gelacht habe!" Im Klartext heißt das, daß aufgrund der zunehmenden (Zukunfts-)Ängste und Depressionen der Verkäufer bei den Kunden zuerst einmal für eine positive (entspannte und fröhliche) Stimmung sorgen muß.

Wie leiten Sie dann zum eigentlichen Verkaufsgespräch über?

„Erst wenn die Stimmung paßt, hole ich meine Bücher hervor und mache dem Kunden klar, welchen großen Wert sie für ihn haben. Ich spreche von der Wertanlage, dem täglichen Nutzen, dem Einfluß auf die Kinder, der Möglichkeit zur Weiterbildung, der Unterstützung bei einem Berufswechsel, der Chance zu einer zeitgemäßen Information und – wenn es sich um einen prestigebetonten Kunden handelt – auch von dem starken Eindruck, den 40 Bände mit Lederrücken und Goldeindruck in seinem Bücherschrank auf seine Besucher machen."

Gibt es einen Punkt, auf den Sie ganz besonderen Wert legen?

„Ja, ich habe zwei Regeln. Die erste lautet: Ich will es immer anders als andere machen! Denn nur so bleibe ich in der Erinnerung der Kunden. Und ohne diese Erinnerung gibt es nicht den so wichtigen Wiedererkennungseffekt bei einem Folgebesuch.

Ich erlebe es immer wieder, daß ich auf Kunden stoße, die beharrlich bestreiten, vor einem halben Jahr von einem meiner Kollegen besucht worden zu sein, obwohl es doch schwarz auf weiß auf meinem Kundenbeleg steht. So wenig Eindruck hat dieser Verkäufer hinterlassen!"

Was heißt das für Sie, anders als andere zu sein?

„Das heißt, daß ich beim Verkaufen oft anders vorgehe, als in den meisten Verkaufsseminaren und Büchern gelehrt wird. Zum Beispiel:

- Ich denke nicht über meine Arbeit nach (z. B. über die letzten Erfolge oder Mißerfolge), wenn ich zu einem neuen Kunden fahre. Das würde mich nur belasten!
- Ich schaue mir auch nicht lange die Kundenkarte an, auf der steht, wie oft der Kunde schon besucht wurde und was er schon alles gekauft hat. Das würde nur Vorurteile schaffen. Ich möchte offen und unbelastet in das Gespräch gehen.
- Ich gehe bei jedem Besuch voll auf den Kunden ein, aber wenn ich zur Tür hinausgehe, dann habe ich ihn schon vergessen. Denn ich will bei meinen vier Gesprächen pro Tag weder den erfolgreichen noch den enttäuschenden Gesprächen weiter nachhängen. Ich muß den Kopf für den nächsten Besuch unbedingt frei haben."

Und wie sieht Ihre zweite Erfolgsregel aus?

„Meine zweite Regel lautet: Ich trete beim Kunden so auf, wie ich bin! Denn nur dadurch bleibe ich mir treu. Und das heißt für mich: Als erstes verkaufe ich mich selbst! Ich verkaufe über meine Persönlichkeit! Und ich verkaufe über meine Begeisterung! Das wäre aber nicht möglich, wenn ich mich vor dem Kunden verstellen würde oder wenn ich etwas anziehen würde, was nicht zu meinem Typ paßt."

Können Sie mir ein Beispiel dafür nennen?

„Natürlich. Aus diesem Grund fahre ich mit meinem neuen SLK Mercedes Cabrio zum Kunden und trage bei meinen Kundenbesuchen Kostüme von Thierry Mugler oder Montana (Stückpreis circa 3.000,- DM; Anm. Des Verfassers) und trage auch den Schmuck, der mir gefällt." (Den Schmuck, den sie gerade trägt, beziffert sie auf rund 7.000 DM, verteilt auf 9 Ringe an ihren Fingern, 2 Ohrringe und anderes, funkelndes Zubehör.)

Wie reagieren Ihre Kollegen und Kunden darauf?

„Natürlich meinen die Kollegen, daß man in dieser Aufmachung unmöglich seine Kunden besuchen könne und was sonst noch. Aber ich bin die Nr. 1, also können meine Designerklamotten und der Schmuck nicht das Problem sein. Im Gegenteil! Sie sind der Beweis für meine Echtheit! Und nur deshalb kommt auch meine Persönlichkeit rüber!

Ich glaube: Heute kommt es nicht darauf an, was ich trage, sondern ob es mir steht und ob es einen guten Eindruck macht. Und das macht es! Denn wenn Kunden nicht mehr meinen Namen wissen, dann erinnern sie sich oft an die nette, schicke Frau mit den langen Fingernägeln. Davon sind viele Kunden fasziniert! Warum? Weil sie sich selbst nicht trauen, sich so zu geben, wie sie gerne sein würden.

Dazu gehört auch, daß ich sage, was ich denke! Für mich gibt es dazu einen Schlüsselsatz und der lautet: ‚Diplomatie ist der Anfang der Lüge!' Das heißt: Ich will im Gespräch mit den Kunden meine Meinung sagen und mich nicht verbiegen müssen. Und das scheinen sie bei mir zu bewundern oder anzuerkennen. Auf jeden Fall fällt es ihnen auf und macht einen positiven Eindruck auf sie."

Und wie stellen Sie zu Ihren Kunden eine gute persönliche Beziehung her?

„Ich suche das Vertrauen des Kunden. Der Kunde soll sich mit mir so ungezwungen unterhalten, als wenn wir uns schon seit Jahren kennen würden. Wenn ich das erreicht habe, dann führe ich das Gespräch auf der Gefühlsebene weiter und spreche von meinen und seinen Emotionen. Wenn ich dann zum ersten Mal von dem Kunden eine intime, vertrauliche Information bekomme, z. B. wenn er über sein Gehalt spricht oder mir seine Kontoauszüge zeigt oder über seine bevorstehende Scheidung spricht, dann weiß ich, daß das Eis gebrochen ist. Dann hat er das Gefühl, daß ich nicht zum Verkaufen, sondern, wie wir in Bayern sagen, auf einen ‚gemütlichen Ratsch' (= nette Unterhaltung) vorbeigekommen bin."

Auch hier macht sich ein Gegensatz zu vielen anderen Verkäufern bemerkbar: Während sie in der Aufwärmphase versucht, Sympathie zu gewinnen, um sich selbst und ihr Angebot als sympathisch erscheinen zu lassen, versuchen schwächere Kollegen, die Sympathie des Kunden um ihrer selbst zu gewinnen. Statt Akzeptanz für sich und ihr Angebot zu gewinnen, geht es ihnen darum, als Person von dem Kunden akzeptiert zu werden. Das ist gefährlich! Denn ein Verkäufer, der von seinen Kunden auch „geliebt" werden möchte, macht sich von den Kunden abhängig und unfrei!

Stichwort Begeisterung! Sie sagten, Sie verkaufen neben Ihrer Persönlichkeit vor allem über Ihre Begeisterung? Wie sieht das in der Praxis aus?

„Ich bin von meinen Büchern begeistert, und deshalb rede ich auch über meine Bücher voller Begeisterung und stecke damit meine Kunden an! Der Kunde merkt, daß ich hinter meinen Büchern stehe und daß ich meine Bücher liebe! Es fällt mir leicht, jeden zweifelnden Kunden durch eine gute Geschichte von meiner Begeisterung zu überzeugen. Ich sage dann einfach zu ihm: ‚Wissen Sie, ich wollte schon immer die Gesamtausgabe einer Lexika-Reihe. Aber ich habe sie als Kind nie bekommen! Mein Bruder hat sie bekommen, ich ging immer leer aus. Jetzt habe ich mir selbst diesen

Traum erfüllt! Hier sehen Sie mal auf diesem Foto, wie toll sich diese schönen Bände in meinem Bücherschrank im Wohnzimmer machen!'

Oder ich sage zu ihm: ‚Wenn Sie mich fragen, wozu ich zum Beispiel die Chronik des 20. Jahrhunderts brauche – meine Lieblingsbücher –, dann kann ich Ihnen nur ein Beispiel von mir selbst erzählen. Früher, als mein Großvater noch lebte und ich von der großen Inflation nach dem Ersten Weltkrieg hörte, dann konnte ich ihn fragen, wie das damals war ... Jetzt ist das nicht mehr möglich, mein Großvater ist gestorben ... aber dafür habe ich jetzt die Chronik, und da finde ich alles, was ich wissen will. Ich sehe sie als Vermächtnis meines Großvaters an."

Kehren wir zu unserem Ausgangspunkt zurück. Wie wird man unter 300 Kolleginnen und Kollegen die Nr. 1?

„Ich glaube, eine der wichtigsten Voraussetzungen ist der Fleiß. Ich rufe an einem Tag nicht 20 Kunden an, sondern so lange, bis ich für jeden Tag vier Termine vereinbart habe. Und ich arbeite nicht von Montag bis Freitag von 9.30 bis 18 Uhr, sondern wenn es ein muß, auch bis 22 Uhr und notfalls auch Samstag und Sonntag. Nur so schaffe ich mein Ziel, 100 Bände pro Woche und 400 pro Monat zu verkaufen. Ich arbeite immer auf ein bestimmtes Ergebnis hin und nicht, weil ich ein bestimmtes Programm abspulen will.

An guten Tagen nutze ich meine Erfolgssträhne bis zum letzten aus und mache voll motiviert weiter. Im Gegensatz zu meinen Kollegen, die nach ein oder zwei besonders erfolgreichen Geschäften sich erfolgsselig ins Kaffeehaus setzen und dann sogar fest vereinbarte Termine einfach sausen lassen!"

Und wie reagieren Sie auf Mißerfolge?

„Wenn ich Mißerfolge habe, dann ziehe ich mich nicht in mein Schneckenhaus zurück, um meine Wunden zu lecken, sondern dann sage ich mir: ‚Es wird auch wieder anders! Ich muß einfach mehr Termine machen!' Dann lege ich notfalls auch eine Samstags- und Sonntagsschicht ein, um meine Sollzahlen zu erreichen.

Auf jeden Fall weiß ich, daß früher oder später der Knoten wieder platzt und ich dann – wie im vorigen Monat geschehen – in zwei Tagen auf einen Schlag 48 Bände verkaufen kann.

Und wenn ich einmal sechs Tage hintereinander nichts verkaufe, dann reiße ich mich mit dem Spruch hoch: ‚Verdammt noch einmal, so kann es nicht weitergehen!' und gehe entschlossen los. Ich weiß, daß das Gesetz der Wahrscheinlichkeit für mich arbeitet. Und ich kenne auch meine Quote von zwei bis drei Gesprächen pro Auftrag, während die durchschnittlichen Verkäufer fünf bis sieben Gespräche pro Auftrag brauchen. Dadurch kann ich meinen Erfolg selbst bestimmen."

Und wie motivieren Sie sich für das tägliche Geschäft?

„Zum einen durch klare Zielsetzungen, z.B. 100 Bände pro Woche und 400 Bände pro Monat zu verkaufen, zum anderen durch aufregende, genau terminierte Wünsche: Ich weiß genau, was ich in ein, zwei, fünf oder 10 Jahren erreicht haben will.

Als ich anfing, hatte ich den Wunsch, mir innerhalb von zwei Jahren den SLK kaufen zu können. Ich schaffte es in neun Monaten. Danach hatte ich den Wunsch, mir in fünf Jahren eine Eigentumswohnung zu kaufen. Ich schaffte es in einem Jahr. Jetzt habe ich den Wunsch, mir in 10 Jahren ein Haus direkt am Starnberger See zu kaufen. Und auch das werde ich – wenn es so weitergeht – schon vorher schaffen.

Aus diesem Grund habe ich meine größten Wünsche in einer Art Collage vor meinem Schreibtisch aufgehängt, um sie jeden Tag vor mir zu sehen. Denn von einem Trainer habe ich einmal gehört, daß das, was man sieht und sich intensiv vorstellt, auch Wirklichkeit wird!

Darüber hinaus belohne ich mich für meine Erfolge immer wieder selbst mit kleinen Geschenken, angefangen von einem erfrischenden Weißbier in einem Münchner Biergarten bis hin zu einem neuen Kostüm, das nicht nur meine Figur, sondern auch mein Selbstwertgefühl verstärkt."

Wie stark identifizieren Sie sich mit den Produkten, die Sie verkaufen?

„Ich bin kritisch und deshalb von keinem hundertprozentig überzeugt. Aber ich glaube immerhin zu 80 Prozent an sie, auch wenn einige dabei sind, von denen ich überhaupt nichts halte."

Und was machen Sie mit den Produkten, von denen Sie überhaupt nichts halten?

„Ich denke darüber nicht nach. Das stört mich nicht. Ich verkaufe die Produkte, die ich gerne mag und die ich super finde, und die anderen lasse ich einfach in der Tasche."

Wie bewegen Sie einen Kunden zum Kauf neuer Bände, auch wenn Sie wissen, daß er sie bisher nicht besonders genützt hat?

„Da erinnere ich mich an meinen früheren Ausbildungsleiter. Der sagte einmal zu mir: ‚Jeder Mensch, der vernünftig Geld verdient, hat 300 bis 500 Mark pro Monat für seine persönlichen Bedürfnisse zur Verfügung. Der eine gibt sie für Sexhefte, der zweite für Filme, der dritte für Zigaretten und wieder ein anderer für Lexika aus. Du als Verkäuferin entscheidest, wofür der Kunde sein Geld ausgibt.'

Und wenn das so ist, dann sage ich mir, warum sollte er sie nicht für meine wunderschönen Bände ausgeben? Sie machen ihm nicht nur Spaß und schauen gut aus, sondern sie haben auch einen Langzeitwert. Und er kann sie vererben! Darüber hinaus fördern sie seine Gesundheit! Denn was erhält so jung als immer wieder neue geistige Anregungen?"

Eine ganz andere Frage: Was ist Ihrer Meinung nach typisch für Verlierer?

„Das ist für mich mit Sicherheit die ‚Taktik der verbrannten Erde', wenn sich Verkäufer nach Mißerfolgen unhöflich und aggressiv beim Kunden verhalten. In diesem Augenblick denken sie nur noch an sich und kapieren nicht, daß sie selbst auch keine Chance mehr hätten, wenn alle Kollegen so handeln würden. Denn wir tauschen ja jedes halbe Jahr die Verkaufsgebiete aus."

Gibt es noch ein Merkmal?

„Was ich nicht verstehe ist das fehlende Einfühlungsvermögen. Ich erlebe es immer wieder, daß Kollegen mit mir mitfahren möchten, um den Geheimtrick kennenzulernen, mit dem ich meine Abschlüsse ‚herbeizaubere'.

Dagegen ist im Prinzip nichts zu sagen. Aber sie wollen diese Erfahrung nicht nur umsonst, sondern sie wollen auch noch – rein fürs Zuschauen – die Hälfte der Provision, die ich an diesem Tag ‚verdiene'".

Wo liegt die eigentliche Motivation für Sie, die Nr. 1 zu werden?

„Mit diesem Beruf, der mir Erfolg, Einkommen und Anerkennung bietet, kann ich meinen Eltern, den anderen und auch mir selbst beweisen, was in mir steckt! Und ich kann mir den Traum erfüllen, aus der Mittelmäßigkeit herauszukommen und in die Spitzenklasse aufzusteigen.

Außerdem schafft der Erfolg nicht nur eine positive Ausstrahlung, sondern er gibt mir auch ein Supergefühl. Zu wissen, daß man von 300 Kollegen die erste und beste ist, das ist schon ein erhebendes Gefühl.

An sich ist es mir gleichgültig, ob ich auch am Ende des Jahres die Nr. 1 bin, aber mein schärfster Konkurrent (jetzt argumentiert sie mit echt emotionaler Logik!) ist ein echter Giftzwerg, den ich nicht ausstehen kann. Jedem anderen gönne ich diesen Titel, aber dem nicht!"

Das erinnert mich an eine Studie, in der es hieß, daß Firmen, die ein klares „Feindbild" haben, wesentlich erfolgreicher sind als solche ohne Feindbild.

Sie sehen, das gilt auch für Verkäufer. Echte Sieger kennen immer jemanden, dem sie eins auswischen wollen. So ist es also (auch) der „Giftzwerg", der Sie zur Nr. 1 treibt.

Zusammenfassung:

Wie können Sie von dieser Nr. 1 profitieren, um selbst überdurchschnittliche Umsätze zu erreichen?

1. **Klare Ziele:** Setzen Sie sich ein klares Tages-, Wochen- oder Monatsziel. Orientieren Sie sich dabei an der Nr. 1, denn die beweist, was möglich ist.
2. **Täglicher Plan:** Rechnen Sie genau aus, wie viele Anrufe, Termine und Abschlüsse Sie dafür z. B. pro Woche brauchen, damit Sie genau wissen, was Sie jeden Tag dafür tun müssen.
3. **Notwendige Termine:** Telefonieren Sie jeden Tag so lange, bis Sie die notwendigen Termine pro Tag bzw. Pro Woche haben.
4. **Überdurchschnittlicher Einsatz:** Machen Sie notfalls auch für den späten Abend oder den Samstag Termine aus, wenn Sie sonst Ihr Wochenziel nicht erreichen. Das ist der Preis für den Supererfolg.
5. **Mehr Termine:** Überwinden Sie eine Mißerfolgsserie (z. B. fünf Tage ohne Verkauf) durch aktives Handeln, z. B.: „Es wird wieder anders! Ich muß einfach mehr Termine machen!"
6. **Selbstverantwortung:** Verlassen Sie sich nicht auf die Unterstützung anderer (Vorgesetzter, Kollegen, Kunden), sondern nur auf sich selbst.
7. **Starker Kampfgeist:** Bereiten Sie sich schon im voraus darauf vor, um den Erfolg zu kämpfen, sei es bei den Terminen oder bei den Abschlüssen.
8. **Persönliche Fehlersuche:** Suchen Sie die Ursachen von Mißerfolgen zuerst immer bei sich selbst – und nicht bei anderen oder den Umständen! Aber grübeln Sie nicht zu lange!
9. **Stärkere Kompetenz:** Verstärken Sie Ihre Kompetenz, wenn Sie sich z. B. in kritischen Situationen (Preisverhandlungen) nicht wohl fühlen. Denn man verkauft nur dann gut, wenn man sich dabei auch gut fühlt!
10. **Optimale Verkaufsstrategie:** Hoffen Sie nie darauf, durch Seminare oder Vorgesetzte die optimale Verkaufsstrategie zu erlernen. Erarbeiten Sie sie sich selbst, denn nur dann gehört sie auch zu Ihrem geistigen Besitz!

11. **Volle Einsatzbereitschaft:** Gehen Sie davon aus, daß es keinen „Geheimtrick" für hohe Abschlüsse gibt, sondern daß allein die „Summe aller Aktivitäten" und Ihr Wille zum Erfolg darüber entscheiden.
12. **Erstes Ziel:** Sehen Sie es als erstes Ziel bei einem Verkaufsgespräch an, den Kunden in eine „positive Stimmung" zu bringen!
13. **Eigene Persönlichkeit:** Sprechen, kleiden und treten Sie so auf, wie es Ihrer Persönlichkeit entspricht (sofern es bei Ihren Kunden ankommt). Lassen Sie sich nicht verbiegen!
14. **Keine Vorurteile:** Bilden Sie sich aufgrund der bisherigen Kundenkontakte oder -bestellungen kein Vorurteil! Sie könnten sonst eine große Chance verpassen.
15. **Gute Geschichten:** Überzeugen Sie Ihre Kunden vor allem durch kleine, gute Geschichten, z.B. warum sich andere Kunden für Ihr Angebot entschieden haben und warum Sie selbst sich dafür entschieden haben, es zu kaufen.
16. **Gutes Gefühl:** Sagen Sie dem Kunden nicht nur, wie gut Ihr Produkt ist, sondern wie gut er sich mit Ihrem Produkt fühlen wird.
17. **Preis zahlen:** Gehen Sie nicht davon aus, daß man in fünf Stunden Arbeit genausoviel verdienen kann wie mit 10 Stunden. Alles hat seinen Preis!
18. **Erfolgssträhne ausnutzen:** Nutzen Sie eine Erfolgssträhne an einem Tag bis zum letzten aus, statt sich vor Freude in ein Café zu setzen.
19. **Starke Wünsche:** Motivieren Sie sich durch starke Wünsche. Legen Sie genau fest, was Sie sich wünschen und bis wann Sie es erreicht haben wollen.
20. **Erfreuliches Wiedersehen:** Verabschieden Sie sich vom Kunden immer so, daß Sie auch bei einem späteren Besuch freundlich empfangen werden.

Im nächsten Erlebnisbericht geht es darum, wie ein Verkäufer voll an den Nutzen seines Angebotes glaubt, diesen Glauben erfolgreich unter Beweis stellt und so die Nr. L für einen Top-Kunden wird.

Wie man sich als Anlageberater einen Millionen-Kunden angelt

Paul Keller, gelernter Bankkaufmann und Spezialist für Bausparen, Finanzierungen und Investmentfonds, hatte das warme Nest der Bank verlassen, sich selbständig gemacht und mit Fleiß und Kompetenz einen soliden Kundenstamm aufgebaut. Doch jetzt ging es um ein anderes Spiel! Er war gerade im Begriff, den größten Fisch seiner Karriere, einen millionenschweren Bauträger, an Land zu ziehen.

Aber wie sollte er an ihn herankommen? Wie konnte er eine emotionale Brücke zu ihm schlagen? Nachdenklich ging er am Ufer des Chiemsees spazieren und überlegte, was er diesem Kunden zum Geburtstag schenken könnte. Es sollte etwas Besonderes und etwas Persönliches sein.

Plötzlich stach ihm – es war Ende November – ein kleiner Apfelbaum ins Auge: Er war schwarz, ohne Blätter, und mit seinen dürren Ästen glich er eher dem Bild des Todes als dem des Lebens. Trotzdem wurde ihm dieser Baum zum Symbol des Lebens. Würde er im nächsten Frühjahr nicht wieder blühen? Und würden im Herbst nicht wieder herrliche Äpfel heranreifen?

Er wußte plötzlich, was er diesem Kunden schenken würde, und schoß damit den Vogel ab. Kein wertvoller Merian-Stich und keine Luxus-Buchausgabe konnte damit konkurrieren. Er überreichte seinem Kunden in einem handgefertigten Lehmtopf ein kleines Apfelbäumchen, in dessen Zweigen genau 50 Lose hingen, die Zahl seiner Geburtstage.

Schon hier erkennen wir: **Nur ein positiv denkender Mensch und ein Verkäufer, der kreativ ist, entdeckt ein solches Geburtstagsgeschenk**. Und nur ein Verkäufer, der sich in den Kunden einfühlen kann und der weiß, was ihn bewegt, hätte diesen anspruchsvollen Mann auch zu seinem Kunden gewonnen. Denn der Anfang der Geschäftsbeziehung war nicht einfach gewesen, ging es doch für Paul Keller darum, zuerst einmal seine Kompetenz zu beweisen. Genauer: zu beweisen, daß er nicht nur an sich und seine

Produkte, sondern auch an den Nutzen seines Angebotes für den Kunden glaubte.

Der Beweis der eigenen Kompetenz

Die Geschäftsbeziehung begann damit, daß Paul Keller in einem Inserat las, daß ein Bauträger zwei Grundstücke anbot. Da er Spezialist auf dem Gebiet des Bausparens war, interessierte er sich dafür. So kam man ins Gespräch. Als der Kunde erfuhr, daß er gelernter Bankkaufmann war, erzählte er ihm von seinem neuen Projekt und fragte ihn, ob er dafür eine optimale Finanzierung wisse. Wußte er, und nach kurzer Zeit unterschrieb Herr Haller, so hieß der Bauträger, einen günstigen Kreditvertrag, während Paul Keller die beiden angebotenen Grundstücke für seine Kunden reservierte. Damit schien das Geschäft zu Ende zu sein.

Aber gute Verkäufer wissen, daß gute Kunden am Anfang immer nur ein Probegeschäft machen und daß hinter jedem gut abgewickelten Auftrag eine Goldmine steckt, wenn man nur den richtigen Einstieg schafft.

Als sich Paul Keller in den folgenden Wochen einmal in der Firma seines Kunden umsah, fragt er ihn nach dem Wert seiner Gebäude (25 Mio. DM) und wie und bei wem er sie versichert hätte. Herr Haller gab bereitwillig Auskunft.

Schon am nächsten Tag setzte sich Paul Keller mit seiner Versicherung zusammen und motivierte sie, ihm eine besonders günstige Gebäudeversicherung anzubieten, gleichsam als Eintrittskarte ins gelobte Land. Kurze Zeit später rief er Herrn Haller wieder an und sagte zu ihm: „Ich habe etwas für Sie! Ich habe eine tolle Gebäudeversicherung!"

„Okay", antwortete Herr Haller, „dann machen Sie mir doch eine langfristige Vergleichsrechnung!" Für unseren Bankkaufmann war das kein Problem, und kurze Zeit später pfiff Herr Haller anerkennend durch die Lippen. „Das schaut wirklich gut aus!" meinte er. Die erste Idee, die Paul Keller einen Provisionsscheck von mehreren tausend Mark einbrachte, hatte voll eingeschlagen!

Neue Erfolge durch zündende Ideen!

Die nächste Zeit verbrachte Paul Keller damit, nach neuen zündenden Ideen zu suchen. Er wußte, daß er den Kontakt mit diesem vielbeschäftigten Mann nur dann ausbauen konnte, wenn er ihn immer wieder ans Telefon bekam. Das gelang ihm mit dem Satz: „Ich habe wieder etwas für Sie!" Denn auch diesem Kunden ging es letztlich um nichts anderes als um neue gute Ideen und damit um seinen Nutzen.

Als sich die Beziehung festigte und gleichzeitig ausweitete, kam Paul Keller auf eine geniale Idee. **Er bot seinem Kunden eine Hotline an.** Das heißt, er fragte den Kunden, ob er ihn jeden Montag um 8.00 Uhr in seinem Geschäft anrufen dürfe:

„Wären Sie bereit, mir dann zwei oder drei Minuten zu gewähren, um Ihnen eine neue Idee vorzustellen?"

„Für Sie habe ich immer Zeit!" antwortete der Kunde, und er hatte auch immer Zeit, denn für neue gute Ideen hat jeder Kunde Zeit.

Eines Tages war es jedoch der Kunde, der ihn anrief: „Heute habe ich eine Idee!" sagte er zu ihm. „Ich habe einen ganzen Schrank voll von Versicherungsordnern, und ich habe absolut keine Zeit, mich darum zu kümmern. Ich weiß nicht, ob ich die günstigsten oder die teuersten Versicherungen abgeschlossen habe. Was halten Sie davon, wenn Sie sich diese Ordner einmal vornehmen?"

Spontan antwortete Paul Keller: „Es ist mir eine Freude, für sie zu arbeiten!" Paul Keller wußte, daß dienen vor verdienen kommt. Schon ein paar Tage später konnte er seinem Kunden via Hotline die erfreuliche Meldung machen: „Da können Sie viel Geld sparen!" Und er fügte hinzu: „Wenn ich Ihnen für Ihre Versicherungen ein besseres Angebot machen kann, kann ich dann mit dem Auftrag rechnen?"

„Natürlich!"

Genau drei Wochen später hatte er eine Reihe neuer Verträge abgeschlossen, was ihm eine wahrhaft stattliche Provision eintrug. Nun war Paul Keller durch seinen Einsatz wahrhaftig die Nr. 1 für diesen Kunden geworden, zumindest wenn es um Finanzierungs-

oder Versicherungsfragen ging. Denn er hatte das heute so oft strapazierte Wort „emotionale Kundenbeziehung" richtig interpretiert:

> **Emotionale Kundenbeziehungen ersetzen nicht die Kompetenz, sondern die Kompetenz ist die Voraussetzung für gute emotionale Kundenbeziehungen!**

Im Klartext heißt das: Zuerst muß der Verkäufer dem Kunden seine Kompetenz und seine Zuverlässigkeit und damit seinen Nutzen beweisen. Erst dann entsteht daraus eine emotionale, also vertrauensvolle Kundenbeziehung! Bezogen auf den Verkaufsalltag heißt das für Paul Keller: „Ich brauche immer wieder eine neue Idee, auf die sich der Kunde freut! Der Kunde muß das Gefühl haben, der Paul Keller kümmert sich wirklich um ihn! Bei dem lohnt sich das Zuhören. Und der ist auch für ihn da, wenn andere keine Zeit haben – zum Beispiel am Freitagabend."

Dahinter steckt ein unbändiger Glaube an sich, an seine Kompetenz und an den Nutzen seiner Ideen für den Kunden. Deshalb sieht er auch genau da seine Chance, wo den meisten anderen Verkäufern das Blut gefriert: im direkten Wettbewerbsvergleich. Er sagt dazu: **„Ich freue mich auf Konkurrenzvergleiche.** Ja, ich fordere meine Kunden sogar auf, mein Angebot mit denen der Wettbewerber zu vergleichen! Nur dann kann ich beweisen, daß ich besser bin als der Wettbewerb!"

Diese Einstellung ist Gold wert. Denn nur so wird man die Nr. 1 – der exklusive Partner für Top-Kunden –, und nur so verdient man bei einem einzigen Geschäft oft mehr als mit 100 anderen, durchschnittlichen Abschlüssen!

Doch nicht genug damit! Nach der Überprüfung der allgemeinen Versicherungen gab es noch einen Extra-Nachschlag. Kunde Haller schloß auch noch eine persönliche Lebensversicherung im Wert von 3,5 Mio. DM ab – was Sieger Paul Keller einen weiteren schönen Scheck einbrachte. Paul Keller war am Ziel. Er war die Nr. 1

für diesen Top-Kunden geworden und wußte: „Mein bester Kunde macht nichts mehr ohne mich."

Die nächste Geschichte macht deutlich, daß ein Verkäufer, der weiß, daß er seinen Kunden wirklich einen echten Nutzen bieten kann, sich weder Gedanken um seine Motivation noch um seine Aufträge machen muß. Im Gegenteil! Solchen Verkäufern legt der Kunde (und der eigene Chef) den roten Teppich aus. Solche Verkäufer werden wie Könige empfangen! Denn sie bieten etwas an, was jeder Kunde – egal wie erfolgreich er ist – braucht und sich in Wahrheit erhofft: Sie bringen ihm Erfolg, Gewinn und Freude. Und sie machen ihm das Leben leichter! Deshalb Vorhang auf für die Geschichte von Fred Hoch:

Warum bei Fred Hoch plötzlich die Umsätze explodierten

Fred Hoch verkauft im Auftrag einer großen Handelsgesellschaft Produkte der verschiedensten Industriehersteller. Und da er außergewöhnlich gut verkauft, ist sein Provisionseinkommen in der Regel höher als das Gehalt der meisten Geschäftsführer, mit denen er zu tun hat.

Fred ist ein Mann, der seinen Beruf liebt und ihn mit Kompetenz und Engagement ausübt. Das wissen seine Kunden zu schätzen und honorieren es auch.

Der bittere Start

Aber mit diesem Expertenstatus wurde er nicht geboren. Er hat ihn sich hart erarbeiten müssen. Und der Beginn seiner Verkäuferlaufbahn war mit den gleichen Selbstzweifeln und den gleichen zermürbenden Absagen verbunden, wie sie auch so vielen anderen Verkäufern das Leben schwermachen. Im Gegensatz zu Fred begreifen sie allerdings nicht, daß man sich nur einmal wirklich die

Mühe machen muß, um nach oben zu kommen. Und daß sich oben vieles leichter verkaufen läßt als im „Tal der Tränen".

Was aber war Freds Schlüsselerlebnis, das ihn inspirierte, zum Top-Verkäufer aufzusteigen?

So lautete auch meine Frage an ihn, und er erzählt mir: „Ich werde nie in meinem Leben die ersten vier Wochen vergessen, als ich mit dem Verkaufen begann. Es war, als wenn jeder Ort, an dem ich auftauchte, nur noch Panik-City hieß. Wenn ich einen Kunden anrufen wollte, zitterten meine Hände so stark, daß ich nicht einmal mehr richtig wählen konnte. Und meine Hosen waren an den Oberschenkeln schon speckig geworden, so oft habe ich mir daran vor jedem Kundengespräch die schweißnassen Hände abgerieben.

Das alles muß für mich so schockierend und demütigend gewesen sein, daß ich mich gar nicht mehr an die Einzelheiten erinnern kann. Ich fuhr mehr unbewußt als bewußt in der Gegend herum. Meine Erinnerung setzt erst wieder ein, als ich eines Tages zu einer kleinen Firma fuhr, dort auf dem Hof parkte, den Kopf auf das Lenkrad stützte und, den Tränen nahe, nur noch in verzweifeltem Selbstmitleid an meine ‚besch...' Situation dachte. Nichts wünschte ich mir in diesem Augenblick sehnlicher, als in irgendeinem sicheren Büro zu sitzen und in Ruhe meine acht Stunden abarbeiten zu können."

Die plötzliche Erleuchtung

„Was dann geschah, ich weiß es heute nicht mehr, war entweder Glück oder ein Wunder! Meine ganzen negativen Gedanken wurden plötzlich gestoppt, als ich auf dem Hof einen Lkw sah, der vor der Produktionshalle stand und mit irgend etwas beladen wurde. Auf der Plane des Lkw las ich den Namen einer Maschinenfabrik, die nur ein paar Straßen weiter entfernt lag und die ich als nächste besuchen wollte. Was mich bei dieser Verladeaktion so bewegte, war die Tatsache, daß es sich bei den aufgeladenen Gegenständen um unfertige Teile handelte. Ich vermutete sofort, daß diese Teile an die auf dem Lkw genannte Firma geschickt wurden, weil man sie hier anscheinend nicht fertigstellen konnte. Als ich den Lkw-Fahrer danach fragte, bestätigte er meine Vermutung. Und er erzählte mir außerdem noch ziemlich genau, was für Teile das waren und was damit in seiner Firma gemacht wurde, wie oft er jede Woche solche Fahrten machte und wie groß die einzelnen Lieferungen waren.

In diesem Augenblick verschwanden mit einem Schlag meine Ängste und mein Selbstmitleid! Ich erinnerte mich plötzlich an einen unserer Lieferanten, der uns erst letzte Woche eine Broschüre zugesandt hatte, in der er uns eine Werkzeugmaschine anbot, die genau diese Arbeit verrichten konnte. **In diesem Augenblick sah ich meinen Beruf in einem ganz neuen Licht!** Diese Firma brauchte meinen Rat! Und ich hatte eine Idee, wie ich ihr helfen konnte, viel Geld und Zeit zu sparen."

Der Auftritt des Siegers

„Ich wußte sofort: Wenn ich jetzt den Chef dieser Firma um einen Termin bitte, bin ich keiner dieser Vertreter mehr, die andere bei ihrer Arbeit stören, sondern ein Fachmann, der ihm etwas zeigen kann, das für ihn so wichtig ist, daß er am besten alles liegen und stehen lassen sollte, um mich anzuhören.

Aufgeregt rannte ich zum Empfang und sprudelte etwas heraus, was so überzeugend geklungen haben muß, daß die Empfangsdame sogleich den Geschäftsführer, Herrn Schäfer, anrief und ihn fast mit demselben Nachdruck um einen sofortigen Termin für mich bat. Als ich zwei Minuten später Herrn Schäfer in seinem Büro gegenübersaß, da zitterten meine Hände wieder, aber diesmal nicht aus Angst, sondern aufgrund meiner Erregung.

Und dann geschah das Wunder! Fünf Minuten später gab mir Herr Schäfer bereits den ersten Probeauftrag – und das alles ohne lange Diskussion, ohne ermüdende Einwände, ohne nervige Preisfeilscherei und ohne mich dauernd zu unterbrechen, weil er ganz dringend noch mit der Produktion sprechen müsse. Plötzlich waren sie weg, diese abwertenden Gesten, mit denen man mich früher wie einen Hausierer abzuwimmeln pflegte. Ja, der Geschäftsführer begleitete mich sogar bis zum Empfang. **Da wurde mir plötzlich klar, daß mich zum ersten Mal in meinem Leben ein Kunde respektiert und ernst genommen hatte.** Und auf dieses Gefühl – das schwor ich mir – wollte ich im Leben nie mehr verzichten.

Obwohl dieser Kunde vom Umsatz her nie ein großer Kunde wurde, war es der wichtigste Verkauf in meinem Leben: Ich hatte den eigentlichen Sinn meines Berufs erkannt: ein Verkäufer zu sein, der seinen Kunden wirklich einen echten Nutzen bieten kann."

Die neue Zukunftsperspektive

„Ich wußte, daß es in meinem Verkaufsgebiet noch Hunderte solcher Firmen geben mußte, die ihre Fertigung auf irgendeine Weise verbessern konnten, die noch veraltete Werkzeuge und ineffiziente Methoden verwendeten und auf diese Weise unglaublich viel Zeit, Geld und Energie verschwendeten. Mein Job, das war mir jetzt ganz klar geworden, war es, diese Situationen zu erkennen und bessere Lösungsmöglichkeiten anzubieten.

Nun sah ich mich nicht mehr als Verkäufer von irgendwelchen Produkten, sondern als Berater. Und meine Produkte würde ich künftig nicht mehr als Artikel, sondern nur noch als Resultate besserer Problemlösungen verkaufen."

Seit dieser Zeit hat Fred Hoch niemals mehr die Begeisterung für seinen Beruf verloren. Er muß sie auch gar nicht mehr bewußt zeigen, also „einschalten", wie das so viele Verkäufer vor ihren Besuchen machen. Sie ist immer da. Fred bezeichnet sich heute als „lernbegieriger Student" in seiner Branche. Er liest alles, was ihm helfen könnte, den Nutzen seines Angebots zu steigern. Und er ist ständig auf der Suche nach neuen Ideen und Innovationen. Er führt nicht mehr die typischen Verkaufsgespräche, mit denen seine Mitbewerber um Aufträge kämpfen. Er braucht seine Kunden nicht mehr mit Dutzenden von Argumenten einzudecken und plumpe

Abschlußversuche zu starten. Er macht heute den Kunden nur noch Probleme bewußt, für die er optimale Lösungen hat. Der Rest – der Verkauf seiner Produkte – geschieht ganz von alleine.

Fred fragt auch selten nach Empfehlungen. Die Namen von möglichen Interessenten werden ihm heute freiwillig gegeben. Oft rufen seine Kunden sogar persönlich neue Interessenten an und empfehlen ihn mit den wärmsten Worten.

Was können wir daraus lernen?

Sie sehen, der radikale Umschwung vom Verlierer zum hochgeschätzten Fachmann geschah, als Fred Hoch seine Augen aufmachte und sich (unbewußt) für die Vorgänge um ihn herum interessierte und plötzlich neue Lösungsmöglichkeiten entdeckte. Seitdem geht er mit jenem Enthusiasmus zu seinen Kunden, den nur solche Menschen haben, die von einer inneren Mission erfüllt sind. Das ist das eigentliche Erfolgsprinzip! Und solange ein Verkäufer nicht dieses Gefühl der Erregung und Dringlichkeit hat, daß er jetzt sofort dem Kunden einen besonderen Vorteil anbieten müsse, bleibt das Verkaufen immer eine mühselige Sache! Fazit:

> **Bemühen Sie sich um den größtmöglichen Nutzen Ihres Angebots für Ihre Kunden, und die Kunden werden sich um Sie bemühen!**

Fassen wir die Ergebnisse unserer drei Geschichten kurz zusammen:

Wie Sie über den Glauben Ihre Überzeugungskraft verstärken können

1. **Achten Sie auf Ihre Worte.** Durch Ihre Worte schaffen Sie sich Ihre eigenen Gesetze. Sagen Sie z. B. „Bei dem Kunden

kriege ich keinen Termin!", dann schaffen Sie damit eine sich selbst erfüllende Prophezeiung. **Tip:** Achten Sie darauf, daß Ihre Worte Sie zu Ihrem Ziel führen. Z. B.: „Wie kriege ich bei diesem Kunden einen Termin?"

2. **Glauben Sie an Ihre Worte.** Legen Sie Ihren ganzen Glauben in das gesprochene Wort. Zum Beispiel: „Ich glaube daran, diesen Kunden mit meinem Schwung und meiner Begeisterung mitreißen zu können!" Denn alles, worüber Sie mit starken Emotionen sprechen, ziehen Sie an! **Tip:** Glauben Sie an die Erfüllung Ihres Wunsches, indem Sie seine Verwirklichung als Vorfreude erleben.

3. **Erwarten Sie die Verwirklichung Ihrer Wünsche.** Je stärker und gefühlsbetonter Ihre Erwartungshaltung ist, um so eher ziehen Sie das erwünschte Ergebnis an. **Tip:** Tun Sie alles, um Ihre Erwartungshaltung zu verstärken, indem Sie sich z. B. gründlich vorbereiten und für den Kunden ein „einzigartiges Angebot" ausarbeiten.

4. **Beweisen Sie Ihren Glauben.** Denn jeder Glaube muß bewiesen werden, wenn er wirken soll. **Tip:** Beweisen Sie Ihren Glauben an Ihren Erfolg, indem Sie z. B. auf Ihre Kosten (und in Ihrer Freizeit!) in Ihre Weiterbildung investieren. Kaum etwas stärkt Ihren Glauben an Ihr Produkt und an seinen Nutzen für den Kunden so sehr wie Ihre zunehmende Kompetenz!

5. **Setzen Sie die „Als-ob-Methode" ein.** Verhalten Sie sich so, als ob Sie die Erfüllung Ihrer Wünsche (Erfolge) schon erreicht hätten. **Tip:** Kleiden Sie sich wie jemand, der Erfolg hat! Fahren Sie das Auto wie jemand, der Anerkennung verdient. Treten Sie auf wie jemand, der etwas Wichtiges zu sagen hat!

6. **Vermeiden Sie jede Furcht und jeden Zweifel.** Ersetzen Sie Furcht und Zweifel sofort durch Vorstellungen von der Erfüllung Ihres Ziels. Denn Furcht und Zweifel sind nichts anderes als der Glaube an den Mißerfolg. **Tip:** Wann immer Sie Furcht und Zweifel beschleichen, stellen Sie sich die Realisierung des erhofften Ziels vor. Setzen Sie auch positive Affirmationen ein, um momentane Zweifel abzuwehren und Ihren Glauben an den

Erfolg zu bestärken, z.B.: „Ich werde es schaffen! Ich glaube an meinen Erfolg!"

7. **Stellen Sie sich Ihr Ziel genau vor.** Stärken Sie Ihren Glauben an die Erfüllung Ihrer Ziele, indem Sie sich ganz genau vorstellen, was Sie erreichen wollen und wie Sie es erreichen können. **Tip:** Sehen Sie die Erreichung Ihres Ziels schon vorher in allen Details – aber auch das, was Sie dafür tun müssen.

8. **Sehen Sie Mißerfolge als „positive Überraschungen" an.** Erwarten Sie den vollen Erfolg, aber rechnen sie auch mit Mißerfolgen oder Rückschlägen. **Tip:** Reagieren Sie auf Schwierigkeiten nicht mit Frustration und Enttäuschung, sondern sehen Sie sie als „positive Überraschungen" an, also als Lernschritte, die Sie vor Irrwegen bewahren und Ihnen schneller den Weg zum Ziel zeigen.

9. **Nehmen Sie Herausforderungen an.** Gehen Sie „kritischen Situationen" im Verkauf wie z. B. Kundeneinwänden oder Wettbewerbsvergleichen nicht aus dem Weg. Dadurch verstärken Sie nur Ihre Ängste. **Tip:** Fragen Sie sich statt dessen: „Was kann ich tun, um diese Herausforderungen erfolgreich zu bestehen?"

10. **Helfen Sie Ihren Kunden.** Beweisen Sie den Glauben an den Nutzen Ihres Produkts für den Kunden, indem Sie nicht an sich, also an Ihre Vorteile, denken, sondern indem Sie überlegen, wie Sie dem Kunden in dieser Situation am besten helfen können. **Tip:** Versuchen Sie, sich in die Lage des Kunden zu versetzen und ihn zu verstehen. Versuchen Sie, ihm zu einer optimalen Problemlösung zu verhelfen, und erleben Sie mit ihm die Freude über die gelungene Lösung.

In normalen Situationen an sich zu glauben ist nicht schwer. Wie aber schafft man es, auch in einer kritischen Wettbewerbssituation noch an sich zu glauben? Was tun, wenn uns der Kunde auffordert, unsere Präsentation in Form einer direkten Konfrontation mit dem Wettbewerber durchzuführen? Da stellt sich schnell die Frage: Wie erreichen wir auch in dieser kritischen Situation eine zuversichtliche Haltung? Auch dafür gibt es ein paar sehr gute Empfehlungen:

Acht Tips, wie Sie auch in einer harten Wettbewerbssituation den Glauben an sich und Ihren Erfolg verstärken können

1. **Stellen Sie sich positive Bilder vor.** Ersetzen Sie „düstere Vorahnungen" sofort durch Gedanken an die Vorteile Ihres Angebots und durch Bilder, in denen Sie Ihren Erfolg – die gelungene Präsentation – voraussehen.
2. **Definieren Sie Ihre Ideallösung.** Machen Sie aus Angst nicht schon vorher Abstriche bei Ihren Zielen und Wünschen. Im Gegenteil! Verstärken Sie Ihre Gedanken auf das erwünschte Ziel, indem Sie Ihre „Ideallösung" in einem klaren Satz definieren! Z. B.: „Ich liefere am Tag X eine Präsentation ab, die den Kunden so überzeugt, daß er mir den ganzen Auftrag gibt und künftig mein Stammkunde wird."
3. **Vertrauen Sie auf Ihr Können.** Erinnern Sie sich bewußt an frühere Erfolge, bei denen Sie über sich hinausgewachsen sind und Außergewöhnliches erreicht haben. Das müssen nicht nur berufliche Erfolge sein, das können auch private „Spitzenleistungen" sein. Erleben Sie die Erfolgsgefühle von damals ganz bewußt wieder, und freuen Sie sich.
4. **Glauben Sie an Ihren „guten Stern".** Glauben Sie daran, daß das richtige Angebot vom richtigen Verkäufer an den richtigen Kunden verkauft wird. Glauben Sie daran: Wenn dieser Auftrag für Sie bestimmt ist, werden Sie ihn auch erreichen. Glauben Sie aber vor allem daran, daß Ihre Chancen dann am größten sind, wenn Sie Ihr Bestes geben.
5. **Vermeiden Sie alle kritischen Gedanken.** Denken Sie jetzt auf keinen Fall in kritischer, ablehnender oder vorwurfsvoller Form an Ihren (unfairen!) Wettbewerber oder an den („bestechlichen") Kunden. Dadurch zerstören Sie Ihre positive Ausstrahlung. Vorverurteilung anderer ist immer ein Stück Selbstverurteilung.
6. **Pflegen Sie Gedanken des Wohlwollens.** Denken Sie an Ihren Wettbewerber mit Verständnis. (Auch er muß um seinen Lebensunterhalt und um seinen Erfolg kämpfen.) Denken Sie auch

an den Kunden mit Verständnis. (Auch für ihn hängt von der richtigen Entscheidung viel ab, und die Wettbewerbspräsentation beweist, daß er jedem eine Chance geben will.)
7. **Akzeptieren Sie auch einen Mißerfolg.** Erwarten Sie den Erfolg, aber rechnen Sie auch mit einem Mißerfolg. Doch wenn Sie Ihr Bestes gegeben haben, dann ist es nicht Ihr Fehler gewesen. Bereiten Sie sich daher schon im voraus auf einen „guten Abgang" und eine „gute neue Chance" vor. Haben Sie keine Angst, daß das im Gegensatz zu der bereits erwähnten positiven Erwartungshaltung steht. Im Gegenteil! Auf diese Weise erreichen Sie in jeder Situation – bei Erfolg oder Absage – ein gutes Gefühl. Das macht Sie freier, lockerer und unverkrampfter.
8. **Zeigen Sie guten Willen!** Gehen Sie auf keinen Fall mit einem inneren Widerstand oder einer inneren Vorverurteilung an die Präsentation heran. Zeigen Sie, daß Sie diese Form der Wettbewerbsauseinandersetzung voll akzeptieren und als Chance begrüßen. Sagen Sie zu sich: „Ich kann es!" Und: „Ich will es!"

Für wie stark halten Sie Ihren Glauben? Machen Sie doch einmal den folgenden Test, um Ihre „Glaubensstärke" zu messen:

Test und Checkliste: Wie stark ist Ihr Glaube an sich und Ihren Erfolg?

	ja	teilweise	nein
1. Reden Sie zu sich und mit anderen nur über das, was Sie sich wünschen und was zum Ziel führt?			
2. Glauben Sie an Ihren Erfolg so stark, daß Sie schon im voraus die Freude über die Verwirklichung fühlen?			

	ja	teilweise	nein
3. Besitzen Sie zu Recht eine starke, positive Erwartungshaltung, indem Sie z. B. ein „einzigartiges Angebot" entwickelt haben?			
4. Investieren Sie auf eigene Kosten und in Ihrer Freizeit in Ihre persönliche Weiterbildung?			
5. Treten Sie so auf, als ob Sie schon der erfolgreiche Verkäufer wären, der Sie gerne sein möchten?			
6. Ersetzen Sie Gedanken der Furcht und des Zweifels sofort durch positive Vorstellungen von der Erfüllung Ihrer Ziele und Wünsche?			
7. Haben Sie die „Ideallösung", die Sie bei einem Verkaufsgespräch anstreben, in einem klaren Satz definiert?			
8. Sehen Sie Mißerfolge und Rückschläge als Lernschritte an, die Ihnen den Weg zum Ziel weisen?			
9. Nehmen Sie auch „kritische Situationen" im Verkauf als Herausforderungen an, die Sie zu einem verstärkten Einsatz veranlassen?			
10. Sind Sie daran interessiert, den Kunden zu einer optimalen Problemlösung zu verhelfen und Ihren Egoismus zurückzustellen?			
Summe			

Auswertung: Bei diesem Test geht es nicht so sehr um die Anzahl der „Ja-Kreuze", sondern um die Anzahl der „Nein-Stimmen". Denn jedes Nein bedeutet eine Ritze, durch die dann permanent neue Zweifel und Ängste eindringen können, die unbewußte Blokkaden verursachen. Mehr als drei Nein-Antworten stellen daher in jedem Fall ein echtes Hindernis auf dem Weg zum Sieger dar.

Beispiel: Wer nicht bereit ist, Geld in seine Ausbildung zu investieren (Punkt 4), kann sich zwar den Erfolg wünschen, aber er glaubt in Wirklichkeit nicht an ihn. Er tut nichts dafür, weil er jede Investition für sinnlos hält. Und genau dieser Zweifel an sich und seinem Erfolg beeinflußt alle seine Verkaufsgespräche.

Konzentrieren Sie sich daher als erstes auf die Neins! Versuchen Sie, den Grund dafür zu erkennen und dann mit kleinen Schritten notwendige Veränderungen herbeizuführen. Diese Veränderungen sind von entscheidender Bedeutung, denn sie sind der Beweis dafür, daß Sie künftig zu den Siegern gehören wollen.

Hier gilt:

> **Wer heute dasselbe macht, was er gestern gemacht hat, wird auch morgen dasselbe erreichen, was er gestern erreicht hat!**

Deshalb wissen alle Sieger, die von durchschnittlichen Verkäufern zu absoluten Top-Verkäufern aufgestiegen sind:

> **Wer siegen will, muß sich verändern!**

„Wenn es ein Geheimnis für den Erfolg gibt, so ist es dies: den Standpunkt des andern zu verstehen und die Dinge mit seinen Augen zu sehen."
Henry Ford

4. Kapitel

Die Angst der Einkäufer

Die neuen Regeln im Umgang mit Einkäufern

Genauso dramatisch wie das Berufsbild des Verkäufers hat sich heute auch das Selbstverständnis des Einkäufers gewandelt.

Früher ging es darum, die Anbieter herauszufinden, die am kostengünstigsten produzierten und eine gleichbleibende Produktqualität und Liefertreue garantierten. Heute hat das Betätigungsfeld des Einkäufers ganz andere Dimensionen:

- Der Einkäufer von heute operiert weltweit, muß mehrere Sprachen sprechen, die Lebens-, Arbeits- und Verhandlungsgewohnheiten fremder Länder kennen, die Währungskurse im Auge behalten sowie über die politische und soziale Situation Bescheid wissen.
- Er muß von großer Flexibilität sein, da sich die politischen, sozialen und monetären Verhältnisse ständig ändern. Nur so kann er das „kostengünstigste Angebot" finden.
- Er muß enorm innovativ sein. Denn es geht schon längst nicht mehr darum, das kostengünstigste Einzelteil einzukaufen, sondern Lieferanten für neue, innovative und ganzheitliche Lösungen zu finden, wie z. B. für komplette Systeme.

- Er muß Lieferanten beraten, überzeugen und motivieren können, neue, kostengünstige Standorte zu wählen oder im direkten Umkreis seiner Auslandsfirmen entsprechende Lieferkapazitäten aufzubauen.
- Und natürlich muß er immer wieder neue Wege entdecken, um seine Lieferanten zu noch kostengünstigeren und innovativeren Lösungen anzuspornen.

Das Rollenverständnis des Einkäufers hat sich dramatisch verändert: Aus dem Einkäufer alter Tage ist ein „verkaufsorientierter Beschaffungsmanager" geworden. Daß es heute im Gespräch mit den Einkäufern keine allgemeinverbindlichen Regeln mehr gibt, daß jeder Gesprächspartner und jede Situation individuell eingeschätzt werden muß, beweist das folgende Beispiel. Hier geht es um die Beziehungen eines regionalen Key Account Managers der Lebensmittelbranche zu seinen Großkunden, in der Hauptsache zu den Einkäufern in der Zentrale.

Wie ein Key Account Manager bei einem neuen Kunden seine Preise durchsetzte

Das Interessante an diesem Beispiel ist, welche Überlegungen und Vorgehensweisen dieser Verkäufer (ein Key Account Manager, also ein Betreuer von Großkunden) einsetzt, um auch in schwierigen Zeiten seine Preise und Umsatzvorstellungen zu verwirklichen.

Als er sein neues Gebiet übernahm, lautete die erste Erfolgsregel von Armin Linhart: Man muß auch an die Großen herangehen, nicht immer nur an die Kleinen! Denn je mehr man den Großen aus dem Weg geht, um so mehr Angst bekommt man vor ihnen. Und diese Angst – „Schwellenangst" nannte er sie – blockiert letztlich alle Erfolgsaussichten!

Er wußte: Wovor man sich fürchtet, das sollte man als erstes tun, also suchte er sich sogleich eine ganz große Herausforderung aus. Er nahm sich vor, bei dem Einkäufer einer der großen Handelsketten die Preise zu erhöhen! Das erforderte wahrhaftig Mut, denn sein Vorgänger hatte sich – aus Angst davor, aus der Listung herauszufliegen – vier Jahre lang vor diesem Schritt gedrückt.

Armin Linhart machte dem Einkäufer schon bei seinem ersten Besuch klar, daß er mit ihm über Preiserhöhungen sprechen müsse, daß er bei den bisherigen Preisen weder die Qualität noch die Leistungsfähigkeit seines Angebots aufrechterhalten könne und daß auf diese Weise auch keine fruchtbare Zusammenarbeit mehr möglich sei.

Mut zur Preisfrage

Der Einkäufer traute seinen Ohren nicht – und schmetterte folglich die Preiserhöhung sofort vom Tisch. Sein einziger Kommentar: „Die Zentrale in Köln hat strikt vorgegeben, daß alle Preise erst ab dem 1.1. des nächsten Jahres – wenn überhaupt! – erhöht werden dürfen!"

„Da stimme ich Ihnen völlig zu", meinte Linhart. „Bei uns handelt es sich aber nicht um eine Preiserhöhung für das nächste Jahr, sondern um eine Preisanpassung, die die anderen bereits zum 1.1. und wir jetzt erst zum 1.10. durchführen. Das müssen Sie doch einsehen als ein erfahrener Kaufmann! Vom Zusehen allein kann keiner leben."

Als sich der Einkäufer nicht mehr ganz so abweisend zeigte, **schaltete Linhart auf den Gefühlsbereich um.** Er beugte den Oberkörper vor, drückte die linke Hand auf seinen Bauch und sagte:

„Herr Kunde, das macht mir jetzt echt Bauchschmerzen." (Er signalisierte dem Kunden geradezu körperliche Beschwerden!) „Sie sind der Kunde mit den höchsten Erlösschmälerungen." (Er setzte ihn ins Unrecht!) „Das kann ich so nicht vertreten." (Er appellierte an sein Verantwortungsgefühl!) „Außerdem ist unsere Preisanpassung nach vier Jahren mit fünf Prozent sehr moderat. Alle anderen haben bereits die Preise erhöht, und zwar wesentlich mehr!" (Er appellierte an sein Gerechtigkeitsgefühl!)

Daraufhin stimmte der Einkäufer zu, rief aber schon am nächsten Tag wieder an, um seine Zusage rückgängig zu machen. Sein Argument: „Köln besteht darauf, die Preise grundsätzlich erst ab dem 1.1. des nächsten Jahres anzupassen." Linhart: „Das ist richtig. Aber bei uns handelt es sich eben nicht um eine vorgezogene, sondern um eine nachgeholte Preiserhöhung! Außerdem sind in unserer EDV ab dem 1.10. bereits alle neuen Preise programmiert. Aber ich mache Ihnen einen anderen Vorschlag: Wir werden auch im nächsten Jahr zum 1.3. die Preise erhöhen müssen. Sie erhalten jedoch bis zum 1.1. eine Differenzgutschrift auf die neuen Preise vom 1.10. Einverstanden? Das ist doch ein faires Angebot!" Daraufhin stimmte der Kunde zu.

Die mentale Programmierung

Das Entscheidende daran war, daß Armin Linhart schon vorher das Gefühl hatte, daß er trotz der Preiserhöhung den Kunden nicht verlieren würde. Und er bezog seine größte Sicherheit aus den guten Argumenten, die durchdacht und glaubwürdig waren und eine echte Notwendigkeit signalisierten. Analysiert man seine Preisstrategie genauer, erkennt man vier entscheidende Voraussetzungen:

Voraussetzung 1: Gründliche Vorbereitung

Gründliche Vorbereitung verleiht immer ein Höchstmaß an Selbstsicherheit und Überzeugungskraft. Und Armin Linhart hatte alle Fragen und Einwände der Kunden schon im voraus durchdacht.

Als er einmal ein Geschäft betrat, das folgenden freundlichen Hinweis ausgehängt hatte: „Montags keine Vertreterbesuche!" und er deshalb von dem Filialleiter mit den Worten begrüßt wurde: „Wir empfangen heute keine Vertreter!", da reagierte er ebenso prompt: „Das verstehe ich vollkommen, und deshalb komme ich ja heute auch als Verkaufsleiter zu Ihnen!" Was sogar der Wahrheit entsprach, denn auf seiner Visitenkarte stand Verkaufsleiter, auch wenn er nur zwei Mitarbeiter hatte.

Voraussetzung 2: Umfassende Produktkenntnis und hohe Produktidentifikation

Der beste Beweis für eine hohe Produktidentifikation besteht darin, daß man jederzeit in der Lage ist, den Kunden zu einem Wettbewerbsvergleich aufzufordern.

Als einmal ein neuer Kunde seine Produkte nicht in sein Sortiment aufnehmen wollte, forderte Linhart ihn auf, eine Vergleichsdegustation (= Geschmacksprobe) durchzuführen, also sowohl sein Produkt als auch das der Wettbewerber zu verkosten.

Eine Woche später sagte der Einkaufsleiter zu ihm: „Wir haben die Degustation vorgenommen. Aber Ihr seid im Geschmack genauso wie die Firma Schmeck." Darauf Verkäufer Linhart: „Dann machen Sie doch eine Blindverkostung! Das heißt: Probieren Sie die verschiedenen Produkte, ohne ihre Herkunft zu kennen. Sie werden den Unterschied sehr schnell merken!"

Linhart konnte sich auf seine Produkte verlassen, denn er hatte sie selbst schon alle – einschließlich die der Wettbewerber – „blind" durchprobiert. Er wußte, wovon er sprach. So war auch das positive Testergebnis für ihn keine Überraschung.

Voraussetzung 3: Durchdachte Strategien

Durchdachte Strategien bedeuten: „vorausbedachte Strategien". Solche vorausgedachten Strategien kamen ihm einmal zugute, als ein Einkäufer plötzlich zu ihm sagte: „Dann stellt sich also für uns jetzt die Frage: Ihr Angebot oder das der Firma Schmeck, nicht wahr?"

Daraufhin Linhart, der sich schon vorher die geeignete Antwort – die Strategie der Sortimentsabrundung – ausgedacht hatte: „Nein, Herr Kunde, diese Frage stellt sich jetzt nicht für Sie, sondern folgende: Wie sieht ein wirklich abgerundetes Programm aus? ... Denn Sie brauchen für Ihre Kunden ein abgerundetes Programm mit den Dampfnudeln und Schupfnudeln von Schmeck und den Tortellini und Pizzen von uns!"

Das war nicht nur sehr schlagfertig und ideenreich, sondern darüber hinaus auch noch sehr glaubwürdig. Und es machte ihn sympathisch, weil er es nicht sofort darauf anlegte, den Wettbewerber schlechtzumachen und aus der Listung zu streichen, sondern ihn zu ergänzen.

Voraussetzung 4: Innere Gelassenheit und Selbstsicherheit

Über seine Vorgehensweise sagte Armin Linhart: „Ich mache mir vorher ein Bild der Ruhe und Gelassenheit. Denn ich möchte, daß alles ebenso klar wie logisch erscheint. Wenn ich dieses Bild habe, gehe ich mit folgendem Bewußtsein zum Kunden: Lieber Kunde, wenn du meine Produkte listest, wirst du auch in deinem Unternehmen Erfolg haben! Denn meine Produkte sind Premiumprodukte. Und Premiumprodukte bringen nicht nur guten Umsatz, sondern ihnen gehört auch die Zukunft!

Darüber hinaus bemühe ich mich, so ruhig und langsam wie möglich zu sprechen. Denn ich will seriös und vertrauenerweckend erscheinen. Deshalb mache ich auch bewußt Pausen, damit der Kunde mit seinen Gedanken nachkommt. Auf keinen Fall rede ich ihn tot, sondern ich gebe ihm Gelegenheit, in Ruhe zuzuhören, darüber nachzudenken und mit mir zu reden. Was ich vor allem will, ist, daß ich mit ihm ins Gespräch komme. Denn nur das Gespräch schafft die Vertrauensbasis, und ohne Vertrauen gibt es keine Aufträge!"

Kommen wir noch einen Augenblick auf die persönliche Situation von Armin Linhart zu sprechen:

Die speziellen Herausforderungen für einen Key Account Manager

Seine Situation kann man mit drei Worten beschreiben: Erfolgsdruck! Umsatzdruck! Gewinndruck! Seinen Werdegang ungefähr so: Zwei Firmen fusionierten, zwei Vertriebe wurden zusammengelegt, 50 Prozent der Mitarbeiter wurden entlassen, und wo vorher 24 Key Account Manager unterwegs waren, sind es jetzt nur noch 12, die natürlich denselben Umsatz – plus der geplanten Steigerung – erreichen sollen.

Als man ihn bei den Fusionsgesprächen interviewte, stellte man ihm **drei Fragen**, die sich heute auch jeder Verkäufer immer wieder stellen sollte:

1. Welche (Umsatz-)Potentiale sehen Sie bei Ihren Kunden?
2. Wie wollen Sie bei den einzelnen Kunden vorgehen?
3. Welche Initiativen haben Sie dafür geplant?

So hart diese Fragen klingen, so entscheidend sind sie. Jack Welch, Chef von General Electrics, motiviert seine Führungskräfte, ihren Mitarbeitern alle Vierteljahre fast ähnliche Fragen zu stellen. Sie lauten:

1. Was tragen Sie persönlich dazu bei, damit sich unser Unternehmen weiterentwickelt?
2. Was tragen Sie dazu bei, um den Gewinn unseres Unternehmens zu erhöhen?
3. Was tragen Sie dazu bei, damit wir gegenüber unseren Wettbewerbern die Nr. 1 oder 2 werden bzw. einen Vorsprung gewinnen?

Verkäufer, die diese Fragen sowohl für ihr eigenes Unternehmen als auch für die Unternehmen ihrer Kunden beantworten können, sind fast unschlagbar! Sie wissen wirklich, worüber sie sprechen.

Für Armin Linhart war dieses „Interview" mit seinen 52 Jahren, einer Familie und zwei Töchtern, die noch in der Ausbildung waren, nicht leicht gewesen. Aber er wußte, daß er von seinen 12 Kollegen die besten Verkaufsergebnisse erzielt hatte und daß er gut verkaufen konnte. Also sagte er: „Was soll mir schon passieren?" ... und sprach lebendig und engagiert von seinen Ideen.

Dieses Interview ist ein Beweis dafür, daß man sich als Verkäufer zuerst immer selbst verkaufen muß. Dem kommt auch Linharts Lebensmaxime entgegen: „Man muß kämpfen!" sagt er dazu. Und das paßt auch zum Konzept seiner Firma, die zu den größten der Branche gehört und sich in diesem stagnierenden Markt einen erbitterten Kampf mit zwei andern Riesen liefert.

Ihre Marktphilosophie lautet: Auch in einem stagnierenden Markt sind zweistellige Zuwachsraten durch innovative Artikel, z.B. durch Convenience-Produkte (also Bequemlichkeitsprodukte), möglich. Und nur über die Ausweitung des Sortiments kann der einzelne Marktleiter neue Verbraucher gewinnen, ohne die alten Kunden zu verlieren. Wenn diese Produkte auch noch durch eine massive TV-Werbung unterstützt werden, dann muß der Marktleiter einfach folgen! Das wiederum führte bei Armin Linhart zu einer entscheidenden Erkenntnis bei seinen Verkaufsgesprächen. Er sagte sich:

„Meine Motivation muß aus dem Produkt kommen und nicht aus den verschiedenen Kundenbindungsprogrammen! Nur dann kann ich dem Händler beweisen – und das verlangt er in erster Linie von mir –, daß er seinen Umsatz steigern bzw. zumindest halten kann." In seinen Augen werden die „Kundenbindungsprogramme" eher zurückgeschnitten. Denn in Wirklichkeit zählt heute nur Cash! Und der Einkäufer stellt sich eigentlich nur zwei Fragen:

1. Welcher Lieferant bringt mir echte Innovationen?
2. Welcher Lieferant unterstützt die Marktausbreitung durch eine starke TV-Werbung?

Armin Linhart: „Natürlich kommt es dabei auch auf meine Argumente an. Dazu ein Beispiel: Dextro Energen kennt jeder. Früher war es das Symbol für mehr Energie, heute ist es ein Signal für mehr Streßstabilität! So verändert der Zeitgeist die Argumentation. Und genau das muß ich den Händlern richtig rüberbringen."

Seine Meinung über die immer noch hochgeschätzten Kundenbindungsprogramme: „Entscheidend ist heute die Persönlichkeit! So wie man seine eigene Individualität einbringen muß, so will heute jeder Kunde individuell behandelt werden. Das heißt aber auf keinen Fall, daß jeder Kunde eine enge emotionale Beziehung wünscht. Im Gegenteil! Oft wird im ersten Jahr kein einziges privates Wort gesprochen. Bis plötzlich ein Wort das andere ergibt. Aber manche Kunden lehnen – und das fühlt man – sogar dann jeden privaten Kontakt ab. Daher kann der Aufruf, unbedingt emotionale Beziehungen zu schaffen, bei manchen Kunden sehr leicht ins Auge gehen."

15 Tips, die Sie bei den Verhandlungen mit Einkäufern berücksichtigen sollten

1. **Der Zeitdruck hat für den Einkäufer unglaublich zugenommen.** Er hat 20 Minuten für Sie Zeit – und keine Minute länger. Dann wartet schon das nächste Gespräch auf ihn.
2. **Der Termindruck ist viel stärker geworden.** Spontane Termine sind fast überhaupt nicht mehr möglich. Die normale Terminvereinbarung erfolgt heute bereits ein halbes Jahr im voraus.
3. **Das innerbetriebliche Meeting-Unwesen greift immer weiter um sich.** An einem Montag oder Freitag braucht man gar nicht mehr anzurufen, da ist jeder „in einer Sitzung".
4. **Die Zahl der „Rückversicherer" wächst.** Die Einkäufer wehren sich gegen sofortige Entscheidungen, bevor sie diese nicht einem entsprechenden Entscheidungsgremium vorgelegt haben.
5. **Die meisten Einkäufer werden immer mehr zu Offertenempfängern.** Statt Entscheidungen zu treffen, haben sie vor allem die Aufgabe, aus der Industrie das letzte Geld (für irgendwelche Aktionen etc.) herauszuholen.
6. **Die Angst der Einkäufer vor Flops steigt.** Dahinter steckt die Angst um den Job. Deshalb müssen alle Erfolgsaussichten neuer Produkte zuvor bewiesen werden.
7. **Die Einkäufer entscheiden nicht mehr allein.** Die Entscheidungen werden immer mehr einem „Category-Management" überantwortet – einem Verbund von Einkäufern und Verkäufern.

8. **Die Gespräche werden immer kürzer.** Man muß heute sofort auf den Punkt kommen. Die Formel dafür lautet: „Ich habe heute sechs Punkte zu besprechen ..."
9. **Es gibt heute kaum noch Small talk.** Und damit auch keine Zeit mehr, persönliche Beziehungen zu pflegen. Selbst in der Freizeit wollen manche Einkäufer davon nichts wissen.
10. **Man muß sofort in knappen Worten das „Erfolgskonzept" präsentieren können.** Zum Beispiel: Wann, wo, wofür läuft welche TV-Werbung? Wann, wo und wie wird welche Aktion gestartet?
11. **Die Einkäufer haben Angst um ihren Arbeitsplatz.** Umorganisationen, neue Abteilungen, neue Entscheider, Einsparmaßnahmen und Ertragssicherungsprogramme hängen wie ein Damoklesschwert über ihnen und bedrohen ihren Job. Aus diesem Grund gehen alle auf Nummer Sicher und verzichten auf jedes Experiment.
12. **Die Zeitabstände zwischen den Terminen werden immer länger.** Wer bei einem Meeting mit seinen Argumenten nicht durchkommt, hat erst nach einem halben bzw. manchmal sogar erst nach einem Jahr wieder eine neue Chance. „Ich denke nur ein Mal im Jahr an das Regal!" sagte dazu ein Einkäufer.
13. **Man muß auf die Sekunde topfit sein.** An diesem einen Termin muß man eine Top-Präsentation vorlegen. Sonst hat man seine Chance verspielt, und der Wettbewerber nimmt den Platz ein.
14. **Man muß heute ein ganzes Regal präsentieren.** Und nicht, wie früher, nur einzelne Produkte. Der Einkäufer will die komplette Optik und die kompletten Verkaufschancen auf einen Blick erkennen. Nichts soll heute dem Zufall überlassen bleiben.
15. **Die „Dampfplauderer" haben heute keine Chancen mehr.** Genausowenig wie die Witzemacher und die Verkäufer, die einfach nur so „herumlabern". Der Einkäufer kann sie heute nicht mehr hören. Er hat keine Zeit und keinen Nerv mehr für sie.

Genau darin liegen heute natürlich auch die Chancen für jeden kreativen und engagierten Verkäufer. Die sollten Sie nutzen! Und Sie können Ihre Erfolgschancen sogar verdoppeln, wenn Sie die Empfehlungen beherzigen, die aus den Gesprächen mit Armin Linhart und anderen Top-Industrieverkäufern entstanden:

15 Empfehlungen, wie Sie mit Einkäufern am erfolgreichsten verhandeln

1. **Machen Sie dem Einkäufer jede „Einmaligkeit" Ihres Angebots bewußt.** Vor allem in den Bereichen, die gern als nebensächlich angesehen werden, z. B., wenn Sie keine Lagergebühren verlangen, wenn die Aufträge übers Jahr hinausgezogen werden können, wenn Ihnen ein moderner Fuhrpark zur Verfügung steht, wenn die Lieferungen frei Haus sind, wenn Sie im regelmäßigen Wochenturnus liefern, wenn Sie ein spezielles Palettensystem haben... Nichts verkauft sich heute von selbst! Nichts überzeugt von selbst!
2. **Machen Sie dem Einkäufer Ihr Leistungsprofil im Vergleich zu dem Ihrer Marktwettbewerber bewußt.** Berücksichtigen Sie, daß sich viele Einkäufer bei der Besprechung von Qualitätsmerkmalen kaum Notizen machen. Unterstützen Sie ihr Gedächtnis durch schriftliche Marktvergleiche! Heben Sie die verschiedenen Unterscheidungskriterien bewußt hervor.
3. **Machen Sie dem Einkäufer Ihre Vorteile im Augenblick der Verhandlung präsent.** Gehen Sie keineswegs davon aus, daß der Einkäufer Ihr Leistungsprofil jederzeit im Kopf hat. Auch wenn diese Vorteile für Sie längst Routine sind, zählen sie auch bei dem Einkäufer nur dann, wenn er sie in diesem Augenblick klar vor Augen hat. Unterstützen Sie ihn dabei!
4. **Schlagen Sie dem Einkäufer neue, alternative Problemlösungen vor.** Zeigen Sie ihm, wie Sie die Belieferung z.B. rationeller, schneller oder kostengünstiger machen können. Oder wie Sie seine Lagerhaltung optimieren können.

5. **Geben Sie dem Einkäufer „Verkaufsargumente" an die Hand.** Machen Sie ihm die bessere Qualität Ihrer Produkte als gutes Verkaufsargument für seine Verkäufer bewußt.
6. **Geben Sie dem Einkäufer ein Echo vom Markt.** Sagen Sie ihm z. B., was andere Kunden über die Produkte seiner Firma denken, was sie von seiner Firma halten, welche Erfolge die Produkte seiner Firma am Markt draußen haben. Gerade die Einkäufer wünschen sich sehr stark ein Feedback über die Markterfolge ihrer eigenen Produkte. Auch sie wollen wissen, ob sich die Mühe, die sie sich bei den Verhandlungen mit den Lieferanten geben, draußen am Markt gelohnt hat. Erkennen Sie in diesem Markt-Feedback auch eine große Chance für Ihr eigenes Angebot – als Unterstützung „seiner Markterfolge".
7. **Überlegen Sie sich Liefereinschränkungen ganz genau.** Zum Beispiel die Einstellung unrentabler Artikel durch überhöhte Preise oder sofortige Absagen. Sie rufen bei den meisten Firmen Erbitterung hervor und ziehen auch bei den anderen Artikeln Konsequenzen nach sich.
8. **Gehen Sie von einem veränderten Bestellverhalten aus.** Gehen Sie davon aus, daß die Industrie heute sowohl die Fertigungstiefe verringert als auch ganze Bauteile an bestimmte Lieferanten vergeben will.
9. **Bieten Sie dem Einkäufer immer wieder Insider- oder Hintergrundinformationen an.** Diese Informationen sind gefragt wie nie zuvor, denn die Einkäufer wollen nicht nur den Beschaffungsmarkt kennen, sondern auch Informationen über ihre gesamte Branche erfahren. Solche Informationen geben ihnen die Sicherheit, nicht von spontanen Zusammenschlüssen, Personalwechseln, Finanzkrisen oder plötzlichen Marktentwicklungen überrascht zu werden, die die eigene Stellung und das Wohl der eigenen Firma bedrohen könnten.
10. **Fragen Sie den Einkäufer nach seiner Meinung über Ihre Firma.** Zum Beispiel: Wie schätzen Sie uns gegenüber dem Wettbewerb ein? Wo sehen Sie unsere Stärken und Schwächen? Warum behalten Sie uns bei den Artikeln XY trotz der Preisnachteile in Ihrem Lieferprogramm? Oder: Welche Erfah-

rungen haben Sie mit Lieferanten in Tschechien und in Polen gemacht?

11. **Stellen Sie eine Übersicht über Ihr Leistungs- und Angebotsprofil zusammen.** Machen Sie damit die wichtigsten Unterscheidungsmerkmale Ihrer Firma und Ihrer Produkte gegenüber denen der Wettbewerber deutlich. Heben Sie auch die Nachteile hervor. Denn gerade Schwarz-Weiß-Vergleiche prägen sich besonders gut ein.

12. **Sprechen Sie die wichtigste augenblickliche Aufgabe des Einkäufers an.** Fragen Sie ihn: Mit welchem Problem bzw. mit welcher Aufgabe beschäftigen Sie sich im Augenblick ganz besonders? Denn dieses Problem interessiert ihn im Augenblick am brennendsten, und der Verkäufer, der ihm dafür eine Lösung anbieten kann, erreicht in seinen Augen nicht nur einen „Beraterstatus", sondern macht auch das sicherste Geschäft.

13. **Schlagen Sie nie sofort spontane Problemlösungen vor.** Fordern Sie den Einkäufer auf, sein aktuellstes Problem zu nennen, aber reagieren Sie keinesfalls mit Spontanlösungen. Fragen Sie lieber drei- bis viermal nach, um genau zu erfahren, was ihn wirklich bedrückt und was er schon dagegen unternommen hat. Versprechen Sie aber eine Problemlösung erst nach einer Beratung mit Ihrer eigenen Firma.

14. **Nehmen Sie den Einkäufer in die Verpflichtung.** Fragen Sie ihn schon im voraus, in welchem Umfang Sie mit seiner Bestellung verbindlich rechnen können, wenn Sie die geeignete Lösung entwickeln. An seiner Antwort erkennen Sie die Ernsthaftigkeit seiner Problemlösungssuche.

15. **Erhöhen Sie den Erlebniswert Ihres Gesprächs durch eindrucksvolle Geschichten.** Erzählen Sie z. B., welche Probleme ein Kunde von Ihnen hatte, der plötzlich in verstärktem Maße auf Lieferanten in Polen setzte. Reichen Sie auch Referenzen anderer Kunden nicht einfach über den Tisch, sondern fassen Sie die Hintergründe dieser Referenz in einer Geschichte zusammen, z. B.: Was war der Ausgangspunkt?... Wie sahen die Schwierigkeiten aus?... Wie wurden sie überwunden?... Welche positiven Folgen ergaben sich für den Kunden?

„Was du heute denkst, wirst du morgen tun."
Leo Tolstoi

5. Kapitel

Mut zu neuen Strategien

In meinem Buch **„Mut zu neuen Kunden"** habe ich ganz bewußt 11 Strategien für die Neukundengewinnung beschrieben. Warum? Weil letztlich nur die Strategie zum Erfolg führt, die Ihnen liegt, mit der Sie sich vorbehaltlos identifizieren können und die genau auf Ihre Branche und die entsprechende Zielgruppe paßt.[6] Und diese **richtige Strategie** müssen Sie herausfinden! Durch Beobachtungen, durch Erfolgs- und Mißerfolgsanalysen, durch Kundenbefragungen, durch Versuch und Irrtum, durch Imitieren, Kopieren, Nachahmen oder durch Ausprobieren.

Jede falsche Strategie wirkt auf Dauer, als wenn Sie gegen eine Betonmauer laufen würden, und macht Ihre Motivation in kürzester Zeit zunichte! Im Gegensatz dazu hat die richtige Strategie eine geradezu unwiderstehliche, motivierende Wirkung! Es ist, als hätten Sie plötzlich den Stein der Weisen, den Schlüssel zum Sesam-öffne-dich entdeckt. Hier gilt:

> **Je besser die Strategie ist,
> um so schneller kommt der Erfolg!**

Wenn Sie die richtige Strategie haben, können Ihre Verkaufsergebnisse von einem zum anderen Tag geradezu explodieren! So

schrieb mir der Geschäftsführer des Fertighausunternehmens Haakke in Celle drei Monate nach unserem letzten Verkaufsseminar:
„Die deutlichen Verkaufszuwächse – allein über 35 Prozent seit Dezember letzten Jahres – möchte ich zum Anlaß nehmen, mich bei Ihnen für das letzte Seminar ganz herzlich zu bedanken. Die einzelnen Vertriebsmitarbeiter haben mir im persönlichen Gespräch immer wieder bestätigt, daß die gemeinsame Erarbeitung des neuen Verkaufskonzepts ein großer Erfolg war, was auch die herausragenden Leistungen einzelner Mitarbeiter beweisen." Was war geschehen?

Wie eine klare Kundenqualifizierung einen neuen Umsatzschub auslöste

Dieses Unternehmen hat einen Musterhauspark mit sechs schönen Musterhäusern. Also kommen am Wochenende viele Familien, um sich diese Häuser anzuschauen. Und wie Haie sich auf verletzte Beutetiere stürzen, so stürzten sich früher die Fachberater auf Besucher, wenn die nur ein paar Sekunden länger vor irgendeinem Detail verweilten.

Dann verwickelten sie sie in ein Gespräch, fragten, ob sie Interesse an einem Angebot hätten, setzten die Konstruktionsabteilung in Bewegung und legten dem Kunden schließlich das Angebot vor. Dem Kunden gefiel das Ganze recht gut, aber er hatte noch den einen oder anderen Wunsch – woraufhin das Angebot überarbeitet wurde.

Erst als im dritten oder vierten Gespräch der Verkäufer auf den Abschluß zu sprechen kam, mußte er zu seinem großen Bedauern feststellen, daß er einer „hohlen Nuß" aufgesessen war. Der Kunde wollte schon irgendwann einmal bauen, aber nicht jetzt und nicht morgen. In ein paar Jahren vielleicht. Und ein Grundstück hatte er auch noch nicht!

Das traurige Fazit für den Verkäufer: Außer Spesen nichts gewesen!

Der Verkäufer hatte „vergessen", den Kunden vorher genau zu qualifizieren! **Daraufhin wurde jeder weitere Kontakt mit dem Kunden zu einer Fortsetzung statt zu einem Fortschritt!** Nichts aber kostet einen Verkäufer mehr Energie und demotiviert ihn schneller als unnötige, kostspielige Angebote für Kunden, die gar kein echtes Interesse haben.

Hier setzten wir zwei neue Konzepte ein:

Konzept 1: Qualifizieren Sie jeden neuen Interessenten, bevor Sie ihm ein Angebot machen!

Die Fertighausverkäufer verwendeten dazu **fünf Fragen,** die ihnen ganz schnell zeigten, ob weitere Schritte wirklich erfolgversprechend waren:

1. Haben Sie bereits ein Grundstück, bzw. haben Sie bereits eines fest in Aussicht?
2. Gefällt Ihnen diese Bauweise aus Holz? Würden Sie auch gerne mit Holz bauen?
3. Haben Sie schon einen bestimmten Fertigstellungstermin im Auge? (Oder: Haben Sie schon Ihre alte Wohnung gekündigt, bzw. Ihr altes Haus verkauft?)
4. Haben Sie sich schon Gedanken über den Grundriß bzw. die Anzahl der gewünschten Zimmer gemacht?
5. Haben Sie schon einen bestimmten Kostenrahmen festgelegt und sich Gedanken über die Finanzierung gemacht?

Mit diesen fünf Fragen filterten die Verkäufer nun die echten Interessenten aus den „Schaulustigen" heraus, verschwendeten keine unnütze Energie mehr und konnten sich voll auf diese qualifizierten Interessenten konzentrieren. Das aber reicht noch nicht für eine hohe Abschlußwahrscheinlichkeit.

Konzept 2: Kontrollieren Sie das Interesse Ihres Kunden vor jedem weiteren Schritt!

Angenommen, der Kunde hat diese fünf Qualifikationsfragen positiv beantwortet. Dann ist das ein guter Start, aber es bedeutet noch lange nicht den Auftrag.

Aus mehreren Gründen: Der Interessent nimmt in der Regel auch mit Wettbewerberfirmen Kontakt auf. Oder er kriegt ein Angebot von einem Anlageberater, der ihm ausrechnet, daß er lieber in seiner Wohnung zur Miete bleiben und das Geld in einem Investmentfonds anlegen sollte. Oder er hört plötzlich, daß in seinem Betrieb Umstrukturierungsmaßnahmen geplant sind, und bekommt kalte Füße.

Gestern war er noch ein interessierter und qualifizierter Kunde, heute ist er ein „Fahnenflüchtiger". Seine Priorität hat sich geändert! Sein Motto lautet jetzt: Hauskauf ja, aber erst später! Wie beugen Sie dem vor?

Ganz einfach: **Indem Sie vor jedem weiteren Schritt den Kunden zu einer direkten Mitarbeit auffordern!** Sie bitten z.B. den Kunden,

- die Bauvorschriften für sein Grundstück beim zuständigen Landratsamt zu ermitteln
- einen Grundrißplan zu entwerfen, in dem er die Lage und Größe der einzelnen Möbel einzeichnet
- die Unterschriften der Nachbarn einzuholen
- mit der Bank über die Finanzierung zu sprechen
- gemeinsam mit Ihnen das Grundstück zu besichtigen und auszumessen

Solange der Kunde diese Mitarbeit zuverlässig erledigt, ist er in der Regel noch dabei! Denn kein Kunde wird einen Nachbarn oder Bankier aufsuchen, wenn er gar nicht beabsichtigt, zu bauen.

Wichtig ist, daß Sie vor jedem weiteren Angebotsschritt eine solche Mitarbeit einbauen.

Das Hauptproblem besteht darin: Viele Verkäufer verlassen sich nur auf das Kopfnicken des Kunden statt auf seine Mitarbeit. So jagen sie Illusionen statt Aufträgen nach.

Machen Sie es anders! Haben Sie den Mut zu klaren Qualifikationsfragen und zur Aufforderung zur Mitarbeit. Genau das gibt Ihnen auch das unglaublich positive Gefühl, diese „Anfrage" unter Kontrolle zu haben. Und das ist für Ihr Selbstbewußtsein, Ihr Selbstvertrauen und Ihre Motivation unbezahlbar.

Ein weiteres Beispiel über einen sehr erfolgreichen Verkauf:

Fünf Fragen, die viel Zeit und Arbeit ersparten

Als ich vor rund 10 Jahren in München ein Reihenhaus für 600.000 Mark zu verkaufen hatte, wollte ich die Arbeit auf ein Minimum beschränken und **nur für die wirklich qualifizierten Interessenten eine Hausbesichtigung durchführen.**

Also stellte ich jedem Interessenten am Telefon einige Fragen. Diese Fragen waren absolut wichtig, denn es handelte sich um ein Haus mit zwei Stockwerken und vier Zimmern plus einem großen Studio (unter dem Dach) sowie einer Einbauküche und einem Bad. Meine Qualifikationsfragen lauteten:

1. Welche Möbel haben Sie? – Wenn der Interessent Eiche sagte, war das Gespräch bereits zu Ende, denn unser Haus hatte Mahagoni-Türen und -Fenster, und kein Mensch reißt bei dieser Preisklasse die Mahagoni-Türen heraus und ersetzt sie durch Eiche.
2. Haben Sie Kinder? – Wenn er keine Kinder hatte, wozu brauchte er denn ein Haus mit fünf Räumen? Es gab allerdings eine Ausnahme dazu, die die nächste Frage betraf.
3. Arbeiten Sie und/oder Ihre Frau beruflich zu Hause? – Wenn er oder sie das taten, dann konnten sie die „Kinderzimmer" wahrscheinlich als Arbeitszimmer gebrauchen.
4. Wollen Sie selbst einziehen, und wie alt sind Sie? – Komische Frage, aber absolut wichtig! Denn das Haus hatte zwei Stock-

werke, und kein Ehepaar, das über 60 Jahre alt ist, kauft sich ohne besonderen Grund wegen der „vielen Treppen" ein zweistöckiges Haus.
5. Haben Sie bereits einen bestimmten Einzugstermin? – In Wirklichkeit zielte diese Frage auf die Finanzierung. Wenn ein Kunde zuvor noch seine bisherige ETW verkaufen mußte, dann konnte er keinen festen Termin nennen. Dann bedeutete das eine weitere unkalkulierbare Abhängigkeit.

Soweit die Vorabqualifizierungsfragen. Kommt es dann zur Besichtigung, gibt es ein weiteres Qualifizierungsproblem: Man sitzt zuletzt im Wohnzimmer herum, erkundigt sich danach, wie das Haus gefallen hat, und der Kunde murmelt etwas von „sehr schön", ohne Farbe zu bekennen. Das heißt: Sie wissen im Grunde nicht, wie Sie dran sind. Und auf die etwas plumpe Frage „Wollen Sie das Haus kaufen?" wird er in 99 Prozent aller Fälle mit einem „Ich muß das Ganze erst mal eine Nacht überschlafen ...!" antworten.

Was machen Sie jetzt, um die ehrliche Meinung herauszubekommen? Auch hier gibt es wieder eine phantastische Qualifikationsfrage. Sie wenden sich an die Frau des Interessenten und fragen Sie: **„Wie kommen Sie mit Ihren Möbeln zurecht?"** Sagt sie: „Sehr gut, sogar unser großer Schlafzimmerschrank müßte hervorragend passen!", dann haben Sie wirklich einen heißen Interessenten. Sagt sie dagegen: „Das kann ich jetzt noch nicht sagen. Das müßte ich erst noch genauer nachmessen!", dann war das in der Regel die freundliche Absage. Denn jede Frau, die echt interessiert ist, richtet im Geist sofort das neue Haus ein!

Resultat: Nach nur vier Verkaufsgesprächen war das Haus verkauft.

Veraltete Strategien sabotieren jeden Erfolg!

Vor kurzem rief mich ein Anlageberater an und berichtete mir, daß er 500 Briefe ausgesendet und jeden Brief telefonisch nachbearbeitet hatte, mit dem Ergebnis, daß er drei (!) Kunden einen Prospekt zusenden durfte. Auf die Ursache seiner Misere angesprochen, nannte er folgende Gründe: „Der Markt ist übersättigt! ... Ich kann die Leute einfach nicht für mein tolles Projekt sensibilisieren! ... Die Unternehmer stecken ihr Geld lieber in das eigene Unternehmen ... Und die Privatkunden haben Angst vor der Zukunft und wollen nichts riskieren." Und die Folgen dieser Absagen? „Nach einem guten Gespräch traue ich mich gar nicht mehr, den Hörer abzunehmen, denn das nächste Gespräch macht mich mit Sicherheit wieder nieder!" Keine erfreuliche Aussicht!

Eine junge Beraterin, die steuersparende Schiffsbeteiligungen verkaufen wollte, machte eine noch deprimierendere Erfahrung: Sie verschickte Briefe an 800 Adressen und erreichte null Erfolg!

So gleicht das Verkaufen eher einem Himmelfahrtskommando als einem Vergnügen. Dabei werden Sie später noch eine Anlageberaterin kennenlernen, die schon nach zwei Jahren 20 Mio. DM Umsatz machte. Also kann es nicht „am Markt liegen". Es liegt eindeutig an den falschen Strategien. So muß heute z. B. die alte Akquisitionsformel „Je mehr Kontakte, um so mehr Kontrakte" in die Formel geändert werden:

Je mehr Termine, um so mehr Abschlüsse!

Wie kann man diesen Beratern helfen?

Sieben Erfolgsstrategien, wie neue Anlageberater zu ihren ersten Abschlüssen kommen

Strategie 1: Beginnen Sie z. B. als Neuling in der Anlageberatungsbranche nie als Solist, sondern immer in einem Team mit einem guten, verantwortungsbewußten und erfahrenen Verkaufsleiter.

Strategie 2: Orientieren Sie sich sofort an dem besten Berater dieses Teams. Bitten Sie ihn – gegen Bezahlung, gegen Provisionsteilung oder gegen Mitarbeit –, Sie unter seine Fittiche zu nehmen und Ihnen seine Arbeitsweise zu zeigen.

Strategie 3: Kopieren Sie anfangs dieses Vorbild in allen Einzelheiten! Suchen Sie erst später nach Ihrem eigenen Stil!

Strategie 4: Beißen Sie sich spätestens nach den ersten 30 Fehlversuchen bei einem Kunden fest. Sagen Sie zu ihm: „Herr Kunde, ich respektiere Ihre Entscheidung, mir keinen Termin zu geben. Aber Sie sind für mich so wichtig, daß ich Sie bitte, mir ganz offen zu sagen, warum ein Termin für Sie nicht in Frage kommt. Sie würden mir mit Ihrer Meinung wirklich helfen, denn ich bin gerade dabei, mir eine neue Existenz aufzubauen. Sagen Sie mir bitte: Welchen Eindruck habe ich auf Sie gemacht? ... Was habe ich falsch gemacht? ... Unter welchen Voraussetzungen wären Sie bereit, einem neuen Berater einen Termin zu geben?"

Es ist gar nicht so wichtig, daß Sie diesen Kunden doch noch zu einem Termin zu bewegen, sondern daß Sie mit ihm ins Gespräch kommen und seine Bedürfnisse sowie sein Feedback auf Ihre Verhaltensweisen erfahren!

Strategie 5: Besuchen Sie einen Kunden, den Sie nicht nochmals anrufen können oder wollen, notfalls ohne vorherige Anmeldung in seinem Büro oder seinem Haus. Natürlich weiß ich, daß das schiefgehen kann, aber hier gilt andererseits: Sie können keine Erfahrungen sammeln, wenn Sie mit den Kunden nicht ins Gespräch kommen!

Beispiel: Wenn Sie eine steuersparende Schiffsbeteiligung verkaufen, dann glauben Neulinge, daß der Kunde vor allem an der Höhe der sofortigen Steuerersparnis interessiert ist. Das stimmt in der Regel. Genauso aber könnte es sein lebenslanger Wunsch sein, einmal auf einem Frachtschiff (als „Eigentümer") mitzufahren.

Strategie 6: Probieren Sie nach der 30. Absage eine ganz andere Ansprache bei der Neukundengewinnung aus. Statt Ihr Produkt in den höchsten Tönen zu loben, beginnen Sie mit einer bewußt defensiven Ansprache: „Herr Kunde, mit Sicherheit haben Sie bereits einen Anlageberater. Und mit Sicherheit sind Sie auch gegenüber neuen Angeboten eher skeptisch. Aber was halten Sie davon, sich das Ganze einmal als zusätzliche Alternative, als Vergleichsangebot anzusehen? Das kostet Sie nichts, aber ich verspreche Ihnen, daß sich das Gespräch schon aufgrund meiner Informationen für Sie lohnen wird."

Wenn Sie jetzt die Nase rümpfen, einverstanden: Sie brauchen Ihren eigenen Text! Den Text, der Ihnen auf der Zunge zergeht! Aber Sie brauchen in jedem Fall eine veränderte Strategie. Neben dem Motto: **„Never change a winning team!"** (Wechsle niemals ein siegreiches Team!) gilt hier: **„Always change a loosing strategy!"** (Verändere immer eine Verliererstrategie!) Daraus folgt: Nur durch Versuch und Irrtum kommen Sie hier weiter!

Strategie 7: Mobilisieren Sie all Ihre Entschlossenheit, Ihren Mut und Ihre Energie, um beim nächsten Gespräch zu einem Ergebnis zu kommen: entweder um zu wissen, woran Sie wirklich sind, oder um ein bestimmtes Ergebnis erreichen. Alle Top-Verkäufer sind einmal an diesen Punkt gekommen, an dem sie zu sich gesagt haben: „Jetzt oder nie! Jetzt möchte ich den Durchbruch schaffen!" Und dann haben sie alle ihre Energie auf dieses Gespräch gerichtet – und damit Erfolg gehabt.

Mit dieser Strategie der Entschlossenheit erkennen Sie auch sofort,

- ob Sie das richtige Produkt verkaufen (denn nur dafür können Sie sich so begeistern),
- ob Sie es an die richtige Zielgruppe verkaufen (denn nur dabei können Sie emotional aus sich herausgehen) und
- ob Sie den richtigen Beruf haben (denn nur wenn Ihre Fähigkeiten mit Ihren Berufsanforderungen übereinstimmen, können Sie eine solche Motivation aufbringen).

Hier gilt:

> **Wir verkaufen nur dann gut und gerne,
> wenn wir an Leute, die wir mögen, Produkte verkaufen,
> an die wir glauben!**

Und: Sieger zeichnen sich dadurch aus, daß sie bewußt oder unbewußt genau die Strategien einsetzen, die am besten zu ihrer Zielgruppe und zu ihrem Angebot passen.

Aber wie kommen sie zu diesen optimalen Strategien? Des Rätsels Lösung lieferte eine faszinierende Studie:

Warum bestimmte professionelle Pferdewetter zu 95 Prozent auf das richtige Pferd setzen

Vielleicht ist jetzt Ihr erster Gedanke (wie bei mir): Die haben mit unlauteren Methoden gewettet. Im Film „Der Clou" wird das ja exzellent vorgeführt, wie man so etwas macht. Aber diesmal haben sowohl Psychologen als auch Detektive alle unsauberen Mätzchen ausgeschlossen, haben die Leute streng überwacht und konnten diese sagenhaften Quoten trotzdem nicht verhindern.

Noch erstaunlicher war, daß diese Profis nicht nur den Sieger eines Rennens, sondern meistens auch noch die Reihenfolge der ersten drei Pferde voraussagen konnten. Handelte es sich um Hellseherei, um das zweite Gesicht oder um unglaubliche Intelligenz? Die Psychologen vermaßen Kopfgrößen und Gehirnströme, errechneten Intelligenzquotienten – doch nichts unterschied diese Profis von den schwächeren Kollegen.

Was war des Rätsels Lösung? **Die Wettprofis verfügen über ein geradezu phänomenales (meist unbewußtes) Gedächtnis, in dem sie eine Art von „stillschweigendem Wissen" abspeichern.**

Wie muß man sich das vorstellen? Nehmen wir an, ein Pferderennen wird von 10 wichtigen Kriterien beeinflußt wie zum Beispiel der Bahn, dem Wetter, dem Jockey, dem Trainer, dem Gestüt, den bisherigen Siegen bzw. Plazierungen usw. Außer diesen 10 Hauptkriterien gibt es natürlich noch Dutzende von weiteren Unterkriterien und Informationen. Z. B. wie sich (auf Deutschland bezogen) die Galopprennbahn in München-Daglfing von der in Iffezheim bei Baden-Baden unterscheidet, welches Wetter wiederum welche Auswirkungen auf welche Bahn hat usw.

Diese Informationen bekamen sie auf alle mögliche Weise: durch Beobachtungen, Gespräche oder die letzten Rennsportnachrichten. Auf diese Weise hatten die Wett-Profis schließlich für jedes Rennen circa 300 solcher Informationen bewußt oder unbewußt abgespeichert. Mit Hilfe dieser Informationen – einige im Bewußtsein, die meisten im Unterbewußtsein – kamen sie über ihre Intuition und ihre Erfahrung zu der Erkenntnis (bzw. dem Gefühl), daß beim nächsten Rennen nur „Amadeus" vor „Windsbraut" und „Goodluck" gewinnen konnte.

Das große Geheimnis der Top-Verkäufer

Genauso kommen die Top-Verkäufer zu ihren Erfolgen. Aus Büchern, Seminaren, aber vor allem aus ihren bisherigen Gesprächen haben sie Hunderte von Erkenntnissen, Erfahrungen und Reaktionsweisen ihrer Kunden abgespeichert.

Der praktische Fall: Die Ansprache eines total ablehnenden Kunden

Wenn ein Top-Verkäufer z.B. auf einen Interessenten trifft, der ihm kategorisch erklärt, er habe absolut kein Interesse an einer zusätzlichen Versicherung und denke nicht im Traum daran, seine Zeit dafür zu verschwenden, dann schaltet sich diesem bei Top-

Verkäufer blitzschnell der unbewußte Computer ein, auf dem all seine bisherigen Verkaufsgespräche aufgezeichnet sind, und prüft, ob bereits ähnliche Gespräche abgespeichert sind. Dabei erfolgt diese **Ähnlichkeitsüberprüfung** nicht nur aufgrund des harten Kundeneinwandes, sondern auch aufgrund der abgespeicherten Kundenreaktionen, also seiner Miene, seiner Gestik, seiner Stimme und seiner Körperhaltung.

Plötzlich hält dieser Gedächtniscomputer an einer Stelle, die mit der vorliegenden die größte Ähnlichkeit hat, und dann weiß der Top-Verkäufer aufgrund der früheren Erfahrung gefühlsmäßig ganz genau, ob dieser Kunde wirklich nicht an einem Gespräch über Versicherungen interessiert ist oder ob es sich nur um eine momentane Abwehrhaltung handelt. Im ersten Fall verabschiedet er sich, um keine Zeit oder Energie zu verschwenden. Im zweiten Fall weiß er, daß er zuerst einmal den Kunden in eine bessere Stimmung bringen muß, und wird sich dann durch eine kurze Analyse von den möglichen Abschlußchancen überzeugen.

Und was macht der schwächere Verkäufer? Er hat diese Erfahrungen in der Regel nicht abgespeichert. Zum einen, weil er sich in Gesprächen viel mehr auf sich selbst als auf den Kunden konzentriert hat. Zum anderen, weil er aufgrund seiner Mittelmäßigkeit zuwenig Erfolg bei solch schwierigen Verkaufsgesprächen erlebt hat und deshalb auf solche Erfahrungen nicht zurückgreifen kann! Mit der Folge: Entweder läßt er sich von der Abwehrhaltung des Kunden einschüchtern und resigniert, oder er verbeißt sich in einem wirklich total desinteressierten Kunden und verschwendet seine Zeit und seine Energie! Im ersten Fall resultiert daraus eine weitere Enttäuschung, im zweiten Fall ein ungeheurer Streß!

Erfolgreich verkaufen heißt auch, seine Zeit und seine Energie optimal einzuteilen!

Dieses Phänomen, daß die Top-Verkäufer „instinktiv" ganz schnell wissen, wer von den Interessenten trotz seines freundlichen Lächelns in Wirklichkeit eine „hohle Nuß" darstellt und welcher

Kunde trotz seiner harten Abwehrhaltung eine „reife Kirsche" sein könnte und wie man beide behandeln muß, macht in meinen Augen den eigentlichen Unterschied zwischen einem Sieger und einem Durchschnittsverkäufer aus. Dieses unbewußte Unterscheidungsvermögen ist Gold wert!

Wie ein Profi intuitiv die „richtigen Strategien" findet

Bertram Schmitt, Top-Verkäufer einer Fertighausfirma, gehört zu jenen Verkäufern, die selbst in scheinbar aussichtslosen Situationen „aus dem Bauch heraus", also intuitiv, die richtige Strategie einsetzen. Auch dazu ein paar Beispiele:

Beispiel 1: Überzeugung durch Faszination

Als der Interessent, Herr Krieg, zur Werksbesichtigung kam, sagte er sogleich: „Herr Schmitt, eines sage ich Ihnen sofort, ich kaufe heute kein Haus!" Schmitt: „Völlig richtig. Sie machen heute nur eine Werksbesichtigung." Zwei Stunden später lud Bertram Schmitt Herrn Krieg zum Mittagessen ein, worauf der wiederum mit Protest in der Stimme reagierte: „Herr Schmitt, ich wiederhole es nochmals. Ich kaufe heute kein Haus. Sie brauchen mich deshalb auch nicht zum Mittagessen einladen." Schmitt lud ihn trotzdem ein, und Herr Krieg akzeptierte.

Am Nachmittag, als der Kunde gut gegessen und sich bei einer Tasse Kaffee entspannt hatte, begann Schmitt mit dem Höhepunkt seines Verkaufsgesprächs, der verblüffenden Inszenierung des Kundentraums. „So", sagte Schmitt, „und jetzt, Herr Krieg, zeige ich Ihnen nicht nur Ihr neues Haus, sondern ich lasse Sie auch noch darin herumgehen." Daraufhin führte er ihn zu seiner CAD-Anlage, die er sich auf eigene Kosten gekauft hatte, und setzte mit Hilfe verschiedener Fotos nicht nur das neue Haus auf Herrn Kriegs

Grundstück, sondern er ließ ihn auch durch alle Räume seines neuen Hauses gehen. Es war direkt zu sehen, wie mit jedem Bild die Begeisterung von Herrn Krieg wuchs. Als sie per Bildschirm wieder im Wohnzimmer angekommen waren, sagte Schmitt: „Und jetzt, Herr Kunde, machen wir die symbolische Grundsteinlegung!" (Womit er die Unterschrift meinte.) Und derselbe Kunde, der schon zweimal entschieden nein gesagt hatte, gab nun „ohne jede Widerrede" sein Okay.

Unser Fazit: Ein Profi weiß genau, wann ein Nein des Kunden endgültig ist und wann es nur ein „noch nicht" bedeutet. Und er weiß auch, daß ein Kunde, der zur Werksbesichtigung kommt, ernsthaft an einem Kauf interessiert ist – sofern er das richtige Angebot findet und in der richtigen Stimmung ist.

Beispiel 2: Aufforderung zum Vergleich

Als der Interessent Dr. Koch noch nicht hundertprozentig von seiner Firma überzeugt war, sagte Bertram Schmitt zu ihm: „Herr Dr. Koch, fahren Sie nach Schrobenhausen, und suchen Sie sich im Neubaugebiet das schönste Haus aus. Fragen Sie dann den Besitzer, von wem das Haus ist, und wenn es ein Haus von uns ist, dann kommen Sie, und wir bauen es für Sie." Genau das machte der Kunde und baute anschließend mit Schmitt sein Haus. Doch der Clou kommt erst jetzt: In dem ganzen Neubaugebiet gab es nur ein einziges Haus seiner Firma!

Fazit: Ein Profi ist absolut überzeugt von seinem Produkt.

Beispiel 3: Aufgeschlossenheit gegenüber jedem Kunden!

Als im Musterhauspark Fellbach ein älterer Herr das Haus seiner Firma betrat, hatten die Verkäufer in den anderen Musterhäusern diesen Interessenten anscheinend nicht für voll genommen und ihn links liegengelassen. Schmitt nahm ihn dagegen ernst, kümmerte sich um ihn und verkaufte ihm wenig später ein Haus für 600.000 DM. Der Clou: Der ältere Herr wollte das Haus noch für sich selbst bauen – und das im Alter von 78 (!) Jahren.

Fazit: Ein Profi hütet sich vor jeder Vorverurteilung.

Beispiel 4: Positive Stimmung durch Optimismus

Als Schmitt vor einiger Zeit mit einem Interessenten, der witzigerweise Psychotherapeut war, über dessen Grundstück ging, lag gerade ein schwerer, grauer Nebel über dem ganzen Tal. Mißgelaunt sagte der Psychotherapeut zu ihm: „Macht Sie der Nebel auch immer so deprimiert?" Doch Schmitt antwortete ganz anders: „Das kann ich nicht sagen, mir geht es richtig blendend!" Wieder zeigte er hier ein untrügliches Gefühl für das, was der Kunde wirklich wollte, und das war nicht die Zustimmung zu seiner Depression, sondern viel eher der Wunsch nach einer Ermutigung und nach einer besseren Laune.

Fazit: Ein Profi weiß, daß der Kunde nur in einer positiven, begeisterten Stimmung unterschreibt – und genau darauf arbeitet er (instinktiv) hin.

Beispiel 5: Preisvereinbarung mit Witz

Als Schmitt mit dem Interessenten Leisegang über die künftige Hausplanung sprach, fragte er ihn: „Herr Leisegang, welche Preisvorstellung haben Sie denn für Ihr Haus? ... Sagen Sie mir, was Sie ausgeben wollen, und ich sage Ihnen, ob wir damit auskommen." Schmitt machte eine kurze Pause und fuhr dann mit einem schalkhaften Lächeln fort: „Sie brauchen jetzt nur auf mein Gesicht zu sehen: Wenn die Farbe umschlägt und die Mundwinkel herunterhängen, dann stimmt entweder die Hausgröße oder der Preis nicht."

Fazit: Ein Profi weiß, daß Preise dieser Größenordnung bei jedem Kunden Spannung und Streß auslösen, die er auf irgendeine Weise auffangen muß.

Das bedeutet: **Sieger haben einen sechsten Sinn für den richtigen Weg zum Erfolg.** Wer diesen sechsten Sinn – dieses phänomenale unterbewußte Gedächtnis – nicht hat, braucht eine andere Fähigkeit: ein klares Bewußtsein. Das heißt, er muß seine Erfolge und Mißerfolge bewußt erleben, bewußt analysieren, bewußt im Gedächtnis abspeichern und sich bei Bedarf auch bewußt an sie erinnern können.

Kann jeder Verkäufer aus dem Bauch heraus verkaufen?

An das „stillschweigende Wissen" der Pferdewetter muß ich immer denken, wenn Seminarteilnehmer sich weigern, nach einem Verkaufskonzept vorzugehen. „Ich verkaufe aus dem Bauch heraus", dröhnt es dann im Brustton der Überzeugung. „Richtig", hörte ich einmal einen Trainer darauf antworten, „aber dann muß zuerst auch etwas im Bauch drin sein! Denn genausowenig wie aus einem hohlen Kopf etwas Kluges kommt, kommt aus einem leeren Bauch etwas Gescheites!"

Es gibt noch einen zweiten, wesentlich gravierenderen Nachteil bei dieser Spontaneität: Wenn ein solcher Verkäufer Erfolg hat, dann weiß er nicht, warum er Erfolg hatte. Und deshalb kann er diesen Erfolg weder in seinem Gedächtnis abspeichern noch in einer späteren Situation wieder blitzschnell abrufen. Ja, er kann diesen Erfolg nicht einmal bewußt wiederholen. Denn er ist ja nicht nach einem Konzept vorgegangen, das er nun genauer studieren und wiederholen könnte. Genau das Gegenteil passiert bei einem Mißerfolg: Ohne Konzept kann er weder seine Fehler erkennen noch sie in Zukunft vermeiden!

Hier gilt die Regel:

Ein Erfolg, von dem ich nicht weiß, warum er ein Erfolg ist, ist ein Zufall, denn ich kann ihn nicht wiederholen. Und ein Mißerfolg, von dem ich nicht weiß, warum er ein Mißerfolg war, ist ein mehrfacher Mißerfolg, denn er kann sich jederzeit wiederholen.

Genauso wichtig ist auch die folgende Regel:

> **Spontaneität ersetzt nicht die Vorbereitung, sondern Vorbereitung ermöglicht die Spontaneität!**

In Wirklichkeit machen solche Verkäufer, die sowohl auf ein durchdachtes Verkaufskonzept als auch auf die anschließende Erfolgs- bzw. Mißerfolgsanalyse verzichten, einen dramatischen Fehler: Da sie über kein besonderes (unbewußtes) Gedächtnis und damit auch nicht über das so erfolgreiche „stillschweigende Wissen" verfügen, zerstören sie damit auch ihre letzte Chance, zumindest aus ihren Erfolgen und Mißerfolgen zu lernen und daraus Erfahrungen und Erkenntnisse für die Zukunft zu gewinnen! Ohne diese konsequente Analyse und Flexibilität werden sie trotz aller Seminare und Verkaufsbücher immer wieder nur ihre alten Fehler wiederholen, denn diese Verhaltensweisen sind die einzigen, die sie wirklich im Gedächtnis abgespeichert haben.

Nicht umsonst sagt der größte römische Staatsmann, Redner und Philosoph Cicero:

> **Das Gedächtnis ist die Schatzkammer des Lebens!**

Selbst der Fleiß ist keine Alternative zu der richtigen Strategie!

Ich sage das mit so drastischen Worten, weil ich es viele Male erlebt habe, wie Verkäufer mit unglaublichem Fleiß, aber mit der falschen Strategie ihr Geschäft buchstäblich an die Mauer fuhren. Fleiß ist eine anerkannte Eigenschaft. Aber:

> **Fleiß ohne Intelligenz (also die richtige Strategie) ist angewandte Dummheit!**

Das Verkaufen ist wesentlich anspruchsvoller geworden. Die Kunden, die Wettbewerber, die Märkte, die Streßbelastungen, die Quoten, die Trends – all das hat sich heute dramatisch geändert und ändert sich jeden Tag neu! Nur mit den richtigen Strategien werden Sie auch künftig erfolgreich verkaufen können. Dazu gehört als erstes ein Leit- bzw. Frühwarnsystem. Das heißt:

Orientieren Sie sich an Ihren Quoten!

Um aus Erfolgen und Mißerfolgen zu lernen und zu wissen, wann eine neue Strategie erforderlich ist, sind Quoten von überragender Bedeutung. Zum Beispiel die Quoten

- zwischen der Anzahl der Anrufe und der Anzahl der vereinbarten Termine,
- zwischen der Anzahl der Termine und der Anzahl der Abschlüsse,
- zwischen der Anzahl der Abschlüsse und der Höhe der Aufträge usw.

Ein Verkäufer, der nicht nach Quoten arbeitet, also nicht tagtäglich kontrolliert, wie viele Anrufe er für einen Termin und wie viele Termine er für einen Abschluß braucht, verzichtet auf sein wichtigstes **Warnsignal** und **Motivationsinstrument!** Wenn mehrere Tage hintereinander – bei sonst unveränderten Bedingungen – die Quote plötzlich nicht mehr stimmt, dann müssen die Alarmsirenen aufheulen, dann müssen sofort die Ursachen analysiert und Gegenmaßnahmen getroffen werden – bevor aus einem glimmenden Funken ein ganzer Hausbrand wird. Hier gilt:

Die Sieger kontrollieren ihre Quoten, die Verlierer ihr Einkommen! Das führt bei den Siegern zur Ursachenforschung und bei den Verlierern zum Rätselraten!

Fragen wir uns:

Warum sind Quoten ein so hervorragendes Motivationsinstrument?

1. Weil Sie sich dadurch ausrechnen können, was Sie z.B. bei jedem Kontaktanruf verdienen, auch wenn es nicht zu einem Termin oder Abschluß kommt. (Sie teilen ganz einfach die Provision für einen Abschluß durch die Anzahl der Telefonate, die Sie durchschnittlich für einen Abschluß brauchen.)
2. Weil diese Quoten Ihnen die verschiedensten Möglichkeiten eröffnen, Ihren Umsatz zu verbessern. Sie können sich dann zum Beispiel bemühen, die Quote zwischen der Zahl der Anrufe für einen Termin und der Anzahl der Termine für einen Abschluß zu verbessern.
3. Weil Sie damit das wahrscheinlich beste Umsatzverbesserungsprogramm in Gang setzen können, das es gibt: die Ausweitung Ihrer täglichen „verkaufsaktiven Zeit". Und das ist nur mit einer täglichen statistischen Auswertung möglich.

Viele Untersuchungen haben ergeben, daß die meisten Verkäufer nur 20 Prozent (!) ihrer Zeit wirklich „verkaufsaktiv" nutzen, also Kunden anrufen oder ihnen im Vier-Augen-Gespräch gegenübersitzen. Der Rest geht für Verwaltungsarbeiten, Fahrten und anderes drauf.

Stellen Sie sich jetzt vor, Sie würden diese verkaufsaktive Zeit nur um weitere 10 Prozent erhöhen, also auf 30 Prozent. Dann wäre das eine Steigerung um 50 Prozent und das beste Umsatzsteigerungsprogramm, das Sie jemals realisieren könnten.

Einer der besten Anlageberater, der sehr viel mit dem Telefon arbeitet, schafft das auf sehr originelle Weise:

Die Geheimformel eines Superverkäufers

Als man ihn nach seinem Erfolgsgeheimnis fragte, sagte er:
„Ich habe eine Formel, auf die ich jeden Tag schaue, denn sie gibt mir genau die Richtung an, wo ich hingehen soll und was ich tun soll. Ich habe sie auf einem kleinen Marmorblock eingravieren lassen, der direkt vor mir auf dem Schreibtisch steht. Wenn man eine solche Formel vor sich hat, ist das wie eine Art Kompaß mit Alarmglocke. Ich schaue sie mir am Tag 25 bis 30mal an, denn sie besteht aus drei Fragen. Erstens: **Was tue ich gerade?** Zweitens: **Warum tue ich es?** Und drittens: **Ist es wirklich wichtig?** Das ist mein ganzes Erfolgsrezept!

Immer und immer wieder überprüfe ich diese Fragen, und indem ich mich daran halte, eliminiere ich alles, was nicht wichtig und wesentlich ist. Ich glaube, daß sich viele Verkäufer viel zu schnell ablenken lassen oder sich mit nebensächlichen Dingen beschäftigen, die ihnen Zeit rauben. Wenn ich z. B. irgendwelche Papiere oder Infos auf den Schreibtisch bekomme, die für den augenblicklichen Verkauf nicht „wichtig" sind, dann verstaue ich sie sofort in meinem Aktenkoffer als Leselektüre für zu Hause.

Meine aktive Verkaufszeit ist die, in der ich mit Kunden oder Interessenten spreche. Da ich die normalen Bürozeiten für diese Gespräche ausnützen muß, bedeutet das, daß ich einen bestimmten Teil meiner Arbeit entweder schon früh am Morgen oder am Abend zuvor tun muß. Ich komme also oft schon um 7 Uhr früh in das Büro oder verlasse es erst um 20 Uhr abends.

Ich selbst habe einmal zu diesem Thema eine Studie durchgeführt. Dabei stellte ich fest, daß der durchschnittliche Verkäufer nur 30 Minuten des Tages damit verbringt, nach Aufträgen zu fragen. Statt dessen liest er Fachzeitschriften, geht mit Kollegen zum Essen oder vertrödelt sonst irgendwie die Zeit. Und jetzt stellen Sie sich einmal vor, er könnte wie ich diese 30 Minuten auf vier bis fünf Stunden ausdehnen, was das für eine dramatische Auswirkung hätte.

Aus diesem Grund habe ich auch drei Teilzeitkräfte, die mir alle zeitaufwendigen Verwaltungsarbeiten abnehmen. Jede hat ihre festen Aufgaben, und dieses Teamwork ermöglicht es mir, mich auf das zu konzentrieren, was ich am besten kann und was am profitabelsten ist: mit Kunden zu sprechen. Nur so bin ich in der Lage, jeden Tag 60 Interessenten und Kunden anzurufen und ein Provisionseinkommen von 3 Mio. DM zu verdienen."

Fazit: Finden Sie die Arbeitsweise und die Zeiteinteilung heraus, die Ihnen am besten liegen, bei denen Sie sich wohl fühlen und mit denen Sie am effektivsten und produktivsten arbeiten können.

Sehen wir uns nun das Beispiel an, bei dem ein Verkäufer beinahe bankrott gegangen wäre, wenn er nicht durch eine klare Analyse und eine neue, total veränderte Strategie das Steuer in letzter Sekunde um 180 Grad herumgerissen hätte:

Das tolle Comeback eines total demoralisierten Verkäufers

Wenn Sie sich im Supermarkt einen der Einkaufswagen schnappen, dann sehen Sie gelegentlich an seiner Vorderseite eine circa 20 x 15 Zentimeter große Tafel mit einer Werbung. Auf dieser Werbung kündigt entweder ein Markenartikelhersteller seinen herrlich aromatischen Kaffee oder ein mittelständischer Handwerksbetrieb die Güte seiner Sanitär- und Heizungsarbeiten an.

Auf diese zweite Gruppe – die mittelständischen Handwerksbetriebe – hatte sich unser Verkäufer Hans Rabe spezialisiert. Seine Aufgabe war es, zu einem Heizungsbauer zu gehen und ihn dafür zu gewinnen, für ein Jahr lang auf den 70 Einkaufswagen des wichtigsten Einkaufsmarktes am Ort „seine Werbung" anbringen zu lassen. Sowohl die Werbung als auch die gesamte Montage würde von der Firma des Verkäufers gegen einen bestimmten Betrag übernommen werden.

Mit Sicherheit ist das kein leichtes Geschäft, denn wie wollen Sie den Erfolg dieser Werbung Ihren Kunden beweisen? Dennoch kann diese Werbung sehr interessant sein – doch zuvor muß sie erst einmal verkauft werden!

Als ich Hans Rabe an einem schönen Sommernachmittag in seinem idyllisch gelegenen Haus besuchte, schilderte er mir – emotional noch immer etwas geschockt –, welche existenzbedrohende Krise er gerade in den letzten Monaten durchgemacht und wie er sie schließlich überwunden hatte.

Begonnen hat es damit, daß er 339 gute Adressen von Handwerksbetrieben in seinem Notebook gespeichert und sie mit erheblichen Telefonkosten – mehreren 1000 DM – abtelefoniert hatte. Und das Ergebnis? Ganze drei Abschlüsse in drei Monaten – eine deprimierende Bilanz! Sein Ziel war gewesen, am Telefon mit den Handwerksmeistern Termine zu vereinbaren, um sie dann im persönlichen Gespräch für seine Werbung zu gewinnen. Doch diese Vorgehensweise hatte absolut nicht funktioniert.

„Als ich das erkannte", sagte er mir, „habe ich von einem Tag auf den anderen die ganze Strategie über den Haufen geworfen. Und ich habe etwas gemacht, was jeder Logik widerspricht. Aber ich habe es ausprobiert – und es hat phantastisch geklappt. **Wofür ich zuerst drei Monate brauchte, das schaffte ich nun in drei Tagen!**

„Was haben Sie gemacht?", fragte ich interessiert nach.

„Ich habe das Notebook zusammen mit der ganzen Zettelwirtschaft und dem Terminkalender in die Ecke geschmissen und bin einfach in einen Ort gefahren, wo ein großer Einkaufsmarkt steht. Dort habe ich mich nach guten Handwerksbetrieben umgehört und dann meiner Nase, also meiner Intuition, folgend einen dieser Handwerksbetriebe aufgesucht. Im Klartext: Ich habe einen Kaltbesuch gemacht.

Zu meinem großen Erstaunen stellte ich dabei fest, daß diese Strategie des unangemeldeten Kaltbesuchs viel wirksamer war als jede Art von Telefonvereinbarung. Erst später erkannte ich den Grund: Beschäftigte Handwerksmeister sind immer auf dem Sprung. Sie wollen und können sich zeitlich nicht binden. Sie müssen oft spontan entscheiden und reagieren – und da bleibt für Termine kein Platz. Darüber hinaus ist die Werbung für jeden Handwerker sowieso ein Kapitel für sich, das ihm mehr Kopfschmerzen als Freude bereitet. Und einem solchen Werbefritzen auch noch einen Termin zu geben, das war einfach zuviel!

Mit den Kaltbesuchen war aber erst der erste Schritt getan. **Ich mußte sehr schnell auch noch die anderen Lektionen lernen.** Denn wenn ich einem Kunden etwas von Werbung erzählte oder die grafische Gestaltung ansprach vorlegte, erlahmte das Interesse geradezu blitzartig. Da gab es nur ein Rezept: Beim nächsten Besuch hielt ich dem Kunden sofort die fertige Werbetafel (einer meiner bisherigen Kunden) unter die Nase und fragte ihn direkt: ‚Wie gefällt Ihnen das?' Jetzt hatte mein Gesprächspartner etwas Greifbares in Händen, und weil er das gewohnt war, konnte er sich auch dazu äußern. Das war der Durchbruch.

Daraufhin lief das Geschäft so gut, daß ich in diesem Monat – es war der November – noch einen Umsatz von 100.000 DM machte. Bei 20 Prozent Provision keine schlechte Sache."

Hans Rabe freute sich wie ein Schneekönig über diese neue Strategie. Doch um dieses Umsatzziel zu erreichen, mußte er noch weitere Lektionen – also zusätzliche **„Ministrategien"** – lernen. Denn das Erkennen der richtigen Strategie ist ein fortlaufender Prozeß, der ein permanentes Ausprobieren, Prüfen und Verändern erfordert. Und das kann man niemals fix und fertig aus einem Seminar oder einem Verkaufsbuch beziehen.

„Was waren das für Ministrategien", fragte ich ihn neugierig. Hans Rabe antwortete: „Ich erkannte zum Beispiel,

- daß ich nur hier und jetzt eine Chance habe und daß jedes ‚Ich muß es mir erst noch überlegen' schon fast die endgültige Absage bedeutet;
- daß das wichtigste Motiv für diese Handwerksmeister, von denen ich aus jeder Branche nur einen für diese Werbung aufnahm, nicht der mögliche Werbeeffekt, sondern die Angst ist, daß ihn ein Wettbewerber und damit ausstechen könnte;
- daß ich vor allem die wichtigsten gesellschaftlichen Motive ansprechen muß, wie z.B. den Neid (daß der Wettbewerber sonst einen zusätzlichen Vorteil hätte), die Angst (daß seine Kunden ohne diese Werbung möglicherweise abwandern würden), die

Gier (daß er diese günstige Werbegelegenheit exklusiv nützen könne), das Prestige (daß er mit dieser Werbung seinen Status als größter Betrieb im Ort unterstreichen könne) und schließlich die Lebensqualität (daß er die ganze Werbung uns überlassen könne und sich um nichts kümmern müsse)."

Fazit: **Erst jetzt mit diesen neuen Strategien kam der große Erfolg!**

Die **Gegenüberstellung der beiden Strategien** ergibt folgendes Bild:

Verkaufsstrategien früher	Verkaufsstrategien heute
1. Telefonische Terminvereinbarung	Kaltbesuche nach dem Gefühl, wo am schnellsten etwas zu machen ist
2. Mehrere Termine bis zur Auftragsvergabe	Angestrebter Sofortabschluß und nur in Ausnahmefällen Wiederholungsbesuche
3. Argumente über die Werbewirksamkeit	Ansprache der gesellschaftlichen Motive wie Neid, Gier, Angst, Prestige und Lebensqualität
4. Angesprochene monatliche Auftragsgröße des Kunden: 1000 DM	Monatliche Auftragsgröße zwischen 250 und 398 DM, da dieser Betrag eine Sofortentscheidung ermöglicht
5. Kontakt durch Small talk	Sofortiges Produktgespräch, da die Kunden umgehend wissen wollen: Worum geht es? Was bringt mir das? Wie sieht es aus?
6. Vorstellung von Werbefoldern	Präsentation des fertigen Produkts in Form von 3 bis 4 fertigen Tafeln

Verkaufsstrategien früher	Verkaufsstrategien heute
7. Differenzierung von anderen Werbemaßnahmen	Kurze Vorstellung aller Vorteile, wie z. B. „Toller Supermarkt ... frisch unter Vertrag genommen ... Werbung genau dort, wo die Frau hinschaut ... aus jeder Branche nur einer!"
8. Ausführliches Gespräch	Überzeugen im Schnelldurchgang. Kunde muß es in 2 bis 3 Minuten begriffen haben, sonst schaltet er ab.
9. Einmalige, intensive Argumentation	Wiederholungsstrategie: Kunde muß die Vorteile oft 10- bis 20mal hören, bis sie wirklich in sein Bewußtsein gedrungen sind.
10. Vertrauen und Überzeugung durch Kompetenz	Absolut positive Ausstrahlung durch Kompetenz: den Kunden begeistern und mitreißen.

Zu dieser letzten Strategie, die wahrscheinlich die wichtigste war, sagte Hans Rabe:

„Früher sprach ich die Kunden höflich, freundlich und mit sachlicher Kompetenz an und vertraute dabei auf meine Argumente und Werbefolder. Heute spreche ich sie ganz anders an. Da muß der Funke innerhalb von Sekunden überspringen. **Da strahle ich meine Kunden ‚wie mit 1000 Höhensonnen' an!** Da setze ich voll auf Begeisterung und Emotionalität, denn es geht darum, in wenigen Sekunden eine positive Beziehung herzustellen. Dabei darf ich absolut keinen Druck ausüben, weder auf mich noch auf meinen Kunden. Denn ich muß locker bleiben und aus der Produktvorstellung unbedingt eine menschliche Begegnung machen. Am besten mit einer Tasse Kaffee. Dann klappt es!"

Um ein ebenso existenzbedrohendes Problem geht es auch bei dem nächsten Beispiel. Hier geriet ein Verkäufer durch die Auswirkungen des Globalisierungsprozesses mit seiner gnadenlosen

Jagd nach immer kostengünstigeren Lieferanten an den Rand des Ruins. Doch er begegnete dieser Herausforderung seines Lebens nicht nur mit einer neuen, total veränderten Verkaufsstrategie, sondern auch mit einem ganz neuen Berufsbild. Hier ist seine Geschichte:

Ein Phönix steigt aus der Asche

Daß der Globalisierungsprozeß weltweit zu einem unerhörten Rennen um die beste Qualität, die niedrigsten Preise, den größten Service und die neuesten Innovationen geführt hat, ist nicht neu. Neu ist, welche Gefährdungen und Herausforderungen das für die Verkäufer alteingesessener Branchen bedeutet, wie schnell dieser Globalisierungsprozeß plötzlich die Existenz solcher Verkäufer angreifen kann und wie sehr sie ihr Denken und Handeln ändern müssen, wenn sie weiter „im Spiel bleiben wollen".

Diesmal begleite ich einen Verkäufer aus einer solch traditionellen Branche. Herr Paus verkauft Schrauben jeder Form und Größe, en gros und, wenn es für gute Kunden sein muß, auch en detail, also in geringeren Stückzahlen, quasi handgefertigt. Und wo werden Schrauben wohl am teuersten hergestellt? Wahrscheinlich in Deutschland! Und damit sind wir bereits beim Thema.

Der brutale Schock

Herr Kohl, Chefeinkäufer eines großen deutschen Herstellers von Zeitungsmaschinen, war sicherlich ein Mann, mit dem man an guten Tagen angenehm zum Essen oder ins Theater gehen konnte, aber an diesem Tag war von der „Leichtigkeit des Seins" nichts zu spüren. Der Empfang war kühl. Small talk gab es keinen, und sein erster Satz wirkte wie die Explosion einer Handgranate im Schützengraben:

„Ich sage es Ihnen gleich, ohne lang herumzureden: **Ich brauche von Ihnen eine Reduktion der Einkaufspreise um 15 Prozent!** Das betrifft nicht nur Sie, sondern auch die anderen Lieferanten. Und wenn wir diese 15 Prozent nicht bekommen, dann sind sowohl Sie als auch wir aus dem Geschäft!"

Als ihn Herr Paus schockiert anstarrte und nach dem Warum fragte, konterte der Einkäufer kühl: „Wir haben gegenüber dem Vorjahr einen Umsatzrückgang von 30 Prozent und gegenüber vor zwei Jahren von 50 Prozent. Früher fuhren wir noch drei Schichten, heute kaum noch eine. Neben dem weltweiten Preisverfall von 20 bis 30 Prozent steigen jetzt auch die Japaner in den Markt mit den Zeitungsmaschinen ein. Und was das bei der bekannten Markt- und Preisstrategie der Japaner bedeutet, wissen Sie wohl selbst. Wir haben rationalisiert, wo wir konnten, aber jetzt sind unsere Lieferanten dran. Die 15 Prozent sind eine absolute Vorgabe der Geschäftsleitung."

Und versöhnlicher fügte er hinzu:

„Es geht uns wirklich nicht darum, jetzt unsere Lieferanten auszunehmen. Aber wenn uns unser eigener Verkauf jeden Tag signalisiert, daß die Wettbewerberpreise immer tiefer fallen, dann müssen wir einfach reagieren. Früher bekamen wir für eine Maschine 22 Millionen Mark. Heute will der Kunde nur noch 16 Millionen zahlen, und wenn es aufgrund besonderer Ausstattung hochkommt, vielleicht 17,5 Millionen. Aber das ist dann auch schon das Ende der Fahnenstange. Wir müssen heute bei solchen Aufträgen sogar Geld mitbringen, um überhaupt ins Geschäft zu kommen! Verdient ist daran absolut nichts! Wir bekommen nicht einmal mehr die Selbstkosten heraus. Das ist ein echter Verlust!"

Herr Paus hatte kaum die Zeit, mit diesem Schock fertigzuwerden, als der Einkäufer, Herr Kohl, auch schon das nächste Geschütz abfeuerte:

„Warum lassen Sie nicht im Osten, in der Tschechei oder in Polen, produzieren? Das machen wir auch in unserem Haus."

An dieser Stelle hätte Herr Paus nachfragen müssen: Wie das denn mit der Auftragsvergabe in den Osten klappte? Wie es mit der Liefertreue aussehe? ... Mit der Qualität? ... Mit den Währungskursen? ... Mit dem Ausschuß etc.? Das hätte ihn psychologisch vielleicht aufgerüstet.

Der unerbittliche Preiskampf

Statt dessen setzte Herr Kohl zum moralischen Tiefschlag an: „Wissen Sie, was mich in diesem Zusammenhang bei unseren Lieferanten am meisten stört? ... Zum einen, daß sie für unsere Situation, daß wir mit 20 Prozent Verlust verkaufen, kein Verständnis aufbringen. Sie denken nur an sich! Zum anderen, und das zeigt mir, wieviel Luft bei manchen noch in den Preisen ist, daß gerade die Lieferanten, die früher um 50 Prozent zu teuer waren, jetzt plötzlich die billigsten sind! Da fragt man sich wirklich, welche Art von Kalkulation diese Firmen betreiben."

„Und was geschieht mit den Lieferanten, die nicht auf diese Reduktion eingehen?" fragte Herr Paus eher zögernd als mutig.

„Die Situation ist relativ einfach: Wir haben einfach nicht mehr viel Zeit zum Verhandeln. **Und ich habe heute auch keine Lust mehr zu dem alten Hase-und-Igel-Spiel!** Da bietet der Lieferant A einen hohen Preis und der Lieferant B einen geringeren an. Daraufhin erhält A ein Anschreiben mit der Aufforderung, wegen eines günstigeren Wettbewerberangebots den Preis zu senken. Also senkt er den Preis auf knapp unter B. Daraufhin wird B benachrichtigt, der natürlich den Braten riecht und sich nun seinerseits beschwert, da er ja bereits von Anfang an einen guten, niedrigen Preis gemacht hat. Und zum Schluß kann es sein, daß B als ehrlicher und fairer Lieferant sogar noch bestraft wird und der Auftrag mit einem Preisvorteil von 0,05 Prozent an A vergeben wird."

Die wertlose Trumpfkarte

In diesem Augenblick versuchte Herr Paus seine letzte Trumpfkarte auszuspielen. Er überreichte dem Einkäufer das soeben von seiner Firma erhaltene Zertifikat für die ISO 9001. Herr Kohl warf nur einen flüchtigen Blick darauf und legte es dann zur Seite. Ein rascher Blick auf Herrn Paus zeigt mir, daß er diese Art von „Gleichgültigkeit" gar nicht richtig registriert hatte, so sehr war er von seinem neuen Zertifikat, das seine Firma als eine der ersten erworben hatte, begeistert. In diesem Augenblick fragte ich den Einkäufer:

„Ich sehe, daß dieses Zertifikat auf Sie keinen großen Eindruck gemacht hat. Ist das für Sie nicht wichtig?"

Die Antwort war ebenso kühl wie knapp: „Für neue Lieferanten ist es uns wichtig, für unsere alten nicht!" Und dann zog er ein Blatt Papier heraus, das auf einen Schlag Herrn Paus' schönes Zertifikat zur Makulatur machte.

„Bei den alten Lieferanten haben wir unser eigenes Zertifikat", sagte Herr Kohl, „darin hat unsere Qualitätskontrolle genau vermerkt, wie hoch die Lieferqualität und Liefertreue Ihrer Firma ist. Und diese Zahlen sind nicht gerade berauschend. Bei der Qualität erreichten Sie immerhin eine Quote von 95 Prozent, aber bei der Liefertreue nur eine Zuverlässigkeit von 89 Prozent."

Es schien kein guter Tag für Herrn Paus zu sein. Dafür gab ihm der Einkäufer eine weitere Lektion:

„In ein paar Jahren ist diese ISO 9001 sowieso kein Qualitätsmerkmal mehr. Wir würden viel lieber wissen: Was hat Ihre Firma getan, um dieses Zertifikat zu bekommen? Welche praktischen und organisatorischen Veränderungen wurden durchgeführt? Welche praktischen Vorteile ergeben sich für mich als Kunde daraus?

Und wenn ich mir Ihr Zertifikat und die Ergebnisse unserer Qualitätskontrolle anschaue, dann frage ich mich: Was macht die ISO 9001 eigentlich für einen Sinn, wenn es in der Praxis nicht zu Verbesserungen kommt? **Der praktische Nutzen ist es, der für mich zählt!**

Ein echter Vorteil wäre es zum Beispiel für uns, wenn die Endprüfung bei Ihnen, dem Hersteller, erfolgen würde. Das wäre eine echte Kosteneinsparung. Früher hatten wir 15 Leute bei der Eingangskontrolle. Heute sind es nur noch 3!"

Kurz vor dem Aus!

Während Herr Paus betroffen seine letzte Trumpfkarte entschwinden sah, schritt der Einkäufer zum endgültigen Fangstoß:
„Nun, wie sieht's mit der Preisreduktion aus? Gehen Sie mit?"
„Über diese Höhe kann ich nicht allein entscheiden, da muß ich zuerst mit meinem Chef sprechen."
War das Gespräch noch eben in relativ höflichem Plauderton erfolgt, so wurde Herr Kohl plötzlich eisig: „Da wir schon so lange Jahre zusammenarbeiten, gebe ich Ihnen einen guten Rat. Sagen Sie als erstes Ihrem Chef, daß er Sie künftig mit entsprechenden Preiskompetenzen ausstatten soll. Ich habe heute keine Zeit mehr für die üblichen Preisspielchen, z. B. den Chef noch zu fragen. Fehlende Preiskompetenz eines Verhandlungspartners sehe ich heute eher als Affront und sinnlose Zeitverschwendung an. Wenn Sie künftig noch mit mir Geschäfte machen wollen, dann kommen Sie bitte mit entsprechenden Preis- und Verhandlungskompetenzen."

Damit war das Gespräch beendet. Und während wir mit gesenktem Kopf hinausgingen, rief uns Herr Kohl noch nach: „Ich erwarte Ihre Antwort binnen 7 Tagen."

Dieses Gespräch, so hart, kühl und bedrohlich es war, löste in Herrn Paus einen heilsamen Schock aus. Zum ersten Mal machte er sich wirklich Gedanken um seine Zukunft und um die seiner Firma. Ihm war an der unmißverständlichen Haltung des Einkäufers mit seinen versteckten Anspielungen auf die Produktion im nahen (und demnächst auch im fernen) Osten klargeworden, daß das erst der Anfang einer Preis- und Konditionsspirale war, die strikt nach unten in den Keller führen würde, wo er und seine Firma einfach nicht mehr mithalten konnten. Herr Paus war sich im klaren darüber: So konnte es nicht mehr weitergehen! Es muß etwas geschehen – und das relativ schnell! Aber was sollte geschehen? Und vor allem: Was konnte er dabei tun? Wie konnte er aus dieser verdammten Rolle der unerbittlichen Preiskämpfe mit den Einkäufern herauskommen?

Die Erleuchtung kam Herrn Paus beim letzten Gespräch des Tages mit Herrn Simmel, einem jungen, dynamischen Einkäufer.

Nachdem auch er sein Zertifikat achtlos zur Seite gelegt hatte, stellte Herr Paus die erste von ebenso ehrlichen wie zukunftsweisenden Fragen. Zum Beispiel: „Worauf legen Sie in der nächsten Zeit den Schwerpunkt Ihrer Einkaufspolitik? ..." Oder: „Worauf legen Sie gerade in der heutigen Zeit den größten Wert bei der Zusammenarbeit mit Ihren Lieferanten?"

Zum großen Erstaunen von Herrn Paus beantwortete Herr Simmel diese Frage keineswegs einsilbig oder ablehnend, sondern vielmehr mit zunehmendem Interesse. Es schien so, als ob ihn ein Verkäufer wirklich das erste Mal nach seinen persönlichen Ansichten und Meinungen gefragt hätte.

Die entscheidende Frage

Die nächste Frage aber sollte das Schicksal von Herrn Paus und das seiner Firma grundlegend ändern! Diese Frage war der Schlüssel zur erfolgreichen Zukunft, denn sie zeigte den Ausweg aus der Preismisere und der Bittstellerei. Herr Paus fragte: **„Mit welchem Problem bzw. welcher Aufgabe beschäftigen Sie sich im Augenblick ganz besonders?"**

Herr Simmel lehnte sich amüsiert zurück und antwortete leicht belustigt:

„Eins kann ich Ihnen sagen, Herr Paus, mit der Bestellung von Schrauben ganz gewiß nicht. Das ist für mich eher eine Zeitverschwendung. Was mich wirklich interessiert und was mir im Augenblick auf den Nägeln brennt, ist das Problem der täglichen Bestellungen dieser Schrauben. Die verursachen einen irren Aufwand an Kontrollen, Bestellungen, Buchungen, Sortierarbeiten – da kommt ein ungeheurer Zeit-, Arbeits- und Kostenaufwand zusammen. Das ist es, was mich wirklich interessiert. Wie schaffen wir es, diese täglichen Bestellungen, die ja über 200 verschiedene Schraubensorten gehen, rationell in den Griff zu kriegen. Wenn Sie uns da etwas anbieten könnten, dann, Herr Paus, wären Sie unser Mann!

Sie kommen in den verschiedenen Firmen herum. Da muß es doch welche geben, die dieses Problem schon viel besser im Griff haben. Wenn Sie mir da mal ein System vorstellen, von dem wir profitieren könnten, das wäre eine tolle Sache!

Was tun die anderen Firmen z.B., um die Kleinteilebestellungen oder die Bestellungen von Exoten, also von Spezialanfertigungen, rationeller abzuwickeln? Ich sage das, weil der Einkauf unbedingt von solchen Problemen entlastet werden muß und weil wir eine Lösung dafür finden wollen, wie wir die Lieferantenrechnungen gleich direkt auf die speziellen Kundenaufträge verteilen können. **Hier suchen wir verzweifelt nach Anregungen!"**

Neue Hoffnung

Als Herr Paus an diesem Tag nach Hause fuhr, wußte er, daß dieses letzte Gespräch das wichtigste seiner Verkäuferlaufbahn gewesen war. Zum ersten Mal hatte er nicht nur über seine Produkte und seine Preise, über die Mengen und Lieferkonditionen gesprochen, sondern auch Fragen gestellt, die auf das „eigentliche Problem" des Kunden zielten. Und das war nicht der Einkauf seiner Schrauben, sondern ein effizienteres Logistiksystem. Ebenso erstaunt war er darüber, mit welcher Offenheit und welchem Interesse Herr Simmel über seine Probleme gesprochen hatte.

Aus all dem hatte Herr Paus drei zukunftsweisende Erkenntnisse gewonnen: **Dem Kunden zu helfen, sein eigentliches Problem zu lösen, war die erste Erkenntnis!** Für den Kunden zum Info-Broker zu werden, der die Augen bei seinen anderen Kunden offenhält, um interessante Problemlösungen zu erfahren, war die zweite Erkenntnis dieses Tages. Und vom reinen Produktverkäufer zum echten Berater zu werden, der seinen Kunden nicht nur Probleme bewußtmacht, sondern ihnen auch bei der Lösung helfen kann, war die dritte Erkenntnis.

Hatte er Herrn Kohl beim ersten Gespräch noch wie ein angeschlagener Boxer gegenübergesessen, so fuhr er jetzt mit einem ungeheuren Gefühl der Erleichterung und Zuversicht nach Hause.

Die Geburt eines Experten

Nach monatelangen intensiven Versuchen entwickelte seine Firma auf sein Betreiben hin ein Logistiksystem, das die Bedürfnisse der Kunden optimal befriedigte. Wenn heute Herr Paus zu seinen Kunden geht – nunmehr als Logistikexperte und Kostenmanager –, dann sieht sein Verkaufsgespräch im Zeitraffer ungefähr so aus:

1. **Er ermittelt den Bedarf des Kunden**
   „Herr Kunde, wie hoch schätzen Sie den jährlichen Bedarf an Verbindungselementen? Wie viele Bestellvorgänge sind nach Ihrer Berechnung dafür notwendig?" Auf diese Weise ermittelt er den Umfang und die Bedeutung seiner umfassenden Problemlösung für den Kunden.
2. **Er weckt das Interesse des Kunden**
   „Angenommen, Herr Kunde, Sie kaufen pro Jahr rund 400.000 Verbindungselemente, was ist Ihnen dann lieber: ein Bonus von 4 Prozent oder eine Kostenersparnis von rund 80.000 Mark?" Mit diesen Zahlen weckt er das Interesse des Kunden für eine ungewöhnlich attraktive Zukunftsvision.
3. **Er schafft ein echtes Problembewußtsein**
   „Herr Kunde, bei einem Bedarf von 400.000 Verbindungselementen benötigen Sie in der Regel nach unseren Erfahrungen rund 750 Bestellvorgänge. Ein kompletter Bestellvorgang einschließlich der bereits genannten Zusatzarbeiten kostet Sie aufgrund unserer intensiven Branchenberechnungen rund 200 Mark. Bei 750 Bestellungen macht das 150.000 Mark aus. Bei dieser Größenordnung können wir Ihnen aufgrund unseres neuen, genau auf Ihre Branche abgestimmten Logistiksystems eine Kostenersparnis von circa 80.000 DM anbieten." Mit dieser Berechnung stellt er dem Kunden eine außergewöhnliche Dienstleistung und Kostenersparnis in Aussicht.
4. **Er stellt seine Problemlösung vor**
   „Herr Kunde, meine Firma hat ein Logistiksystem entwickelt, das Ihnen nicht nur auf dem Gebiet der Administration und Kalkulation eine Reihe außergewöhnlicher Vorteile bietet, sondern

Ihnen auch eine ungewöhnlich hohe Kostenreduzierung ermöglicht. Darf ich Ihnen diese Vorteile kurz vorstellen?" Damit profiliert er sich als Logistikexperte und Problemlöser, der seinen Kunden wirklich einen echten Nutzen anbieten kann.

5. **Er bietet seine konkrete Hilfe bei der Implementierung (Umsetzung) dieser Problemlösung an.**

„Herr Kunde, unsere Experten werden in gemeinsamer Arbeit mit Ihren Mitarbeitern eine betriebsspezifische Lösung erarbeiten, die für Ihren Betrieb und Ihre Bedürfnisse maßgeschneidert ist. Selbstverständlich stehe ich Ihnen auch weiterhin als erster Ansprechpartner zur Verfügung und werde Sie nach Kräften unterstützen, so daß auch Ihre Mitarbeiter die Vorteile dieser neuen Lösung erkennen und sich dafür engagieren."

6. **Er verspricht, das erwünschte Endresultat sicherzustellen**

„Herr Kunde, wir haben jetzt genau festgelegt, welche Ergebnisse wir hinsichtlich der Kosten-, Zeit- und Arbeitsersparnis erreichen wollen. Als Ihr Partner der Zukunft verspreche ich Ihnen, durch Rat und Tat dazu beizutragen, daß Sie spätestens am ... auch das gewünschte Endresultat bekommen und damit wirklich zufrieden sind. Gleichzeitig bitte ich Sie, auch mich durch die Übernahme bestimmter ‚Hausaufgaben' zu unterstützen und bei allen Schwierigkeiten oder Problemen möglichst umgehend und offen mit mir zu reden." – Drei entscheidende Neuheiten fallen hier auf:

1. Der Verkäufer änderte seine Rolle	
Bisher war er:	**Jetzt ist er:**
• Produktverkäufer	• Logistikexperte • Problemlöser • Dienstleister • Zukunftspartner • Unternehmensberater

2. Der Verkäufer änderte seine Gesprächsinhalte	
Bisher sprach er über:	**Jetzt spricht er über:**
• Produkte • Preise • Lieferkonditionen • Wettbewerber	• Kosten-, Zeit- und Arbeitsersparnis • Logistiksysteme • Partnerschaft • erwünschte Endresultate • einzigartige Wettbewerbsvorteile
3. Der Verkäufer änderte seine Sichtweise	
Bisher sah er nur:	**Jetzt sieht er:**
• Bestellvorgänge	• die eigentlichen Probleme • ganzheitlich • das erwünschte Endresultat • den Aufbau einer Zukunftspartnerschaft • eine Vision der Zukunft

15 Empfehlungen, wie Sie einen echten Expertenstatus erreichen und zum Zukunftspartner Ihrer Kunden werden

1. Stoppen Sie in einer Krisensituation jedes Selbstmitleid („Warum tut meine Firma nichts für mich?") und jede Selbstblockade („Ich habe keine Chance zu verkaufen!"). Beide Eigenschaften lähmen Sie und verhindern jede Veränderung.
2. Stärken Sie in sich den Wunsch, dem Kunden eine echte verblüffende Problemlösung anbieten zu können, und halten Sie die Augen dafür offen.
3. Fragen Sie die Kunden nach ihren „eigentlichen Problemen", also nach dem, was ihnen in ihrem Bereich wirklich auf den Nägeln brennt.

4. Fragen Sie immer wieder andere Kunden, ob sie ähnliche Probleme haben und wie sie sie gelöst haben.
5. Mobilisieren Sie auch Ihre Firma, um Ihre innovativen Ideen in attraktive Problemlösungen umzusetzen.
6. Suchen Sie weiter nach innovativen Ideen und Infos für Ihre Kunden, bis Sie das Gefühl haben, Ihnen einen echten Nutzen bieten zu können.
7. Suchen Sie so lange nach einer innovativen Problemlösung, bis Sie ein Gefühl der Begeisterung verspüren und die Gewißheit haben: „Das ist sie!"
8. Rechnen Sie in Mark und Pfennig aus, was die neue Lösung Ihren Kunden an Zeit und Geld einsparen könnte.
9. Gehen Sie davon aus, daß diese Problemlösung erst dann attraktiv genug ist, wenn sie Sie jeden Morgen geradezu mit Begeisterung aus dem Bett treibt.
10. Beweisen Sie Ihren Glauben an diese Problemlösung, indem Sie Ihre Kunden mit Dringlichkeit und Nachdruck zu einem Versuch motivieren.
11. Feilen Sie so lange an Ihrem Expertenwissen und Ihrer Problemlösungsfähigkeit, bis Sie das Gefühl haben, von Ihren Kunden respektiert und ernst genommen zu werden.
12. Arbeiten Sie so lange an Ihrem Image, bis Sie sich selbst als kompetenter Fachmann sehen und sich von Ihren Kunden als Top-Berater behandelt fühlen.
13. Prüfen Sie diesen Respekt anhand der fünf Siegermerkmale:
    - ob Sie Ihre Produktvorteile nur kurz erklären müssen
    - ob Sie größere Aufträge bekommen
    - ob Sie nicht unterbrochen werden bzw. warten müssen
    - ob die Kunden ihren Empfehlungen folgen
    - ob sie die Preise ohne große Diskussion akzeptieren
14. Sehen Sie schon jetzt, wie Ihre Kunden sich auf Ihren Besuch freuen.
15. Freuen Sie sich schon heute, daß auch Sie eines Tages diesen einzigartigen Beraterstatus erreichen werden!

„Man erreicht nichts mit seiner Intelligenz, wenig mit seinem Geist, alles mit seinem Charakter."
Nicolas Chamfort

6. Kapitel

Das Geheimnis der Sieger

Die Kunst, als Sieger aufzutreten

Der berühmte österreichische Extremkletterer Bubendorfer sagte einmal in einem Vortrag: „Der erste Griff entscheidet über den Erfolg des Aufstiegs!"

Damit meinte er: „Wenn ich nicht vom ersten Schritt an die richtige Route wähle, habe ich keine Chance mehr, den Gipfel in einer bestimmten Zeit zu schaffen, und da ich ohne Rucksack (= Biwak) klettere, kann das für mich absolut tödliche Folgen nach sich ziehen."

Für den Verkäufer heißt das:

> **Der Verkauf wird bereits vor der Tür gewonnen oder verloren!**

Wenn ich vor der Tür nicht an mich und meinen Erfolg, an mein Produkt und an den Nutzen meines Produkts für den Kunden glaube, habe ich schon verloren. Denn dann gehe ich auf den Kunden nicht als Sieger, sondern als Verlierer zu! **Kunden aber kaufen nur von Siegern!**

Der Chefarzt einer großen Klinik sagte mir einmal: „An der Art, wie ein Pharmavertreter den Raum betritt, sehe ich, ob er heute etwas Neues hat!"

Woran sieht er das? Daran, daß Pharmareferenten, die etwas Neues haben, über das ganze Gesicht strahlen und schon mit ihrer aufrechten, selbstbewußten Haltung signalisieren, daß sie heute wirklich etwas Wichtiges präsentieren wollen! Sie fühlen sich als Sieger, und so treten sie auch auf!

Wenn Pharmareferenten aber mit den Routinepräparaten, die sie schon mehrmals besprochen haben, zum Gesprächstermin kommen, dann treten sie eher wie Verlierer auf. Denn sie wissen, daß sie die Produkte schon einmal vorgestellt und alles schon einmal gesagt haben – mit der Folge, daß der vielbeschäftigte Chefarzt ihren Gesprächswunsch abblockt, sie nach fünf Sekunden wieder zur Sprechstundenhilfe zurückweist und sie auffordert, dort ihre Muster abzugeben.

> **Nur der Sieger hat die Chance zu einem offenen, ausführlichen Gespräch!**

Deshalb muß sich jeder Verkäufer vor der Tür des Kunden als Sieger fühlen. Er muß in sich den Glauben an seinen Erfolg verspüren. Und dieses Gefühl hat er, wenn er dem Kunden wirklich etwas Interessantes, Wichtiges oder Nützliches vorstellen kann. Oder wie es ein anderer Vertreter so schön sagte: „Wenn ich zum Kunden gehe, muß ich einen Kracher dabei haben!"

Da wir aber nicht bei jedem Besuch ein neues Produkt mitbringen können, brauchen wir etwas anderes, etwas „Einzigartiges", um uns vor der Tür als Sieger zu fühlen, zum Beispiel eine interessante Information!

Es gibt drei Dinge, die jeden Menschen auf der Welt interessieren:

1. eine Information, die für ihn wichtig, nützlich oder interessant ist,
2. eine Präsentation, die ihm einen wichtigen Vorteil vorstellt und
3. eine Geschichte, die von den Erfolgen oder Mißerfolgen anderer berichtet, die für ihn von Bedeutung sind.

Das sind die drei wichtigsten „Handwerkszeuge" jedes Verkäufers, der gute emotionale Beziehungen zu seinen Kunden knüpfen will.

Immer wieder werde ich in Seminaren gefragt, wie man denn zu diesen drei „Interesseweckern" kommt. Meine Antwort ist immer dieselbe: „Die besten Ideen und Lösungen kommen immer von Ihren Kunden!"

> **Die besten Ideen, Beispiele, Argumente und Informationen kommen von Ihren Kunden – wenn Sie sie genau beobachten und danach fragen!**

Also beginnt Ihr Beruf mit der Tätigkeit als **Informationsbroker!** Sie halten Augen und Ohren offen und fragen, um gute Infos zu bekommen, die Sie dann im Austausch gegen Ihre Infos an andere Kunden weitergeben. Ein guter Verkäufer ist für mich wie ein wandelndes Branchenlexikon. Er ist eine Art Sammelstelle für neue Infos.

Nehmen wir an, Sie besuchen am Tag 10 Kunden und erhalten durch Beobachtung oder Fragen von jedem Kunden nur eine einzige gute Information, dann sind das am Monatsende bereits rund 200 neue Infos. Sie sehen, selbst wenn Sie nur von jedem zehnten Kunden eine gute Info bekommen, dann sind das nach einem Monat immerhin rund 20 gute Infos! Das verstehe ich unter dem Satz: Das Geld liegt auf der Straße. Ihre größten Umsatzsteigerungen erreichen Sie also viel weniger durch eigene Argumente als durch gute Fragen nach den besten Argumenten, Informationen, Geschichten und Erlebnissen Ihrer Kunden! – Bleibt die Frage:

Warum treten so wenige Verkäufer als Sieger auf?

Dafür gibt es drei Gründe:

1. **Die Verlierer unterschätzen die Notwendigkeit der Vorbereitung.** Sie widmen ihr zuwenig Zeit. Sie glauben, sie sind besser dran, wenn sie statt dessen mehr Kunden besuchen. Genau das Gegenteil aber ist richtig! Für die Vorbereitung und Nachbereitung sollten Sie mindestens ein Zehntel Ihrer gesamten Arbeitszeit verwenden, also bei 50 Stunden pro Woche mindestens fünf Stunden. Wenn Reinhold Messner auf einen seiner Himalaya-Gipfel stieg, dann dauerte der gesamte Aufstieg einschließlich der Akklimatisierungszeit vielleicht zwei Monate. Die Vorbereitung dafür aber meistens ein bis zwei Jahre. Fazit: Vorbereitung gibt Sicherheit und Selbstvertrauen!
2. **Die Verlierer haben mit ihrem Ego zu kämpfen.** Sie denken zuviel an sich und zuwenig an die Kunden. Das heißt: Sie sind vor allem an ihrem Umsatz und viel weniger an den Wünschen des Kunden interessiert. Sie reden nur von ihren Produkten, statt nach den Vorstellungen des Kunden zu fragen. Sie versuchen, die Kundeneinwände zu widerlegen, statt nach den eigentlichen Motiven und Gründen zu fragen. Sie reden nur über ihre Produkte statt über gute Entscheidungshilfen. Kurzum: Sie strahlen Egoismus aus und ziehen Skepsis an. Sie setzen sich selbst unter Druck, und sie lösen Streß aus! Sie vergessen die alte Regel: Nur wer sich für den Kunden interessiert, für dessen Angebot wird sich auch der Kunde interessieren.
3. **Die Verlierer glauben, schon alles zu wissen.** Sie versuchen, den Eindruck zu erwecken, alles zu wissen, um sich keine Blößen zu geben. Deshalb erscheint ihnen jede unangenehme Frage des Kunden als Angriff und jedes Schweigen als Eingeständnis ihrer Unwissenheit. Fazit: Wenn der Verkäufer nicht mit dem

Anspruch daherkommt, alles zu wissen, dann wird auch der Kunde nicht den Anspruch vertreten, schon alles zu kennen.

Gehen wir einen Schritt weiter. In einem Verkaufsseminar behandelten die Teilnehmer folgende Frage:

Was machen die Sieger anders?

Ihre Antworten:

1. Sieger glauben an sich, an ihren Erfolg, an ihr Produkt und an den Nutzen ihres Produkts für den Kunden.
2. Sieger wissen, daß aufgrund ihrer wertvollen Information allein das Gespräch mit ihnen für den Kunden schon von Nutzen ist.
3. Sieger haben aufgrund vieler Erfolge ein starkes Selbstvertrauen.
4. Sieger begegnen dem Kunden freundlich und optimistisch und besitzen dadurch eine positive Ausstrahlung.
5. Sieger sind beim ersten Kundenkontakt hellwach und erkennen in den ersten 10 Sekunden gute Anknüpfungspunkte.
6. Sieger haben sich auf ihr Gespräch vorbereitet und strahlen dadurch Sicherheit und Selbstvertrauen aus.
7. Sieger konzentrieren sich in jeder Phase des Verkaufsgesprächs voll auf den Kunden, um seine Motive und Vorstellungen zu erkennen und zu verstehen.
8. Sieger setzen sich vor dem Gespräch ein Ziel (eine Idealvorstellung) und arbeiten auf dieses Ziel bzw. auf ein Resultat hin.
9. Sieger wollen gewinnen und geben nach Absagen nicht einfach auf.
10. Sieger sind flexibel und setzen andere Strategien ein, wenn sie nicht zu den gewünschten Erfolgen kommen.
11. Sieger erwarten immer das Beste (den Erfolg). Sie programmieren sich auf den Erfolg und sind gegen Mißerfolge gewappnet.
12. Sieger sprechen über eine verheißungsvolle Zukunft und stekken mit ihrer Zukunftsbegeisterung den Kunden an.

Wie erreicht man ein starkes Siegergefühl?

Die generelle Antwort lautet, daß dieses starke Gefühl, selbst seinen Erfolg entscheidend beeinflussen zu können, aufgrund starker emotionaler Erinnerungen entsteht. Und daß diese Erinnerungen in der Regel auf „erkämpften Erfolgen" beruhen, die man durch einen engagierten Einsatz errungen hat.

> **Nur erkämpfte Erfolge schaffen ein Siegergefühl**
> **Durchschnitts- oder Zufallserfolge bewirken nur kurzfristige Aufmunterungen!**

Es ist fast genauso wie beim „**stillschweigenden Wissen**". Die Top-Verkäufer verfügen auch hier wiederum über ein ausgezeichnetes Gedächtnis, das sie in den entscheidenden Situationen virtuos für ihren Erfolg einsetzen können. Mit anderen Worten: Sie verfügen über ein phantastisches **Erinnerungsmanagement**. Und das kommt ihnen gleich mehrfach zugute:

- Top-Verkäufer erinnern sich sehr schnell und sehr gut an ihre früheren Erfolge.
- Sie erinnern sich dabei nicht nur an ihre früheren Erfolgsmethoden, sondern sie verspüren auch die damaligen Erfolgsgefühle wieder.
- Sie erleben so auch die Bestätigung ihres Könnens und ihrer Kompetenz, die in dem Satz gipfelt: „Ich habe es damals gekonnt, ich kann es auch jetzt wieder!"
- Sie erreichen durch diese Erinnerungen – an die Methoden, die Gefühle und ihre Kompetenz – ein enormes Gefühl der Zuversicht und des Selbstvertrauens, so daß sie sich ohne jede Angst voll auf die kommende Aufgabe konzentrieren können.
- Sie sind auf diese Weise in der Lage – unbeeinflußt von irgendwelchen negativen Gedanken –, ihr volles Leistungspotential

einzusetzen, und verfügen über eine absolut positive Erwartungshaltung. – Dazu eine interessante Untersuchung:

Der entscheidende Vorteil von Top-Tennisspielern

Im Tennis spricht man von den „big points", also von den entscheidenden Punkten. Es sind Schläge, die letztlich das Match entscheiden, und es sind meistens sehr schwierige Schläge, z.B. ein wuchtig geschlagener tiefer Ball in die Rückhandecke. Genau da setzt unsere Untersuchung an. Sportpsychologen der Mainzer Universität haben einmal untersucht, was in dieser extrem schwierigen Situation in den Köpfen der besten Tennis-Bundesligaspieler vorgeht und was sich im Unterschied dazu in den Köpfen von Bezirksligaspielern abspielt.

Das aufsehenerregende Ergebnis: Wenn ein Spitzenspieler der Bundesliga auf einen schwierigen Ball zueilt, dann werden seine Gehirnströme so ruhig wie die eines indischen Gurus. Dann konzentriert er sich nur auf den kommenden Schlag und auf nichts anderes. Gleichzeitig beginnt ein positiver innerer Dialog in ihm abzulaufen, der von Bildern früherer Situationen begleitet wird, **die er schon einmal bravourös bestanden hat und die ihn jetzt in seinem Können bestätigen.** Beides – die totale Konzentration auf den Schlag und die Bestätigung seiner Kompetenz – ermöglichen dem Top-Spieler, sein Bestes zu geben.

Ganz anders verläuft die Reaktion bei den Bezirksligaspielern. Wenn ein solcher Spieler zu diesem schwierigen Rückhandball läuft, dann schlagen seine Gehirnströme wie wild aus. Im Gegensatz zu den Top-Spielern konzentriert er sich dann nicht allein auf den Schlag, sondern durchdenkt gleichzeitig auch die Folgen eines möglichen Mißerfolgs, daß er dann eventuell das Spiel und damit auch den Satz verliert. Und statt die Bestätigung seiner Kompetenz zu erleben, erinnert er sich viel eher an Situationen, in denen er schon einmal einen solchen Schlag versiebt hat. Mit diesen Mißerfolgsbildern und dem aufgeregten inneren Dialog im Kopf tritt nun meist genau das Ergebnis ein, das er unbewußt bereits kennt und erwartet: der Fehlschlag.

Fazit für jeden Verkäufer: **Nur die volle Konzentration auf den Kunden sowie motivierende Erfolgsbilder aus der Vergangenheit und ein positiver Eigendialog bewirken bei einem Verkäufer eine positive Erwartungshaltung und damit eine optimale Aktion.**

Wie wichtig es ist, in seinem Gedächtnis starke, motivierende Erinnerungen abzuspeichern, die einen im Notfall in seiner Kompetenz bestätigen, zeigt auch das folgende Beispiel:

Warum es Boris Becker in einem aussichtslosen Spiel plötzlich „wissen" wollte

Es muß schon Jahre her sein, da spielte Deutschland gegen Brasilien im Davis-Cup. Austragungsort war Rio de Janeiro, die Begegnung fand im Januar, also im brasilianischen Hochsommer, statt. Darüber hinaus taten die Brasilianer alles, um ihr „Heimrecht" voll auszunutzen. Sie schaufelten den schwersten Sand auf den Platz, um ihn möglichst langsam zu machen, sie versuchten, die deutschen Spieler durch Zurufe zu stören, und wenn das alles nichts nützte, halfen sie noch durch kleine Spiegel nach, um sie aus dem Gleichgewicht zu bringen. Ich kann mich nicht mehr an alle Einzelheiten erinnern. Ich weiß nur noch, daß die Begegnung mehr oder weniger schon für Brasilien entschieden war, als Boris Becker in der Partie gegen Motta bereits zwei Sätze zurücklag.

Doch plötzlich ging ein Ruck durch Boris, und er bäumte sich vehement gegen diese Niederlage auf. Es war, als würde er plötzlich den Turbo dazuschalten, den er sonst vielleicht nur in Grand-Slam-Spielen oder bei Weltmeisterschaften einsetzte. Trotz des heißen Wetters, trotz des fürchterlichen Sandplatzes, trotz der unfairen Zuschauer begann Boris zu kämpfen, als ginge es um das Endspiel in Wimbledon. Obwohl bei dieser Davis-Cup-Begegnung für Deutschland nichts mehr zu gewinnen war und ein Sieg von Becker über die Nummer 100 der Weltrangliste (oder noch höher) wahrhaftig kein neues Ruhmesblatt für Boris bedeutete, kämpfte er mit aller Hingabe und Leidenschaft – und gewann schließlich das Match. Für die Zuschauer ein absolutes Rätsel.

Die Auflösung kam genau zwei Monate später. Diesmal stand Boris im Endspiel eines ATP-Hallenturniers in Frankfurt. Sein Gegner war Jim Courier, der nach einer Stunde mit zwei Sätzen führte.

Nun wissen Sie, daß es fast unmöglich ist, gegen einen der Top 10 nach zwei verlorenen Sätzen noch das Spiel herumzureißen. Gegen Motta ja, aber gegen Jim Courier, der damals die Nr. 1 der Weltrangliste war? Nein! Also schaltete ich den Fernseher ab, um einige Stunden später in den Abendnachrichten zu erfahren, daß Becker doch noch gewonnen hatte. Als man ihn nach dem Spiel fragte, wie er es denn geschafft habe, nach zwei verlorenen Sätzen gegen Courier nicht aufzugeben, sondern nochmals um seine Chancen zu kämpfen, sagte er: „In diesem Augenblick erinnerte ich mich an mein Spiel gegen Motta. Das half mir ungemein!"

Sie sehen, **auch ein Weltklassespieler wie Boris Becker braucht von Zeit zu Zeit wieder einmal bewußt erkämpfte Erfolge,** um sich in seinem Können, seiner Ausdauer und seinem Kampfgeist zu bestätigen. Dabei kam es ihm gar nicht so sehr auf den Gegner und die Bedeutung des Spieles an, sondern vor allem auf die Fähigkeit, auch in einer fast aussichtslosen Situation den höchsten Kampfgeist zu mobilisieren. Und dieses Gefühl des Stolzes, des Könnens, der Fähigkeit, sich auch in extremen Situationen zur Top-Leistung motivieren zu können, konnte er dann gegen Jim Courier „abrufen" und erfolgreich einsetzen. – Alles nach dem Motto:

Nur erkämpfte Erfolge schaffen ein Siegergefühl!

Gleichzeitig sehen Sie auch, warum sich schwächere Verkäufer so schwer tun, sich von ihren Mißerfolgen zu befreien und in die Spitzenklasse aufzusteigen. Wenn sie in einer kritischen Situation stekken, woher sollen sie eine positive Erinnerung nehmen? Sie haben keine Erfolge, um die sie bewußt gekämpft haben, bei denen sie alles gegeben haben und auf die sie stolz sein können. Da ist nichts da, was sie in ihrer Kompetenz bestätigen könnte. Und selbst wenn sie einmal einen überdurchschnittlichen Erfolg schaffen, dann mögen sie äußerlich sehr erfreut darüber sein, aber innerlich wissen sie, daß es eher ein Zufallserfolg ist, also etwas, auf das sie in Wirklichkeit gar keinen Einfluß haben.

Wenn sie dagegen einen schweren Mißerfolg erleben, dann werden augenblicklich die alten Minderwertigkeitsgefühle wieder wach und machen aus der Niederlage eine persönliche Katastrophe. Dazu mobilisieren sie neben den Gefühlen des Versagens, der Ohnmacht und der Wut auch noch Gefühle der Angst vor weiteren Mißerfolgen bzw. ihren Konsequenzen. Und je härter diese Verkäufer mit sich ins Gericht gehen, um so tiefer brennen sich diese Gefühle in ihr Unterbewußtsein ein, um schon bei der nächsten „kritischen Situation" wie kaputte Sprungfedern in einem alten Sofa hochzuschnellen und sich schmerzhaft im Bewußtsein zurückzumelden. Was kann man dagegen tun?

1. Kämpfen Sie immer wieder bewußt um Erfolge!
2. Seien Sie stolz auf alle erkämpften Erfolge, und machen Sie daraus einprägsame Erfolgserlebnisse, damit Sie sich immer wieder daran erinnern können.
3. Nehmen Sie Mißerfolge dagegen eher mit stoischem Gleichmut hin, ohne besondere Emotionen zu investieren.

Bleibt die Frage:

Wann erleben Verkäufer ein starkes Siegergefühl?

Die folgenden Antworten stammen aus einem „Verkäuferseminar", sie zeigen, daß die Verkäufer vor allem dann Siegergefühle erleben, wenn sie ganz bewußt um ihre Verkaufserfolge gekämpft haben.

Auf die Frage: „Nach welchen Erfolgen fühlten Sie sich wie ein Sieger?" berichteten sie mit sichtlichem Stolz:

- Ich habe bei dem Kunden X den Mut gehabt, ein neues Produkt anzusprechen, und dadurch mein persönliches Umsatzziel erreicht.
- Ich habe durch meinen persönlichen Einsatz und meine bewiesene Zuverlässigkeit einen verlorenen Kunden wieder zurückgewonnen.
- Ich habe durch eine positive Reklamationsbearbeitung einen kritischen Kunden bei der Stange gehalten.
- Ich habe mir das klare Ziel gesetzt, bei dem Kunden Z einen Zusatzumsatz zu machen – und habe das auch geschafft.
- Ich habe einem guten Kunden in Form von Schulungen für seine Mitarbeiter einen echten Zusatznutzen geboten und dadurch einen gefährlichen Wettbewerber aus dem Feld geschlagen.
- Ich habe mir vorher genau überlegt, welchen Kunden ich noch zusätzliche Produkte verkaufen könnte, und habe dadurch mein Monatsziel erreicht.
- Ich habe durch die gezielte Ansprache eines Problemkunden einen Zusatzauftrag gemacht.
- Ich habe durch ein selbstbewußtes Auftreten (z.B. durch demonstratives Aufbrechen nach einer Unhöflichkeit des Kunden) den Kunden zum Einlenken und zur Auftragsvergabe gebracht.

„Der Optimist ist ein Mensch, der alles halb so schlimm und doppelt so gut findet."
Heinz Rühmann

7. Kapitel

Die Macht des Optimismus

Einer der ganz wesentlichen Erfolgseigenschaften von Siegern ist ihr Optimismus, also die Fähigkeit, auch da noch Chancen zu sehen, wo die Pessimisten geistig bereits abwinken. Im Gegensatz zu den Verlierern lassen sich Optimisten weder durch schlechte Vorahnungen noch durch irgendwelche Vorurteile, ja nicht einmal durch die schlechten Erfahrungen ihrer Kollegen von einem ernsthaften Versuch abbringen.

Ihr Geheimnis: Statt wie die Verlierer nach ein oder zwei Fehlversuchen zu resignieren und aufzugeben, bleiben sie gelassen, studieren in Ruhe die neue Herausforderung, verändern ein wenig die Strategie und starten einen neuen Versuch.

Statt wie die Pessimisten die Meinungen und Erfahrungen der anderen überzugewichten und für bare Münze zu nehmen, scheinen sie gegenüber pessimistischen Einflüsterungen geradezu schwerhörig zu sein, Sie wollen sich ihr eigenes Urteil bilden und sich selbst davon überzeugen, was Sache ist. Und genau das bewirkt ihre oft geradezu sensationellen Erfolge! Im einzelnen bedeutet das:

- Optimisten machen da weiter, wo die Pessimisten aufhören!
- Optimisten nehmen alle die Chancen wahr, die die Pessimisten aus Angst vor Mißerfolgen links liegenlassen.
- Optimisten versuchen es nicht nur einmal, sondern so oft, bis es klappt.

Im Gegensatz dazu machen Pessimisten einen Versuch, der nicht klappt, und hören dann auf!

Ich stelle Ihnen jetzt einige Beispiele vor, in denen sich der Optimismus der Sieger in teilweise geradezu atemberaubenden Umsatzsprüngen und Erfolgen bemerkbar gemacht hat.

Wie aus einem Mißerfolg plötzlich ein Erfolg wurde

Die Firma „ABS Bäder GmbH + Co." ist eine Vertriebsgesellschaft der verschiedensten Hersteller von Bade- und Duschwannen, Duschabtrennungen, Whirlpools, Badmöbeln, Spiegeln und Spiegelschränken, Armaturen und Accessoires. Sie beliefert ausschließlich zwei Zielgruppen: den Sanitäreinzelhandel und die Installateure, aber keinen Großhandel, keinen Baumarkt und keine Möbelmärkte.

In Deutschland gibt es rund 4000 Sanitärgeschäfte, davon haben 200 ein professionelles Bäderstudio und weitere 450 eine „Bäderausstellung".

Um in den **neuen Bundesländern** (!) den Umsatz anzukurbeln, hat die Geschäftsleitung dieser Firma zusammen mit der BHW-Bank ein Finanzierungskonzept ausgearbeitet, das den Kunden dieser Sanitärgeschäfte einen einzigartigen Vorteil bieten sollte: Wenn sie im Bäderstudio Geschmack an den schönen Sachen gefunden hatten, aber (noch) nicht über das entsprechende Kleingeld verfügten, konnten sie in dem Geschäft sofort eine Finanzierung zwischen 3.000 und 30.000 DM in Anspruch nehmen, ohne Sicherheiten bieten und ohne irgendwelche Formalitäten oder Wartezeiten in Kauf nehmen zu müssen.

Dieses Finanzierungskonzept wurde den Fachberatern (also den eigenen Vertretern) vorgestellt, die davon einhellig begeistert waren und sofort losstürmten, um ihren Kunden dieses phantastische Konzept vorzustellen.

Doch dann kam die kalte Dusche! Die Chefs der Bäderstudios runzelten die Stirn und reagierten mit sichtbarer Skepsis. Ihre Resonanz: „Unsere Kunden (in den neuen Bundesländern!) wollen keine Schulden machen. Sie erneuern, wenn überhaupt, ihr Bad erst, wenn sie das Geld dazu haben. Und außerdem: Bei uns hat noch nie ein Kunde nach einer Finanzierung gefragt."

Peng! So schlagartig wie die Luft aus einem kaputten Luftballon entweicht, so schnell entwich die Begeisterung aus den Herzen der Fachberater. Statt neuen Aufträgen hatten sie nur skeptische Abfuhren bekommen. Und statt fröhlichen Gesichtern hatte es nur abweisende Mienen gegeben. Ihr Fazit: Auch diese Idee war wieder einmal ein Flop gewesen! Resigniert ließen die Fachberater schließlich das Angebot im Kofferraum liegen – bis auf einen.

Der sah sich das Konzept nochmals genauer an, überlegte hin und her und kam schließlich zu folgender Überzeugung: „Das Argument unserer Kunden (der Bäderprofis) stimmt nicht. Wenn es wirklich zutreffen würde, daß unsere Bürger keine Schulden machen wollen, dann wären die Autostraßen im Osten Deutschlands leer. Denn die meisten fahren ihre Autos auf Pump!"

Und dann kam ihm die Erleuchtung: „Unsere Bäderprofis müssen die Finanzierung genauso anbieten, wie die Autohäuser ihr Leasingkonzept anbieten!" Daraufhin entwickelte er folgendes Modell:

```
Bad 17, bestehend aus .........................
Barzahlungspreis =              23.900 DM
.................................................
Anzahlung =                     15.000 DM
+ 48 Monatsraten zu je             198 DM
.................................................
Effektiver Jahreszins = 3,9 Prozent
```

Und bei diesem Modell macht es plötzlich „Bingo"! Die erstaunliche Folge: Schon nach wenigen Monaten erreichten die Bäderstudios mit diesem Konzept sage und schreibe 30 Prozent mehr Umsatz pro Bad! Plötzlich war eitel Freude auf allen Seiten – und das nur, weil ein Verkäufer nicht sofort aufgegeben, sondern das Konzept ein wenig verändert und so aus einem Flop einen Volltreffer gemacht hatte.

Fazit: Optimisten geben ein neues Konzept nicht sofort nach dem ersten Mißerfolg auf, sondern probieren so lange herum, bis die Sache stimmt!

Tip: Haben auch Sie den Mut, wenn Sie mit Ihrem Verkaufskonzept noch nicht restlos zufrieden sind, so lange neue Strategien auszuprobieren, bis Sie eine echte Erfolgsquote erreichen. Hier gilt: 99 Prozent aller Erfindungen sind beim ersten Versuch ein Flop und werden oft erst durch kleinste Veränderungen zu einem Erfolg!

Wie man das Teuerste am besten verkauft!

Das folgende Beispiel zeigt, wie man mit Optimismus fast alles besser und erfolgreicher verkaufen kann.

Auch hier geht es nicht um den naiven Optimismus nach dem Motto „Das schaffen wir schon!", sondern um den Optimismus, der eine Verkäuferin zu der Überlegung veranlaßte: „Das wäre doch gelacht, wenn ich mein gutes Angebot nicht viel besser und erfolgreicher verkaufen könnte!"

Dieses Beispiel stammt ebenfalls von der Firma ABS, also aus den **neuen Bundesländern,** wo sich viele Verkäufer so leicht von der im Einzelhandel weitverbreiteten Meinung unter Druck setzen lassen: „Die Kunden haben kein Geld!" oder: „Es geht nur noch um den Preis!"

Hand aufs Herz – wer würde angesichts der Arbeitslosenzahlen diesen Aussagen nicht sofort zustimmen? Eine Verkäuferin tat es nicht – und erzielte trotz dieser Unkenrufe einen um 500 Prozent höheren Umsatz.

Richtig ist: Viele Menschen sind sparsamer geworden. Das Geld sitzt nicht mehr so „locker".

Aber genauso richtig ist auch: Der Verbraucher ist nur dann bereit, mehr Geld auszugeben, wenn er einen deutlichen Zusatznutzen erkennt. Steht der Nutzen dann in einem gesunden Verhältnis zum Preis, wird er auch den Mehrpreis akzeptieren!

Zurück zum Beispiel: Rund 300 Sanitärgeschäfte in den neuen Bundesländern hatten Accessoires der Schweizer Firma Bodenschatz in ihr Verkaufsprogramm übernommen, die sich vor allem durch ihre gute Qualität auszeichneten. Doch der Umsatz war nach einem Jahr – trotz nobler Prospekte – eher dürftig. Eine Umfrage bei den Verkäufern in den einzelnen Sanitärfachgeschäften und Bäderstudios bestätigte die allgemeine Meinung: „Bei uns gibt es zu viele Arbeitslose. Die Leute haben kein Geld und kaufen ihre Accessoires lieber im Baumarkt."

Doch merkwürdigerweise machte gerade ein Bäderstudio in Bautzen – mit Sicherheit nicht gerade die wirtschaftliche Metropole des Ostens – mit dem Bodenschatz-Programm einen ausgezeichneten Umsatz. Was war geschehen?

Auch hier stand eine Verkäuferin vor dem altbekannten Problem! Die Kunden kamen herein, warfen einen flüchtigen Blick auf das wesentlich teurere Bodenschatz-Programm, und wenn sie dann z. B. den Preis des WC-Rollenhalters erfuhren, winkten sie gleich ab und meinten: „Den kaufen wir im Baumarkt, da ist er viel billiger!" Die gleiche Aussage galt dem übrigen Bodenschatz-Programm. Mit der Folge: **Der Umsatz blieb eher dürftig, bis diese Verkäuferin auf folgende Idee kam:** Sie ging in einen Baumarkt und kaufte dort einen WC-Rollenhalter für 9,90 DM.

Wenn nun ein Kunde in ihr Bäderstudio kam und nach diesem Artikel verlangte, dann drückte sie ihm einfach beide Halter in die Hand, den vom Baumarkt und den von Bodenschatz, und sagte zu ihm: „Jetzt fühlen Sie doch bitte mal selbst, welcher Halter stabiler und wertbeständiger ist. Dieser da kostet beim Baumarkt um die Ecke 9,90 DM und der hier aus unserem Bodenschatz-Programm 49 DM."

Von dieser Stunde an kauften 95 Prozent (!) aller Kunden den Rollenhalter von Bodenschatz für 49 DM, und vier von zehn Kunden sogar die ganze WC-Serie für 370 DM. Das heißt: Der ganz konkrete, fühlbare und sichtbare Nutzen durch die Präsentation der beiden Halter machte den Kunden auf einen Schlag die bessere Qualität des gesamten Bodenschatz-Programms bewußt!

Genau darum geht es: Der Kunde muß den Nutzen des teureren Produkts deutlich spüren! Er muß sich selbst davon überzeugen können!

Die Erfolgsbilanz: Als dieses Beispiel auf die anderen Sanitärgeschäfte übertragen wurde, übertraf die Umsatzentwicklung des Bodenschatz-Programms nach kurzer Zeit alle Erwartungen!

Fazit: **Der Kunde zahlt den Preis, wenn er den Nutzen sieht!**

Tip: **Überlegen Sie also, wie Ihre Kunden den Nutzen Ihres Angebots ganz konkret erkennen und spüren können.**

Kommen wir jetzt zu dem faszinierendsten Beispiel. Es zeigt, welche unglaubliche Umsatzentwicklung mit echtem Optimismus möglich ist.

Wie ein Optimist den Umsatz geradezu explodieren ließ

Wieder geht es um die Bäderfirma und wieder um die neuen Bundesländer. Diesmal um das Land mit einer sehr geringen Kaufkraft und einer der höchsten Arbeitslosigkeitsraten in Deutschland: um Mecklenburg-Vorpommern.

1990, also kurz nach der Wende, überließ der Verkaufsleiter unserer Bäderfirma einer Hamburger Vertriebsgesellschaft die Gebiete Rostock und Schwerin als Vertriebsgebiet für seine Bäderausstattung. Die erfahrenen Vertriebsleute setzten fünf Vertreter in diesem Gebiet ein und konnten dank alter Verbindungen in kurzer Zeit 800 Acrylwannen verkaufen. Nach einem Jahr hatten sie 300.000 DM Umsatz erreicht. Dennoch war das Ergebnis selbst im Vergleich zu Thüringen und Sachsen sehr unbefriedigend. Auch in den nächsten zwei Jahren lag der Umsatz in diesem Gebiet weit unter dem Umsatz dieser beiden Länder. Doch das Gespräch mit einigen Wirtschaftsexperten vermittelte echten Trost. Man wisse doch, daß die Kaufkraft im Norden erheblich unter der von Thüringen und Sachsen liege und daß sich das in Westdeutschland bekannte Nord-Süd-Gefälle jetzt auch deutlich in den neuen Bundesländern abzeichne. Fazit: **Krisenkunde aus Expertenmunde!**

Auch befreundete Firmen wußten: „Der Norden der neuen Bundesländer ist nun einmal der schwierigste Markt Deutschlands. Da ist kaum etwas zu machen." Selbstverständlich untermauerten alle Experten dieses düstere Bild von dem darniederliegenden Mecklenburg-Vorpommern mit eindrucksvollen Charts. Schließlich sind Statistiken das beliebteste Beweismittel aller Pessimisten.

Da der Vertriebsleiter aber Optimist war, suchte er weiter. Er wollte künftig das gesamte Gebiet Mecklenburg-Vorpommern einem einzigen Handelsvertreter zur Bearbeitung übergeben. Er fand einen ehemaligen Betriebsdirektor eines Landmaschinenkombinats, der unbedingt einen Neuanfang machen wollte. Für einen pessimistischen Verkaufsleiter wäre dieser Mann völlig unbrauchbar gewesen: Erstens war er viel zu alt (über 50 Jahre), zweitens war er völlig branchenunerfahren (Landmaschinenkombinat), und drittes hatte er keinerlei Verkaufserfahrung (statt dessen war er Betriebsdirektor gewesen).

Dieser Mann nun studierte den Produktordner der Bäderfirma genau durch und erklärte dann dem Verkaufsleiter: „Mit viel Fleiß und Energie baue ich Ihnen hier im Norden einen Markt auf, der mit dem in Sachsen und Thüringen durchaus Schritt halten kann!"

Eine phantastische Aussage! Und eine realistische dazu, denn er hatte die Voraussetzungen nicht außer acht gelassen: viel Fleiß und Energie! **Ein Optimist, so schien es, hatte einen anderen Optimisten gefunden!**

Der Mann wurde eingestellt und machte sich mit unermüdlichem Fleiß und dem festen Glauben an seinen Erfolg an seine neue Aufgabe. Er nahm sich vor, jeden Tag 10 Installateure zu besuchen, verließ um 6.00 Uhr (!) sein Haus und kam nicht vor 22.00 Uhr von der Tour zurück. Samstags erledigte er seine Büroarbeit, und am Sonntag plante er die neue Besuchswoche. Schon nach vier Monaten hatte er den Vorjahresumsatz seiner fünf Vorgänger erreicht. Heute betreut er gemeinsam mit seinem Sohn 500 Kunden und erreichte 1997 einen Umsatz von 5,4 Mio. DM.

Wenn man ihn heute nach seinem Erfolgsrezept fragt, sagt er: „Ich habe konsequent an meinen Zielen gearbeitet. Und ich habe mich dabei nie von irgendwelchen Wirtschaftsdaten, Arbeitslosenquoten und Kaufkraftzahlen beeindrucken lassen!"

Fazit 1: Er sah seine Chance und wollte sie unbedingt nutzen!

Fazit 2: Er verließ sich nicht auf die Meinung anderer, sondern prüfte selbst seine Chancen!

Fazit 3: Er ging vorurteilsfrei und mit dem unbedingten Willen zum Erfolg an die Sache heran. Und er war bereit, den Preis zu bezahlen! Genau das sind die Voraussetzungen, um die Umsätze geradezu explodieren zu lassen!

Sehen wir uns jetzt das letzte Optimismus-Beispiel an:

Wie man einen aussichtslosen Wettbewerb gewinnt

Hans-Peter Herzberg, 37 Jahre alt, heute als Verkäufer und Schulungsleiter im Sanitärbereich tätig, war früher Systemberater bei einem Hersteller für thermische Solaranlagen. Trotz der Beratung lag sein Schwerpunkt natürlich im Verkauf. Sorgenkind seiner Firma war vor einiger Zeit der 160-Liter-Warmwasserspeicher. Und das gleich aus mehreren Gründen. Folgerichtig faßte jeder Außendienstler diesen Warmwasserspeicher nur mit spitzen Fingern an, so daß im Vorjahr alle 25 Außendienstmitarbeiter zusammen nur 47 solcher Warmwasserspeicher verkauft hatten.

Als Hans-Peter Herzberg von seinem letzten Urlaub zurückkam, erfuhr er, daß dieser Speicher noch en masse im Lager stand und deshalb verstärkt verkauft werden sollte. Um den Verkäufern die Zunge flinker und die Beine schneller zu machen, wurde extra ein Wettbewerb für diese „Ladenhüter" angesetzt. Eine Situation, die wohl jeder Verkäufer kennt. Hans-Peter Herzberg hatte jedoch nicht viel Zeit, darüber nachzugrübeln, denn der Wettbewerb hatte schon vor einer Woche begonnen, und das hieß: die Kollegen hatten bereits eine Woche Vorsprung.

Zwei Fragen galt es deshalb zu beantworten. Erstens: Lohnt es sich da überhaupt noch mitzumachen? Und zweitens: Kann man diese „ollen Klepper" (so nannte er sie als Berliner) überhaupt noch erfolgreich verkaufen? Und wenn ja, wie?

Sein Kommentar dazu: „Ich wußte, daß ich diese Speicher nur über den Nutzen verkaufen konnte, und bereitete mich entsprechend vor! ... Zuerst sammelte ich Argumente für die eigentliche Zielgruppe – und das waren die Handwerker, die diese Solaranlage mitsamt dem Warmwasserspeicher den Endkunden zu verkaufen und einzubauen hatten. Was konnte ich diesen erfahrenen Leuten wohl an Nutzenargumenten anbieten?

Ich überlegte – und kam schließlich auf vier Vorteile:

Erstens: Dieser 160-Liter-Warmwasserspeicher konnte mit variablen Wärmetauscherflächen versehen werden und paßte deshalb zu jedem Heizkessel. Zweitens: Der Endverbraucher hatte selbst bei hoher Wasserentnahme die Sicherheit, daß jederzeit schnell genug nachgeheizt wurde. Drittens – und dieser Vorteil war wahrscheinlich für die Handwerker der wichtigste: Der Einbau dieser Speicher war absolut problemlos. Das hieß: Kundenreklamationen waren so gut wie ausgeschlossen! Und viertens: Aufgrund des Wettbewerbs konnte man diese Kessel auch etwas preiswerter abgeben."

Nach diesen „vorteilhaften" Überlegungen hätte jetzt Hans-Peter Herzberg an die direkten Kunden, die Großhändler rangehen und ihnen diese Speicher mit mehr oder weniger Begeisterung aufs Auge bzw. ins Lager drücken können. Natürlich mit dem Risiko, daß die Dinger auf dem Hof der Großhändler herumgestanden wären und die künftigen Beziehungen belastet hätten.

Also machte Herzberg etwas, was alle Sieger auszeichnet: Er dachte über den Tellerrand hinaus. Er wollte seine Speicher nicht aufgrund freundschaftlicher Kontakte an die Großhändler loswerden, sondern weil sie gefragt waren.

Also wandte er sich zuerst an die Handwerker, die diese Speicher von den Großhändlern beziehen und sie dann vor Ort einbauen sollten. Sie überzeugte er mit Hilfe seiner vier Vorteile als erstes – bis er 12 Bestellungen zusammen hatte. Erst mit diesen Aufträgen ging er dann zu seinen drei besten Großhändlern, knallte sie ihnen auf den Tisch – und hatte das Spiel gewonnen. Denn welcher Großhändler wird Aufträge ablehnen, die er nur mehr abzuwickeln und abzukassieren hat? Und – wenn 12 Handwerker sich so schnell für diese Speicher entscheiden, dann müßten doch auch noch andere Kollegen daran interessiert sein?

Das imponierende Ergebnis:
Drei Tage später hatte Hans-Peter Herzberg bereits 130 Speicher verkauft und damit nicht nur alle Kollegen überholt, sondern auch den Wettbewerb gewonnen. Während vor einem Jahr noch alle sagten: „Das geht nicht!" und „Das ist unmöglich!", hatte er gezeigt, daß es sehr wohl geht, wenn man es nur wirklich will!

Herzberg hatte damit das älteste und erfolgreichste Verkaufsprinzip der Welt verwirklicht. Ein Prinzip, das schon Tausende von Jahren alt ist und das bereits auf der Türschwelle eines ausgegrabenen Geschäfts von Pompeji zu lesen war. Da hieß es ganz simpel:

„**Salve lucrum – Sei gegrüßt, der du Gewinn bringst!**" Und ein andermal: „**Lucrum gaudium! – Der Gewinn ist meine Freude!**"

Einfacher und prägnanter kann man nicht beschreiben, was seit Jahrhunderten und überall auf der Welt dem Verkäufer die Türen öffnet: die Fähigkeit, dem Kunden einen Gewinn mitzubringen, der ihm Freude macht!

Fazit: **Fragen Sie sich deshalb vor der Türe des Kunden: Bringe ich ihm einen Gewinn mit, der ihm Freude macht?** Ein besseres Sesam-öffne-dich für tolle Umsätze gibt es nicht!

13 Tips, wie Sie Ihren Optimismus verstärken können

1. **Machen Sie mehrere Versuche!** Geben Sie nicht gleich auf, wenn eine neue Idee oder neue Strategie beim ersten Mal nicht sofort funktioniert. Verbessern Sie sie so lange, bis Sie die erfolgversprechendste Methode gefunden haben.

2. **Glauben Sie an bessere Verkaufschancen!** Gehen Sie davon aus, daß Sie Ihr Angebot noch wesentlich erfolgreicher verkaufen können, wenn Sie nur die richtige Vorgehensweise finden. Probieren Sie also immer wieder neue Methoden aus, bis Sie einen echten Umsatzschub erreichen.
3. **Geben Sie nicht schon vorher auf!** Lassen Sie sich auf keinen Fall schon von vornherein durch irgendwelche Statistiken oder Meinungen anderer entmutigen! Machen Sie Ihre eigenen Erfahrungen, und konzentrieren Sie sich auf die ‚guten Kunden'.
4. **Glauben Sie an Ihren Preis!** Gehen Sie davon aus, daß die Kunden auch höhere Preise zahlen, wenn sie den konkreten Nutzen sehen und fühlen. Suchen Sie nach einer Präsentation, mit der die Kunden die Vorteile Ihres Angebots geradezu schlagartig erleben bzw. begreifen.
5. **Setzen Sie sich voll ein!** Machen Sie jeden neuen Versuch mit vollem Engagement! Denn wenn Sie halbherzig an eine Sache herangehen, werden Sie auch nur halbherzige Ergebnisse erreichen bzw. genau die negativen Ergebnisse bekommen, die Sie insgeheim bereits erwarten.
6. **Glauben Sie an Ihren Erfolg!** Bedenken Sie, daß eine der stärksten Antriebskräfte für den Verkaufserfolg Ihre positive Erwartungshaltung ist, also wie sehr Sie daran glauben, Ihr Ziel erreichen zu können. Stärken Sie Ihre positive Erwartungshaltung immer wieder mit neuen motivierenden Gedanken.
7. **Resignieren Sie nicht schon vorher!** Vermeiden Sie jedes vorschnelle „Das geht nicht!" oder „Das kann ich nicht!", wenn Sie vor einem Hindernis stehen oder an eine neue Aufgabe herangehen. Fragen Sie statt dessen: Wie geht es? Und starten Sie dann einen neuen Versuch.
8. **Holen Sie alle Vorteile heraus!** Gehen Sie auch die bisher schlecht verkäuflichen Produkte durch, und fragen Sie sich: „Welche Vorteile kann ich meinen Kunden anbieten?" Je optimistischer und ehrgeiziger Sie sind, um so eher werden Sie entsprechende (neue) Vorteile finden.
9. **Machen Sie dem Kunden eine Freude!** Fragen Sie sich: Welchen Gewinn kann ich meinen Kunden anbieten, der ihnen

Freude macht? Welche Vorteile kann ich ihnen aufgrund meines Produkts, meiner Beratung, meines Services oder meiner Betreuung bieten? Wenn Sie Ihren Kunden eine Freude machen, dann wirken auch Sie selbst viel freundlicher!
10. **Denken Sie an eine positive Zukunft!** Lassen Sie Mißerfolge wie den Regen an Ihrem Regenschirm abperlen. Sagen Sie sich: „Das geht vorüber!" und beherzigen Sie das Motto von Admiral Nelson: „Post nubila Phoenix." (Nach den Wolken kommt wieder die Sonne.)
11. **Reden und handeln Sie mit Begeisterung!** So verscheuchen Sie am besten alle pessimistischen Gedanken und versetzen den Kunden am schnellsten in eine optimistische Kaufstimmung.
12. **Achten Sie auf die Quote!** Lassen Sie sich nicht von einzelnen Mißerfolgen oder Schwierigkeiten entmutigen oder aus dem Gleichgewicht bringen. Sie sind unbedeutend. Wichtig ist, ob am Ende der Woche, des Monats oder des Jahres die Quote bzw. der Gesamterfolg stimmt!
13. **Handeln Sie!** Optimismus heißt, trotz aller Schwierigkeiten unbeirrt weiterzumachen. Bauen Sie sich immer wieder durch einen positiven inneren Dialog auf, der Sie zum Weiterhandeln motiviert.

> *„Es ist nicht genug, eine Sache zu beweisen; man muß die Menschen zu ihr auch noch verführen."*
> Friedrich Nietzsche

8. Kapitel

Die neue Sprache der Partnerschaft

In diesem Kapitel möchte ich Ihnen eine Top-Verkäuferin und einen Top-Verkäufer vorstellen, die beide die neue Sprache der Partnerschaft hervorragend beherrschen und damit weit überdurchschnittliche Erfolge erreicht haben. Während im ersten Beispiel eine junge Anlageberaterin vor allem durch eine einfühlsame, hilfsbereite und sehr verständliche Sprache auffällt, fasziniert im zweiten Beispiel ein Verkäufer von Elektroheizungen durch seine Fähigkeit, das Gespräch zu 90 Prozent durch Fragen zu führen. Darüber hinaus erfahren Sie in diesen beiden Interviews, warum beide in ihrer Organisation jeweils die Nr. 1 sind und welchen Strategien sie ihren überragenden Erfolg verdanken.

„Für mich ist es jedesmal ein Fest!"

„Wenn eine Frau weiß, wovon sie spricht, dann schlägt sie die Männer!" eröffnet Sunny Jung selbstbewußt das Gespräch. Sie ist mit 20 Mio. DM Umsatz in 1997 die Nr. 1 von rund 400 Beratern der Dr. Jung & Partner GmbH, einer der größten und kompetentesten Investment-Vertriebsgesellschaften in Deutschland.

Sunny Jung, 33 Jahre jung, ledig, mit festem Freund in London, arbeitet im Geschäft ihres Vaters. – „Aha, deshalb die Nr. 1!" könnte nun mancher vorschnell denken. Doch wer so urteilt, kennt weder Sunny Jung und ihren Vater, Dr. Klaus Jung, noch das erste Gesetz der Energie. Und das besagt: „Von nichts kommt nichts!" Man kann mit väterlicher Protektion vielleicht eine gute Stellung bekommen, aber mit Sicherheit nicht die Nr. 1 werden!

Warum schlägt eine Frau, die weiß, wovon sie spricht, die Männer? frage ich sie:

„Der Grund dafür ist einfach", erklärt sie. „80 bis 85 Prozent der Kunden sind Männer. Die kaufen sowieso lieber bei Frauen, und bei den meisten Investmententscheidungen sitzen die Ehefrauen mit dabei – und die verhandeln auch lieber mit Frauen. Frauen sind", so erklärt Sunny Jung, „einfühlsamer, sie hören besser zu, sie gehen auf die Emotionen der Kunden ein, und sie reagieren selbst mit Emotionen. Sie verhalten sich nicht wie die typischen Vertreter, die, ohne wirklich dem Kunden zuzuhören, mit ihren Standardwitzchen und -sprüchen den Kunden zum Abschluß drücken wollen. Sie sehen oft nicht einmal, daß der Kunde bei Beginn des Gesprächs in totaler Abwehrhaltung dasitzt und Angst hat, sondern sie quatschen einfach drauflos – statt sich zuerst die Story des Kunden anzuhören."

Aber genügt das, um an die Spitze zu kommen?

„Ja, wenn Sie darüber hinaus auch noch über sehr gute Fachkenntnisse verfügen. Das ist die erste Voraussetzung." Die Fachkenntnisse liefern das Stichwort für ihre Berufslaufbahn.

Wo haben Sie Ihre Karriere, also Ihre Fachausbildung, begonnen?

„Zuletzt war ich viereinhalb Jahre bei Merrill Lynch in München, wo ich auch meine Börsenzulassungsprüfung als ‚Financial Consultant' machte, davor neun Monate bei Pioneer in Boston. Darüber hinaus absolvierte ich ein Praktikum bei der BHF Bank in New York."

Und welche Zeit war die wichtigste für Sie?

„Die wichtigste und auch härteste Zeit war für mich ohne Zweifel die Zeit bei Merrill Lynch. Ich bekam ein bescheidenes Grundgehalt, das natürlich durch die Provisionen verdient werden mußte. Darüber hinaus lebte ich von den ‚Commissions', also den Provisionen aus den Aktien- und Investmentverkäufen.

Die Regeln waren sehr einfach: Man hatte 10 bis 15 Mio. DM Neukundengeschäft pro Jahr zu machen, für die man am Tag zwischen 20 und 50 Kunden (Adressen) anrufen sollte. Die Adressen dafür mußte man sich selbst heraussuchen. Zur Unterstützung der Akquisition konnte man die Kunden zu Analysevorträgen von Merrill Lynch einladen, ansonsten blieben nur die altbekannten Quellen: die Bekannten, Freunde und Verwandten sowie die Gelben Seiten. Um Kleinkram zu vermeiden, durften nur Kunden mit einem Minimumdepot von 250.000 DM akquiriert werden."

Und was waren die wichtigsten beruflichen Erfahrungen?

„Gelernt habe ich bei der Nr. 1 von 15.000 Merrill-Lynch-Beratern, Dirk Pescher, dem weltweit besten Mann von Merrill Lynch, der mich mit seinen beinharten Methoden oft den Tränen nahebrachte, mir aber auf diese Weise seine drei wichtigsten Erfolgsgrundsätze beibrachte. Immer wieder sagte er zu mir:

„1. Hör auf, dauernd rumzurennen! Damit machst du nur für deinen Schuster Umsätze, aber nicht für dich und unsere Firma. Bleib auf deinem Platz, denn nur da machst du echte Umsätze!
2. Hör auf, den Kunden einen Over-Service (also einen Über-Service) zu bieten. Wenn du später mehr Kunden hast, dann hast du keine Zeit mehr für diesen Service, und dann ist der Kunde beleidigt. Also – nütze deine Zeit für den Verkauf statt für deinen Over-Service.
3. Du bist hier und hast eine Riesenchance! Nutze sie!"

Die vierte Erfolgsregel lernte Sunny Jung von selbst – vielleicht die wichtigste: „Man muß Autodidakt sein", sagt sie, „also sich im wesentlichen alles selbst beibringen! Denn kein Ausbilder und kein Seminar kann einem das notwendige Können am Telefon oder im Kundengespräch beibringen!"

Und erst recht können sie einem nicht die richtige Einstellung zu seinem Beruf beibringen, und die ist mit Sicherheit das Erfolgsgeheimnis Nr. 1 von Sunny Jung. Ihr Beruf ist ihr zur Berufung geworden, und was sie tut, das macht sie mit Freude und mit innerer Begeisterung. Ja, das liebt sie! Im Originalton hört sich das so an:

„**Ich finde es das Schönste von der Welt, den Kunden zu helfen, Geld zu verdienen, also ein gutes Investment zu machen!** Genauso freue ich mich natürlich, wenn ich dabei Geld verdiene."

Das ist die optimale Identifikation, weil sie eine Sinnaufgabe enthält und gleichzeitig auch positive „Emotionen" hervorruft!

Ihre Identifikation gipfelt in dem wunderschönen Satz: „**Für mich ist es jedesmal ein Fest, den Kunden gut beraten zu haben und zu sehen, daß er Geld verdient!**"

Aber wie alles im Leben kam diese Einstellung nicht von selbst. Sie mußte hart erkämpft und bewiesen werden, und das begann an dem Tag, an dem ihr Vater sie bei Merrill Lynch anrief und zu ihr sagte: „Sunny, komm ins Geschäft zurück!" Den Wiedereinstieg (sie hatte vorher schon bei ihm gearbeitet) versüßte er mit der Aussicht auf ein anständiges Grundgehalt und gute Provisionssätze.

Also kündigte Sunny ihren gutdotierten Job bei Merrill Lynch und erlebt ihre erste (böse) Überraschung: Da der Vater mittlerweile einen Geschäftsführer als Partner aufgenommen hatte, konnte er ihr schon aus rein „rechtlichen" Gründen kein Grundgehalt zahlen. Darüber hinaus zog er ihr von den schönen Provisionssätzen 50 Prozent für die Bürobenutzung ab und machte ihr obendrein klar, was er von ihr erwartete: im ersten Jahr 100.000 DM Provisionen und im zweiten 150.000 DM. Ansonsten wäre es besser, sich wieder zu trennen!

Als Sunny diese Bedingungen hörte, befielen sie zum ersten Mal in ihrem Leben echte Existenzängste, denn ohne Grundgehalt reichten ihre Einkünfte bestenfalls dazu, um am Leben zu bleiben, aber nicht, um in München anständig zu leben. Sie begehrte auf. Großzügig übernahm ihr Vater daraufhin für die ersten drei (!) Monate die Miete und gestand ihr ein Taschengeld von 500 DM pro Monat zu.

Und als ob diese Bedingungen noch nicht ausreichen würden, Selbstvertrauen und Zukunft gleichermaßen zu verdunkeln, folgte zuletzt noch ein Satz des Vaters, der bei ihr wie eine Bombe einschlug. Es war ein Satz, der darüber entschied, ob Sunny Hammer oder Amboß sein würde, ob sie in Selbstmitleid und Resignation ertrinken oder aus Wut und Trotz wie Dynamit losgehen würde.

Der Satz lautete:
„Ich weiß, daß du zwar nicht den Biß hast wie ich, aber daß Du leidlich erfolgreich sein könntest!"

Bravo! Da saß nun Sunny Jung, hatte ihren festen, gut bezahlten Job bei Merrill Lynch aufgegeben, hatte sich dafür ein mickriges Taschengeld eingehandelt und mußte sich nun auch noch anhören, daß sie bestenfalls „leidlich erfolgreich sein könnte".

Jetzt war sie da, die Stunde der Entscheidung, die Stunde, in der Sieger gemacht werden und Verlierer endgültig abstürzen. Fast in jeder Erfolgsbiographie findet man so eine Situation, wo die hoffnungsvollen Zusagen und Erwartungen zunichte gemacht werden, wo sich alle die schönen Versprechungen im Nichts auflösen und wo man – und das ist der Sinn dieser aufs äußerste zugespitzten Situation – entscheiden muß, ob es einem wirklich um die Sache (den Beruf und die Berufung) geht oder nur um das schnelle Geld und die angenehmen Bedingungen!

Wie reagierten Sie darauf? frage ich sie, obwohl ich mir die Antwort schon denken kann.

„Dir werde ich es zeigen!" war mein erster Gedanke und mein zweiter: „Zu Merrill Lynch gehe ich nicht mehr zurück. Das ist mir wirklich zu peinlich!" Und dann reagierte sie. Sie fragte sich: „Wie mache ich jetzt ganz schnell das erste Konto auf?" Und dann hängte sie sich voll rein, rief alle früheren Kunden bei Merrill Lynch sowie alle Bekannten und Verwandten an, informierte sie von ihrem Wechsel und motivierte sie zu neuen Abschlüssen. Angetrieben von der Provokation ihres Vaters, lautete ihr Motto: „Ich muß, ich muß mich jetzt profilieren!" Und genau das schaffte sie auch. Nach einem halben Jahr hatte sie bereits 60.000 DM an Provisionen verdient.

Aber wie wird man die Nr. 1? Wie schafft man 20 Millionen Mark Umsatz im Jahr?

„Als einen der wichtigsten Erfolgsfaktoren erachte ich die persönliche Fachkompetenz. Ich kann Ihnen das an einem schönen Beispiel erklären: Eines Tages wurde ich von dem Vorstand einer Vereinigung ehemaliger Führungskräfte eines großen Unternehmens wegen der Altersversorgung angerufen und gebeten, vor den

50 Mitgliedern einen Vortrag über Investmentfonds zu halten. Das habe ich dann zusammen mit unser Vertriebsleiterin auch getan. Doch dann kam das Entscheidende, die aktuellen Fragen! Über eine Stunde lang mußte ich alle Fragen, angefangen von der Dollarentwicklung bis hin zu der technischen Abwicklung, aus dem Stegreif beantworten. Es war eine echte Herausforderung, aber ich glaube, ich habe sie gut bestanden. Wie wichtig das war, erfuhr ich kurze Zeit später. Da hatte ein Wettbewerber, der eine Woche später zu derselben Präsentation eingeladen wurde, den ersten Teil ebenfalls bravourös gemeistert, war aber bei der Fragestunde ins Schleudern gekommen. Bei etlichen Fragen mußte er sich erst schlau machen, und von der Abwicklung hatte er keine Ahnung. Danach stand es 1:0 für mich. Das zeigte mir, daß man heute in der Regel nur eine einzige Chance bekommt und daß das Fachwissen präsent sein muß – sonst hat man seine Chance verspielt."

Gibt es für Sie außer der Fachkompetenz noch eine entscheidende Erfolgseigenschaft? will ich wissen.

„Ja, die Ehrlichkeit. Vor einiger Zeit hat mich ein Kunde angerufen, weil er einen Aktienfonds mit internationalen Anlagen in Höhe von 250.000 Dollar zeichnen wollte. Daraufhin nannte ich ihm einen Fonds und die Ausgabegebühr. Er wollte es sich jedoch noch überlegen und rief umgehend bei Merrill Lynch an. Dort sagte man ihm, daß er bei ihnen einen solchen Fonds spesenfrei bekommen könne, verschwieg ihm aber alle späteren Gebühren. So kam er wieder zu mir und ist heute einer meiner besten Kunden."

Wie gehen Sie mit der Zeit um? Wie schaffen Sie eine möglichst hohe aktive Verkaufszeit?

„Bei allen Anrufen versuche ich, den Kunden entweder gleich am Telefon abzuschließen oder ihn in mein Büro zu bitten. Denn nur so komme ich auch zu meinem erwünschten Volumen (Jahresziel). Bei Hausbesuchen geht einfach zuviel Zeit drauf. Sollte es sich trotz allem nicht umgehen lassen, frage ich den Kunden in jedem Fall zuvor: „Um wieviel geht es denn?" Für Kaffeefahrten habe ich einfach keine Zeit. Aus diesem Grund habe ich 50 Prozent meiner Kunden und auch meinen besten Kunden, einen Hannoveraner Geschäftsmann, der sein Konto von 500.000 DM auf mittlerweile 3,5 Millionen aufgestockt hat, noch nie persönlich kennengelernt. Manche Verkäufer werden es vielleicht nicht glauben, daß so viele Telefon- bzw. Büroabschlüsse möglich sind. Aber es ist so."

Gibt es einen Punkt, auf den Ihre Kunden heute besonderen Wert legen?

„Ja, wenn ein Kunde Interesse an einem Fonds zeigt, reagiere ich sofort. Er bekommt die erwünschten Unterlagen noch am selben Tag! Und innerhalb einer Woche wird spätestens nachgefaßt. Zuverlässigkeit und Geschwindigkeit sind gerade bei Geldgeschäften absolut wichtig! Nur sie schaffen Vertrauen! Das Eisen muß geschmiedet werden, solange es heiß ist! Denn nach zwei Wochen überwiegt beim Kunden statt Interesse schon die Enttäuschung, wenn er bis dahin noch nichts gehört hat."

Warum strengen Sie sich so an? Sie wissen doch, daß Sie einmal von Ihrem Vater ein stattliches Erbe bekommen werden?

„Ich weiß nur, daß ich mich weder auf irgendein günstiges Schicksal noch auf irgendein Erbe, sondern nur auf mich selbst verlassen kann. Ich habe nicht dieses gerade bei Verlierern anzutreffende Sorglosigkeitsgefühl, daß schon alles gutgehen wird. Im Gegenteil. Ich habe es am eigenen Leib erlebt, wie schnell man aus dem Paradies vertrieben werden kann. 1985 lebte ich mit meinen Eltern und Geschwistern noch in einer wunderschönen Villa in Berg am Starnberger See. Dann wurde mein Vater von unseriösen Geschäftspartnern aufs Kreuz gelegt und mußte Konkurs anmelden. Kurze Zeit später fanden wir uns in einer schäbigen Schwabinger Mietwohnung zur Untermiete wieder. 1983 beim 25jährigen Jubiläum unserer damaligen Firma waren noch 600 handverlesene Gäste dabeigewesen, nun tauchte nur noch der Konkursverwalter auf. Seit dieser Zeit weiß ich, daß ich allein für mein Schicksal verantwortlich bin."

Daher auch der enorme Fleiß?

„Ja, ohne Fleiß kein Preis. Um 8.30 Uhr bin ich im Büro, die Mittagspause entfällt (bestenfalls gibt es eine Breze), und dann geht es weiter bis um 19.30 Uhr. In dieser Zeit lese ich weder Analysen noch Berichte, von ganz aktuellen, brandheißen Infos einmal abgesehen. In dieser Zeit verkaufe ich und betreue meine bestehenden Kunden. Natürlich nicht die ganzen 11 Stunden, aber im Durchschnitt fünf bis sechs Stunden pro Tag. Und genau diese Differenz, glaube ich, macht letztlich den Erfolg aus."

Gibt es noch ein weiteres Beispiel für diese Art von Professionalität?

„Ja, dazu gehört eine ganz wichtige Erkenntnis: Kleider machen nicht nur Leute, sondern sie schaffen auch eine bestimmte Ausstrahlung. Statt sich wie so viele Kollegen in bequemer Freizeitkleidung ans Telefon zu setzen, lege ich großen Wert darauf, auch im Büro immer gut und korrekt gekleidet zu sein. Außerdem bereite ich mich auf jeden Anruf durch eine kurze, konzentrierte Sammlung vor, denn wenn ich telefoniere, dann darf ich nicht erschöpft oder gestreßt wirken, sondern muß hundertprozentig fit sein und Energie ausstrahlen.

Drittens setze ich mich nicht relaxed an meinen Schreibtisch, sondern sitze beim Telefonieren genauso korrekt da, als ob ich einem Kunden gegenübersitzen würde.

Abgesehen davon rufe ich gar nicht an, wenn ich nicht gut drauf bin. Denn das würde mehr verderben als bringen! Aber das kommt wirklich sehr selten vor!"

Sie legen auch beim Telefonieren großen Wert auf die Kleidung bzw. das äußere Erscheinungsbild. Schätzen Sie danach auch Ihre Kunden ein?

„Ganz im Gegenteil! Das ist heute nicht mehr möglich. Einmal rief mich aufgrund einer Empfehlung ein Herr aus Norddeutschland an und bat mich um einen ganz bestimmten Termin, da er an diesem Tag auf einer Urlaubsreise gerade durch München käme. Der Herr kam mit einem Wohnmobil angereist, das er fast vor der Tür unseres Büros abstellte und in dem er auch übernachtete. Er hatte seine Frau dabei, beide sahen wie ganz einfache Leute aus, zurückhaltend und bescheiden, so daß man eher an eine Anlage im Sinne der vermögenswirksamen 936 DM denken würde als an eine größere Summe. Bis sie dann am Ende des Gespräches den Anlagebetrag nannten: 2 Mio. DM.

Kommen wir noch einmal auf Ihre erste Aussage zurück: Warum schlagen kompetente Frauen die Männer?

„Ich glaube, sie sprechen mit den Kunden anders: Frauen sind einfühlsamer, hören besser zu, gehen mehr auf den Kunden ein, fragen interessierter nach und führen die Kundenaussagen weiter fort, statt den Kunden vorschnell zu unterbrechen. Frauen erkennen auch die Emotionen des Kunden besser (z.B. seine Angst und seine Verspannung). Sie interpretieren seine Körpersprache genauer (z. B. wenn er mit verschränkten Armen dasitzt), und sie nehmen sich in der Regel auch mehr Zeit, um eine entspannte und positive Atmosphäre zu erzeugen."

Ist das der einzige Unterschied?

„Nein! Ich glaube, der wichtigste besteht darin, daß sie nicht mit aggressiven und dominierenden Behauptungen argumentieren, sondern das Gespräch viel eher durch Fragen, also im Dialog, führen. Sie überfallen auch den Kunden nicht mit schlüsselfertigen Lösungen, sondern sie bieten ihm ihre Hilfe an. Sie suchen gemeinsam mit ihm nach der optimalen Lösung, statt zu behaupten, daß diese oder jene Lösung für ihn die beste sei. Außerdem erklären sie die Dinge so einfach wie möglich, sie verlieren sich auch nicht wie so viele Männer in technische Details oder in einem unverständlichen Fachchinesisch. Und sie wollen in der Regel auch weder mit ihrem Laptop noch mit ihren Superfachkenntnissen vor dem Kunden brillieren. Ich meine damit, Frauen gehen partnerschaftlicher, hilfsbereiter und kooperativer mit ihren Kunden um und nicht so dominant und aggressiv wie viele Männer."

Und wie ist das bei der Bedarfsanalyse?

„Auch hier gehen die Frauen nicht so kühl abfragend wie die Männer vor. Und sie verlangen auch nicht nach den ersten fünf Minuten, daß der Kunde gleich alle Vermögensanlagen offenlegt. Deshalb ziehe ich z.B. auch keinen Analysebogen aus der Tasche, den ich dann stur durchgehe. Ich frage einfach den Kunden, was unbedingt notwendig ist, merke mir seine Antworten im Kopf und spreche sie dann bei Bedarf wieder an."

Warum fühlen sich Kunden bei Ihnen besser aufgehoben?

„Der Kunde hat nach meiner Erfahrung heute drei Ängste:

- Er hat **Angst** davor, daß er für dumm verkauft und über den Tisch gezogen wird.
- Er hat **Angst** davor, daß er die falsche Kaufentscheidung trifft.
- Und er hat **Angst** davor, daß die ganzen schönen Hochglanzprospekte nicht halten, was sie versprechen.

Genau das versuche ich zu berücksichtigen und hole den Kunden mit meinen Fragen und Antworten dort ab, wo er sich gerade befindet, z. B. bei seinen Ängsten, seinen Zweifeln und natürlich auch bei seinen Wünschen und Hoffnungen."

Was heißt das, den Kunden dort „abzuholen" wo er gerade ist?
„Das heißt als erstes, daß ich seine möglichen Ängste erkenne und sie anspreche. Das heißt weiter, daß ich ihm das Gefühl gebe, ihn und seine Situation genau zu verstehen. Dazu gehört drittens, daß ich seine Bedenken in seiner Sprache ausdrücke, so daß sie für ihn zu Aha-Erlebnissen werden, mit denen er sich identifizieren kann. Denn diese Aussagen, durch die er seine eigenen Ängste und Hoffnungen ausdrücken kann, schaffen ein Band des Vertrauens und der Sympathie. Auf diese Weise fühlt sich der Kunde von mir verstanden und ernst genommen."

Können Sie uns dafür ein Beispiel aus ihrem Verkaufsgespräch geben?
„Gerne. Das fängt damit an, daß ich dem Kunden mehr in der Erzählform als durch fachliche Details seine Situation und die Folgen bewußt mache. Das hört sich dann so an:
‚Herr Kunde, was suchen Sie eigentlich, wenn Sie eine Vermögensanlage tätigen? ... Wahrscheinlich wie die meisten Anleger: einen hohen Ertrag bei begrenztem Risiko?... Richtig? ... Welche Möglichkeiten haben Sie dafür heutzutage?... Und vor allem was bringen die? ... Das Sparbuch bringt 2 Prozent, das Festgeld höchstens 3 Prozent, die Festverzinslichen je nach Laufzeit zwischen 3 und 5 Prozent, die Aktien zwischen 100 Prozent plus und 50 Prozent minus, wenn Sie Pech haben ... Und dann bleibt da noch die Frage: Welche Aktien soll man kaufen? ... Wann soll man kaufen? ... Wie soll man sie überwachen? ... Bei den deutschen Aktien ist

das ja noch möglich, aber international ist das fast ausgeschlossen. ... Haben Sie auch schon diese Erfahrung gemacht, Herr Kunde? ...

Bleiben also noch die Aktieninvestmentfonds. ... Sie bieten eine bessere Möglichkeit. ... Denn solche Fonds sind bequem, besitzen ein kompetentes Management, das alle Entscheidungen trifft, ermöglichen eine breite Streuung zur Risikominderung und erreichen teilweise seit Jahrzehnten Jahr für Jahr zweistellige Renditen ... Sehen Sie das auch so, Herr Kunde? ...

Doch es gibt ein Problem: Die Anzahl der Fonds ist mittlerweile auf 2200 gestiegen; die Auswahl wird immer schwieriger. Wir von Dr. Jung und Partner haben es uns deshalb zur Aufgabe gemacht, Ihnen zu helfen, den für Sie besten Fonds herauszufinden ...

Herr Kunde, Sie hatten eingangs gesagt, daß Sie gerne einen hohen Ertrag bei begrenztem Risiko erzielen würden; das ist doch Ihr Wunsch. Nun – das Risiko ist um so kleiner, je breiter Sie streuen, wenn Sie also nicht nur in einem Land investieren, sondern gleich global streuen ...'

Erst jetzt kann ich den Kunden allmählich zu einer möglichen Lösung führen. Aber die darf ich ihm nicht mit dröhnenden Siegesfanfaren anbieten, z.B. mit dem Hinweis, daß ich hier einen phantastischen Fonds mit einer Performance von 50 Prozent habe, sondern in einer sanften und partnerschaftlichen Form. Denn jeder aggressive Ton würde hier eher abschreckend als vertrauenerweckend wirken.

Zum Schluß frage ich ihn dann noch: ‚Wie gefällt Ihnen das, Herr Kunde? ... Was für ein Gefühl haben Sie dabei?'"

Sie verzichten also bewußt auf alle aggressiven Erfolgsbeispiele?

„Ich habe immer wieder die Erfahrung gemacht: Je einfacher und zurückhaltender die Sprache ist, um so besser! Vermögensanlagen lösen bei den meisten Kunden sowieso schon Streß aus. Wenn ihn jetzt auch noch die Sprache überfordert und Streß auslöst, dann macht er Schluß. Dann hört er nicht mehr zu. Und das ist meistens das Ende des Gesprächs. Zu meiner Partnerschaft mit dem Kunden gehört auch, daß ich in der Regel eine absolut konservative Anlagepolitik verfolge. Ich will, daß der Kunde mit seiner Investition glücklich wird – und das wird er nicht, wenn ein spekulativer Fonds plötzlich abstürzt. Also bevorzuge ich eher sichere, gut rentable (konservative) Fonds, was natürlich auch in meiner Sprache zum Ausdruck kommt."

Und wie gehen Sie mit Kundeneinwänden um?
„Zeigt der Kunde noch Zweifel, dann überschütte ich ihn nicht mit Fachinformationen, sondern beantworte genau die Frage, die er am liebsten beantwortet haben möchte, und die lautet in den allermeisten Fällen: ‚Wie legen Sie selbst Ihr Geld an?' Daraufhin zeige ich ihm meinen eigenen Kontoauszug mit den regelmäßigen Einzahlungen auf meinen Sparplan.

Wenn dann der Kunde sagt, daß er sich die Sache noch überlegen muß, nehme ich ihn nicht mit irgendwelchen superschlauen Einwandbehandlungen in die Zange, sondern fülle mit ihm gemeinsam – bis auf das Datum und die Anlagesumme – den Antrag aus und gebe ihm noch einen frankierten Rückumschlag mit, den er mir im Fall einer positiven Entscheidung zusenden soll."

Sie lassen also dem Kunden ein Höchstmaß an Freiheit?
„Ja, ich möchte auf keinen Fall Druck auf ihn ausüben, also irgendwie bedrohlich wirken. Das ist das wichtigste! Dadurch fühlt sich der Kunde wohler und ist nicht nur heute, sondern auch später zu weiteren Kontakten bereit."

Wie sieht das Siegermodell der Zukunft aus?

Bleiben wir noch einen Augenblick bei Sunny Jung. Denn sie verkörpert am besten das neue **„partnerschaftliche Siegermodell"**, das im Grunde genommen alle Sieger in diesem Buch auszeichnet. Es bewirkt nicht nur viel weniger Streß und Kampf, sondern es ist auch wesentlich erfolgversprechender. Die Begründung dafür ist einfach:

Die wahren Sieger sehen ihre Kunden als Partner an,

- denen sie zu optimalen Problemlösungen verhelfen wollen,
- deren Erwartungen sie kennenlernen und erfüllen wollen und

- zu denen sie langfristige emotionale Beziehungen aufbauen wollen.

Das besondere Merkmal dieses Kundenumgangs ist die Sprache. Aus diesem Grund ist es auch kein Zufall, daß immer mehr Frauen zu den absoluten Top-Verkäufern gehören und mühelos die Spitzen der Rennlisten erklimmen. Denn sie wenden bereits diese neue, partnerschaftliche Sprache an. Die Kunden mögen das, sie fühlen sich von dieser hilfsbereiteren, verständlicheren und einfühlsameren Sprache viel eher angesprochen als von der alten, Druck ausübenden und konkurrenzorientierten Sprache der „früheren Sieger".

Kein Wunder! Denn die neue Sprache baut viel mehr auf Fragen, Vorschlägen und Angeboten auf und signalisiert auch dem Kunden sofort, welche Beziehung der Verkäufer zu ihm sucht: Daß er ihn kennenlernen, verstehen und ihm zu einer optimalen Problemlösung verhelfen will. Genau das strahlt er aus, und genau das zieht wiederum neue Kunden geradezu magnetisch an. Die Erfolgsspirale beginnt sich nach oben zu drehen.

Auch der nächste Sieger fasziniert durch seine partnerschaftliche Sprache:

Der Mann, der in drei Tagen mehr verkauft als seine Kollegen in fünf Tagen

Helfried Otto kann man im Telegrammstil so vorstellen: 41 Jahre alt, verheiratet, zwei Kinder. Sein Beruf: selbständiger Handelsvertreter. Sein Produkt: elektrische Heizungen. Sein Spezialgebiet: der Direktvertrieb. Sein Erfolg: die Nr. 1 von 90 Vertretern. Sein Markenzeichen: Er verkauft nur an drei Tagen der Woche, und in diesen drei Tagen verkauft er mehr als jeder andere Kollege. Das Geschäft verläuft folgendermaßen: Seine Firma wirbt in Inseraten bundesweit für ihre elektrischen Heizungen. Die Zuschriften der Interessenten werden dann den Vertretern – sortiert nach Postleitzahlen – zur Verfügung gestellt.

Erfolg durch konsequente Terminierung!

Ottos Erfolg beginnt mit der konsequenten Terminierung: 12 bis 15 Termine vereinbart er pro Woche. Da seine Quote zwischen Anrufen und Terminvereinbarungen etwa 3:1 ist, braucht er dazu im Durchschnitt etwa 36 bis 45 Anrufe. Ganz entscheidend ist dabei für ihn, daß es sich um effiziente Termine handelt. Deshalb qualifiziert er potentielle Kunden sofort am Telefon: „Was für ein Heizproblem liegt vor? Mit welchem System heizen Sie im Augenblick? Welches Problem möchten Sie gelöst haben? Warum haben Sie auf das Inserat geantwortet?" Und natürlich: „Haben Sie Interesse an einem unverbindlichen Angebot?"

Die effektive Terminierung bewirkt, daß Otto mit gelegentlichen Ausnahmen seinem Vorsatz treu bleiben kann, nur an drei Tagen der Woche Kunden zu besuchen, also am Mittwoch, Donnerstag und Freitag, und trotzdem die Nr. 1 zu bleiben. Seine Kollegen, die mit ihm mitfahren, fragen ihn oft: „Wie schaffst du es, deine Termine so genau über den Tag zu verteilen? Wieso kriegst du z. B. auch um 12 Uhr einen Termin? Da wollen doch die Leute mittagessen?" Darauf Otto: „Nein, du möchtest um 12 Uhr Mittag machen. Die Leute wollen ihr Heizproblem gelöst haben. Und ich bin der richtige Partner für sie. Wenn ich schon kostenlos komme, dann muß ich meine Zeit auch effektiv einteilen. Das verstehen die Kunden, und das wertet meinen Besuch sogar auf."

Dahinter steckt eine echte Siegermentalität: Otto ist für den Kunden nicht zu jeder Tages- oder Nachtzeit zu sprechen, sondern er bleibt selbstbewußt und bestimmt im Rahmen von Alternativvorschlägen selbst den Termin.

Die Macht der Fragen

Im anschließenden Gespräch geht Helfried Otto nach folgender Formel vor:
„Zuerst erkläre ich dem Kunden die Technik, dann rechne ich den Heizbedarf aus, und zum Schluß überlege ich mit ihm gemein-

sam, welcher Typ, also welches Gerät, in Frage kommt. Zeigt der Kunde dabei auf eine Abbildung in dem Prospekt und sagt: ‚Der gefällt mir ganz gut!', dann weiß ich, daß er ein echtes Interesse hat." Dennoch erklärt er das System seiner elektrischen Heizung nur sehr kurz! Für ihn ist viel wichtiger, herauszuhören, was der Kunde will. So stellt er dem Kunden immer wieder offene Fragen, um ihn zum Reden zu bringen: über sein Problem, seine Wünsche und seine Sorgen.

Durch das interessierte Fragen und genaue Zuhören will er dem Kunden deutlich machen, daß er für ihn der richtige Partner ist.

Deshalb ist er vor allem daran interessiert, **den Kunden durch seine Fragen auch immer wieder zu einer Bestätigung der soeben erklärten Vorteile zu veranlassen.** Denn jedes Ja – so Helfried Otto – ist für den Kunden verbindlich. Also fragt er den Kunden, nachdem er ihm z.B. die „gemütliche Wärme" seiner Heizung demonstriert hat: „Gefällt Ihnen das?" Oder: „Das hat Ihnen doch gefallen?" Oder: „Sie wollen doch eine gemütliche Heizung, nicht wahr?"

Und wenn er z.B. über die Kostengünstigkeit seines Heizsystems spricht, dann argumentiert er nicht mit der Behauptung: „Dieses System ist sehr preiswert. Sie haben keinerlei Neben- oder Wartungskosten!", sondern rechnet mit den Kunden gemeinsam die Kosten aus und bringt ihn durch Fragen dazu, die Vorteile bewußt zu bestätigen und so sich selbst zu überzeugen.

Er fragt den Kunden etwa: „Herr Kunde, was haben Sie denn bei Ihrer jetzigen Heizung für Nebenkosten? Z.B. für die Zinsen, für die Ölbevorratung, die Tankreinigung oder die Kesselreinigung?" Ebenso fragt er ihn nach der Höhe der Wartungskosten: „Was geben Sie denn im Laufe der Zeit für die Brennerreinigung, den Brenneraustausch oder die Kaminkehrerüberprüfung aus? ... Wissen Sie, was da in einem Jahr oder in 10 bzw. 20 Jahren zusammenkommt?"

Auf diese Weise „erarbeitet" er mit dem Kunden einen Vergleich und fragt dann die Vorteile wieder Punkt für Punkt ab: „Herr Kunde, bei der Elektroheizung entfallen alle diese Neben- und Wartungskosten! Wie gefällt Ihnen das? Sie wollen doch eine wartungsfreie Heizung, nicht wahr? Und Sie wollen doch auch eine kostengünstige Lösung?" In dieser Phase geht es ihm darum, daß der Kunde jeden einzelnen Vorteil genau erkennt und bestätigt. Er weiß:

> **Nur ein bestätigter Vorteil ist ein echter Kundenvorteil!**

Aus diesem Grund ist er immer darin interessiert, noch bessere Fragestellungen zu entwickeln. Alles mit dem Ziel, daß **der Kunde das Gerät an sich selbst verkauft.**

Sein Motto ist: „Wenn der Bedarf da ist, dann ist es entscheidend, über Fragetechniken dem Kunden klarzumachen, daß er sich selbst einen Schaden zufügt, wenn er nicht kauft!"

Die Fragen haben darüber hinaus den Vorteil, daß sie nicht so belehrend klingen wie Behauptungen. Der Kunde mag keine Besserwisser! Er mag auch keine Wissenslücken zugeben.

Ziemlich schnell kommt das Gespräch dann auf den Preis. Helfried Otto spricht den Preis schon relativ früh an. Angenommen, die mögliche Investition beträgt 5.000 DM, dann fängt Helfried Otto jetzt kein Gefeilsche an, sondern er verfolgt eine andere, sehr interessante Strategie. Er tut alles, um dem Kunden zu helfen, daß ihm dieser Betrag „nicht weh tut"!

Statt den Preis durch neue Produktargumente zu verteidigen, setzt er auch hier seine Fragetechnik ein und fragt den Kunden: „Was ist Ihnen diese Lösung wert?" Oder: „Welchen Betrag können Sie monatlich aufbringen?" Oder: „Wie wäre es für sie am leichtesten, diesen Betrag zu zahlen?" Die Technik ist absolut super. Denn auf diese Weise lenkt er die Aufmerksamkeit des Kunden auf die günstigste Zahlungsweise, so daß sich der Kunde gar nicht mehr überlegt, ob er kaufen will, sondern nur noch mit der Frage beschäftigt, wie er den Kaufpreis am besten bezahlen kann.

Er geht also indirekt bereits davon aus, daß der Kunde in jedem Fall kauft und es jetzt nur noch um die optimalen Zahlungsbedingungen geht.

Die kundenfreundliche Problemlösung

Otto sagt dazu: „Der Kunde muß das Gefühl haben, daß er sich nicht noch ein weiteres Problem aufbürdet." Aus diesem Grund spricht er auch viel weniger über das Produkt, von dem die meisten Kunden schnell begeistert sind, sondern vor allem über das Preis- bzw. Finanzierungsproblem! Also über das Problem, das dem Kunden wirklich zu schaffen macht und das ihm auf den Nägeln brennt.

Dafür bietet er ihm auch gute Entscheidungshilfen an: „Herr Kunde, das finanzielle Problem können wir lösen! Zum Beispiel durch unser ‚Leichtkaufmodell', bei dem Sie die Summe nach einer Anzahlung in 10 Monatsraten zinsfrei abzahlen können. Gefällt Ihnen das?... Oder durch unseren ‚Etappenverkauf'. Da machen wir die Lieferung erst für Oktober des nächsten Jahres aus. Aber wenn sich Ihre finanzielle Situation plötzlich verbessert, dann genügt ein Telefonanruf bei uns, und wir liefern das Gerät sofort aus. Wäre das eine Lösung? ..."

Das Ergebnis: Der Kunde fühlt sich wohl. Er hat statt dem Druck der Sofortbelastung einen überschaubaren Zeitrahmen gewonnen, und er hat sich gleichzeitig den Vorteil der Preisgarantie (von heute) gesichert.

Reagiert der Kunde aber mit dem Einwand: „Das ist mir zu teuer!", dann sagt er zu ihm: „Herr Kunde, deswegen bin ich ja hier. Sonst hätten wir das Ganze auch per Telefon machen können! Jetzt wollen wir uns darüber unterhalten. Was ist denn aus Ihrer Sicht zu teuer?"

Kunde: „Ja, meine Kollegen haben mir gesagt, daß Stromheizungen sehr teuer sind!"

Otto: „Herr Kunde, dann sprechen wir doch einmal über konkrete Zahlen! Rechnen wir ganz genau aus, ob Sie dabei einen Vorteil haben! Machen wir einen echten Vergleich."

Dann nimmt er ein Blatt Papier, zieht in der Mitte einen senkrechten Strich, schreibt links oben hin: „Kosten für eine Ölheizung" und rechts oben „Kosten für eine Elektroheizung" und darüber „10-Jahres-Vergleich". So sieht der Kunde schließlich schwarz auf weiß, was ihn die Sache „wirklich" kostet und welchen Vorteil er davon hat.

„Natürlich geschieht es gelegentlich", sagt Helfried Otto ganz offen, „daß ich dem Kunden auf diese Weise keinen finanziellen Vorteil aufzeigen kann. Dann kann ich ihm auch nichts verkaufen. Aber der Kunde sieht so, daß ich es ehrlich meine, und das verschafft mir zumindest einen guten Ruf und vielleicht auch einmal eine Empfehlung."

Die wichtigste Abschlußregel

Otto hat keine bestimmte Abschlußtechnik. Seine Erfolgsvoraussetzungen heißen: Ausdauer zu zeigen, gute Fragen zu stellen, flexibel zu sein und aus jeder Situation immer wieder neu zu lernen, wie das folgende Beispiel zeigt: Da sagte er beim Abschied plötzlich zu dem verdutzten Kunden: **„Herr Kunde, warum wollten Sie denn das Gerät nicht kaufen?** Jetzt können Sie es mir doch sagen! Was war der eigentliche Grund dafür?" Doch statt nach faulen Ausreden zu suchen, fängt der Kunde plötzlich an, schallend zu lachen, und sagt zu ihm: „Nun geben Sie den Vertrag schon her!" und unterschreibt ihn auf dem Dach seines Autos, bei dem man inzwischen angelangt war.

Otto sagt dazu: „Kein Verkäufer der Welt kann den Kunden völlig durchschauen. Dieser Kunde hier kann z.B. allein durch die ‚festgefahrene Haltung', in der er ein oder zwei Stunden lang in seinem Wohnzimmersessel verharren mußte, auch innerlich festgefahren sein. Als er sich jedoch plötzlich zur Verabschiedung bewegte und der Entscheidungsdruck weg war, da ist vielleicht auch seine innere Abwehrhaltung in Bewegung geraten, und er hat unterschrieben.

Deshalb gibt es für mich beim Abschluß nur eine Regel: **Gib nie zu früh auf!** Mach immer mehrere Abschlußversuche! Solange man mit dem Kunden im Gespräch ist, kann man noch abschließen. Wenn man gegangen ist, ist es vorbei!"

Permanente Kontrolle der Quote

Otto führt eine genaue Statistik über seine Arbeit: Er hält also genau fest, wie viele Adressen er anruft, wie viele Termine er bekommt, wie viele Abschlüsse er erzielt und wie viele Punkte er dabei erreicht hat (denn die verkauften Geräte werden mit 1, 2 oder 3 Punkten gewertet). Diese Zahlen rechnet er dann in Quoten um und vergleicht sie permanent. So weiß er aufgrund langjähriger Erfahrungen ganz genau, daß seine Terminquote 4:1 und seine Abschlußquote 2:1 ist, daß er also aus vier Anrufen einen Termin und aus zwei Terminen einen Abschluß herausholt.

Jeden Tag ergänzt er seine Statistik, und am Wochenende überprüft er sie. Wenn er dann feststellt, daß er z. B. aus neun Terminen nur drei Abschlüsse gemacht hat, dann klingeln die Alarmglocken. Dann weiß er, da stimmt etwas nicht! Dann analysiert er, geht er die Gespräche nochmals durch und erkennt alsbald den Fehler, statt ihn wochenlang zu wiederholen. Diese Statistik ist für ihn das beste Frühwarnsystem, **denn er weiß, daß man nach einer gewissen Zeit die eigenen Fehler gar nicht mehr sieht und sie unbewußt weitermacht!** Und auf diesen Punkt macht einen nur die Statistik aufmerksam.

Überwindung von Mißerfolgen

Auf meine Frage, wie er denn Mißerfolge überwinde, zählt Otto korrekt wie ein Buchhalter auf:

„Erstens durch meine Statistik, mit der ich sofort Abweichungen und Fehler feststellen kann. Dadurch lasse ich die Sache nicht schleifen und weiß gleichzeitig, wie viele ‚statistische Mißerfolge' ich einfach hinnehmen muß. Zweitens, indem ich mit meiner Frau darüber rede. Das entspannt und lockert die Situation, denn dadurch kann ich meine Negativgefühle ausdrücken und verarbeiten. Drittens, indem ich aufpasse, daß ich nach fünf Absagen am Telefon nicht (unbewußt) aggressiver werde wie so viele Verkäufer, wenn ihr Blick auf die leeren Kalenderseiten fällt und der Druck nach drei oder vier Absagen immer mehr ansteigt. Dann gehe ich lieber eine Stunde spazieren, und wenn ich mich dann ans Telefon setze, tue ich so, als ob ich heute noch gar nicht telefoniert hätte."

Die gleiche Selbstdisziplin beweist er auch, indem er jeden überflüssigen Streß vermeidet, also seine Energiereserven aufspart. Er plant daher seine Termine im Abstand von ein- bis zweieinhalb Stunden (je nach Fahrzeit). Denn er will weder sich noch den Kunden unter Druck setzen.

Dabei geschieht es oft, daß ein Kollege, den er gerade einweist, nach einem schnellen Termin zu ihm sagt: „Jetzt könnten wir doch noch einen zusätzlichen Besuch einschieben!" Aber das macht er nicht. **Denn er möchte keinen Zeitdruck und keinen unnötigen Streß!** Das würde auch der nächste Kunde sofort merken und entsprechend reagieren.

Helfried Otto ist eben durch und durch ein Profi, ein Sieger – eben die Nr. 1.

Um diese Fragetechnik noch besser studieren zu können, sehen wir uns jetzt das Verkaufskonzept von Helfried Otto an:

Verkaufsgespräch eines Verkäufers von Elektroheizungen

Verfolgen Sie in dem folgenden Gespräch, wie Otto das Gespräch durch Fragen führt, wie er den Kunden mit seinen Einwänden durch geschickte Fragen zum Umdenken bringt und mit welcher Ruhe und Gelassenheit er auf das Preisgespräch reagiert.

Dieses Gespräch ist eine Anregung für Sie, selbst Fragen auszuarbeiten, mit denen Sie das Gespräch und den Kunden optimal lenken können.

Gesprächsziel: Der Kunde hat bei der Terminvereinbarung erklärt, daß er bereits eine Ölzentralheizung hat, aber für sehr kalte Tage oder für die Übergangstage noch eine Zusatzheizung sucht.

An der Tür: „Einen schönen guten Tag, Herr Lübbers, mein Name ist Otto, ich komme von der Firma Heizsysteme AG."

Kunde: „Guten Tag, Herr Otto, Sie wurden bereits angemeldet. Kommen Sie bitte rein." (Otto wählt den Platz so, daß er beide Ehepartner im Blick hat.)

Verkäufer: „Welches Problem dürfen wir für Sie lösen? Um was geht es bei Ihnen?" (Otto geht von vornherein davon aus, daß der Kunde ein echtes Problem hat, sonst hätte er den Termin nicht akzeptiert.)

Kunde: „Also, wir haben eigentlich gar kein richtiges Problem. Ich weiß gar nicht, ob es sich für Sie lohnt, wegen einem kleinen Heizgerät extra hierherzukommen. Denn wir haben ja eine Zentralheizung, wie Sie sehen können. Es hätte doch gereicht, wenn Sie mir eine Preisliste geschickt hätten. Aber der Herr am Telefon hat gesagt, daß Sie immer zum Kunden fahren und eine Beratung vor Ort machen." (Der Kunde möchte angesichts des Verkäufers das Problem verniedlichen.)

Verkäufer: „Herr Lübbers, gefällt es Ihnen denn nicht, ausführlich beraten zu werden, um nicht eine Fehlentscheidung zu treffen, nur weil man nicht an alles gedacht hat?" (Otto spricht die „Angst vor einer möglichen Fehlentscheidung" an, um seine Kompetenz aufzuwerten.)

Kunde: „Sie haben ja recht. Es ist schon besser, wenn man in Ruhe mit einem Fachmann über eine gute Lösung sprechen kann."

Verkäufer: „Herr Lübbers, gibt es irgendeinen Raum, mit dem Sie in puncto Heizung nicht ganz zufrieden sind?" (Otto will das Problembewußtsein des Kunden verstärken, indem er ihn nach seiner Unzufriedenheit fragt.)

Kunde: „Also, Herr Otto, warm wird es eigentlich überall; nur hier im Wohnzimmer direkt vor dem Fenster haben wir ein kleines Problem. Wenn der Wind auf die große Scheibe bläst, dann ist es hier etwas kühl. Es fällt besonders auf, wenn man dort im Sessel sitzt."

Verkäufer: „Herr Lübbers, wenn ich Sie richtig verstanden habe, suchen Sie eine kleine leistungsstarke Heizung, die auch vor dem großen Fenster eine gemütliche Wärme erzeugt, damit die kalte Luft nicht in den Raum gelangt und es dadurch ungemütlich wird?" (Otto wiederholt mit eigenen Worten das Problem des Kunden, um ihm das Gefühl zu geben, ihn wirklich verstanden zu haben.)

Kunde: „Ja, so ist es. Ich habe es schon mit einem Heizlüfter probiert. Aber es brachte nicht den erwünschten Erfolg."

Verkäufer: „Ich möchte Ihnen jetzt zeigen, wer die Firma Heizsysteme AG ist. Danach mache ich Ihnen einen Vorschlag, wie Sie dieses Problem aus meiner Sicht am besten lösen können. Ist das in Ordnung?"

Kunde: „Ja, dann fangen Sie mal an."

Verkäufer: Nach der Vorstellung der Firma (Alter, Familienunternehmen, Patente usw.) sagt er zu dem Kunden: „Schauen Sie mal, liebe Frau Lübbers und lieber Herr Lübbers, ich möchte Ihnen diese Fußleistenheizung als Lösung Ihres Problems vorschlagen... Gefällt Ihnen diese kleine Heizung?" (Otto zeigt den Kunden, wie die Heizung vor dem Fenster wirken würde.)

Kunde: „Ja, ich denke, daß sie vor dem großen Fenster nicht zu sehr auffällt. Und wenn Sie meinen, daß diese kleine Heizung es schafft, daß man sich auch beim Sitzen hier wohl fühlt, würde ich schon sagen, daß das eine gute Sache ist ... Was kostet die Heizung denn eigentlich?"

Verkäufer: „Im teuersten Fall 2131 DM."

Kunde: „Oh! Damit hatten wir nicht gerechnet."

Verkäufer: „Womit haben Sie denn gerechnet?"

Kunde: „Naja, daß es nicht für ein paar hundert Mark zu kriegen ist, dachten wir uns schon. Aber gleich soviel?"

Verkäufer: „Sind die Vorteile, die Ihnen diese Heizleistung bietet, in Ihrem Interesse?"

Kunde: „Ja, sie ist wirklich eine gute Lösung für uns, aber sie ist einfach zu teuer!"

Verkäufer: „Auf was bezieht sich Ihre Aussage ‚zu teuer', Herr Lübbers?"

Kunde: „Also, Herr Otto, seien Sie doch mal ehrlich. 2131 DM für so ein kleines Heizgerät. Ist das nicht wirklich ein bißchen teuer?"

Verkäufer: „Liebe Frau Lübbers, lieber Herr Lübbers, wenn Sie etwas kaufen, bewerten Sie das Produkt dann nach seinen Abmessungen, oder bewerten Sie den Nutzen, den Ihnen das Produkt bietet?"

Kunde: „Sie haben ja recht. Und mit dem anderen Gerät hat es ja nicht funktioniert. Kann man denn an dem Preis gar nichts mehr machen?"

Verkäufer: „Wenn sie auf eine programmierbare Steuerung verzichten, kann ich Ihnen das Gerät zu einem Preis von 1860 DM anbieten ... Ich nehme dann das Gerät mit Ihnen zusammen in Betrieb und zeige Ihnen, wie gut es Ihr Problem löst ... Wann dürfen wir das Gerät denn liefern?"

Kunden: Herr Lübbers zu seiner Frau: „Was meinst du denn?" – Sie: „Es eilt doch noch nicht! Jetzt kommt ja erstmal der Sommer." – Herr Lübbers: „Wenn wir es nehmen, dann zum Herbst."

Verkäufer: „Dazu möchte ich Ihnen folgenden Vorschlag machen: Wir schreiben es jetzt auf und tragen als Lieferzeitpunkt September oder Oktober ein. So behalten Sie den jetzt vereinbarten Preis und bekommen das Gerät genau dann, wenn es wieder kalt wird ... Ist das in Ordnung?" (Otto hat den Auftragsblock bereits aufgeschlagen auf dem Tisch liegen.)

Kunden: „Also, wenn wir das Gerät erst im November abnehmen, zahlen wir nicht mehr?"

Verkäufer: „Nein, es bleibt bei dem Preis, den wir jetzt vereinbart haben." (Otto fängt an, das Auftragsformular auszufüllen.) „Welcher Name soll auf der Rechnung erscheinen? Ihr Name, Herr Lübbers, oder Ihr Name, Frau Lübbers?"

Kunde: „Tragen Sie bitte den Namen meines Mannes ein, denn um die technischen Dinge kümmert er sich immer."

Verkäufer: „Schauen Sie, ich zeige Ihnen jetzt genau, was wir vereinbart haben. (Otto geht Punkt für Punkt den Auftrag durch.) Sie dürfen jetzt hier und hier unterschreiben, Sie bekommen von mir einen Durchschlag von dem Auftrag sowie ein Serviceheft, in dem Sie alle wichtigen Telefonnummern finden. Ich stehe Ihnen jederzeit zur Verfügung. Sie brauchen nur anzurufen, und ich werde Ihnen helfen." (Otto bedankt sich für den Auftrag, gratuliert dem Kunden zu seiner Entscheidung und unterhält sich dann noch ein Weilchen mit den Kunden, bevor er sich verabschiedet.

Teil 2

Die Strategien der Sieger

„Viele kleine Dinge wurden durch die richtige Art von Werbung groß gemacht."
Mark Twain

9. Kapitel

Neukundenakquisition am Telefon

Wie eine professionelle Telemarketing-Agentur vorgeht

Algunda de Reuter, Inhaberin und Geschäftsführerin der Telemarketing-Firma ProFIT, 45 Jahre alt, hat es geschafft, in zwei Jahren so bekannte Firmen wie Allianz, Pro7 und Kabel 1 als Kunden zu gewinnen. Neben innerbetrieblichen Schulungen zum Thema „Wie gewinne ich neue Kunden am Telefon?" u. a. vereinbart sie zusammen mit ihren Mitarbeiterinnen auch Termine für die Verkäufer der Kunden.

Ihre Stärke liegt in der Ausarbeitung von Telefon-Skripts, die den Kunden durch **Denkfragen** zur Bewußtseinsveränderung und damit zu mehr Offenheit für neue Ideen und Vorschläge verhelfen. Nachdem sie mit ihren Mitarbeitern überdurchschnittliche Erfolge bei der Terminvereinbarung erreicht, stellen sich natürlich zwei Fragen:

- Wie erreicht man eine solche Terminquote?
- Was kann man selbst tun, um am Telefon zum gewünschten Erfolg zu kommen?

Fragen wir sie doch einfach nach ihren Erfahrungen.

Frau de Reuter, was sind für Sie die wichtigsten Voraussetzungen, um am Telefon erfolgreich zu verkaufen bzw. zu terminieren?

„Wer am Telefon erfolgreich sein will, muß an sich glauben! Viele Verkäufer haben Schwierigkeiten, an sich zu glauben. Wenn sie eine neue Idee hören, denken sie sofort: ‚Das geht nicht, weil ...‘ Oder: ‚Das kann ich nicht, weil ...!‘ Sie lehnen also die Sache schon im Vorfeld ab, ohne sie überhaupt auszuprobieren. Wenn man sie dann fragt, was sie ihrer Meinung nach brauchen, um an sich zu glauben, antworten die meisten: ‚Erfolg!‘ Und wenn man dann nachsetzt: ‚Aber Sie hatten doch schon Erfolg in Ihrem Leben‘, kommen sehr wohl einige Erfolge zutage, aber sie sind nicht in ihrem Bewußtsein verankert, und deshalb sind sie auch nicht Bestandteil ihres Selbstbewußtseins."

Und die Folge davon?

„Diese Verkäufer strahlen den fehlenden Glauben an sich aus. Und egal was sie dem Kunden vorschlagen, sie vermitteln ihm eine negative Botschaft."

Ist das der einzige Grund für das häufige Scheitern am Telefon?

„Der grundlegendste, aber nicht der häufigste. Der häufigste Mißerfolgsgrund ist die Angst vor dem Nein! Der Verkäufer hat in dem Augenblick, wo er den Kunden anruft, Angst vor dem Mißerfolg, Angst vor der Ablehnung oder Angst vor dem harten Einwand. Vor allem aber hat er Angst, sich aufgrund des Mißerfolgs als Versager zu fühlen! Dem will er entkommen, und deshalb geht er auch nur sehr halbherzig an die Telefonakquise heran und ist oft sogar froh, wenn sich am Telefon niemand meldet."

Wie sollte der Verkäufer denn mit einem Kunden-Nein umgehen?

„Ganz einfach: Er muß diese Neins aus einem anderen Blickwinkel sehen – nämlich als absolut notwendige Schritte zum Erfolg. Wenn er am Münchner Hauptbahnhof auf eine bestimmte Person wartet, hält er sich ja auch nicht mit den fremden Personen auf, sondern schaut nur nach der betreffenden Person. Sie will er finden, alle anderen sind ihm gleichgültig. Genau dasselbe gilt für den

Verkäufer am Telefon: Er sollte nur nach dem interessierten Kunden Ausschau halten und alle anderen sofort vergessen! Dabei hat er es noch einfacher, denn er hat eine Quote. Und das heißt: Er weiß, daß er 30 Gespräche führen muß, von denen er 29 sofort vergessen kann, damit er den einen echten Interessenten findet, mit dem er einen Termin vereinbaren kann."

Wie schafft er es, die Absagen sofort zu vergessen?

„Er muß seine Person, sein Ego, dabei heraushalten. Absagen haben nichts mit Sieg oder Niederlage, mit Akzeptanz oder Ablehnung zu tun. Die Jas und Neins ergeben sich allein aus der statistischen Wahrscheinlichkeit. Und wenn der Verkäufer durchhält, kommt er auch zu seiner Anzahl Termine – vorausgesetzt, er hat eine vernünftige Strategie."

Sie haben am Telefon eine besondere Philosophie. Wie sieht sie aus?

„Ich will, daß der Kunde am Telefon mitdenkt, und das tut er nur, wenn er sich wohl fühlt. Deshalb gibt es für uns absolut kein Kontra zu der Kundenmeinung. Im Gegenteil! Ich bemühe mich, seine Aussage zu ergänzen und zu erweitern. Ich gebe ihm also weder Kontra, noch will ich ihn von meiner Meinung überzeugen. Deshalb spreche ich auch nicht in Behauptungen! Ich argumentiere auch nicht, sondern ich spreche vielmehr in Form von Fragen mit ihm."

Wie sieht das in der Praxis aus?

„Angenommen, es geht um eine Terminvereinbarung für einen Versicherungsvertreter, der mit dem Kunden über eine verbesserte Altersvorsorge sprechen möchte. Dann reagiert der Kunde oft mit dem Einwand: ‚Ach, ich bin ja schon rundum versichert!' Die normale Reaktion vieler Verkäufer lautet daraufhin: ‚Ja, aber im Zuge der Rentenreform hat sich doch vieles verändert. Das betrifft ganz besonders die Altersvorsorge! Denken Sie nur an die geringer werdende Auszahlung bei der Rente. Deshalb sollten wir einmal einen Check-up machen, ob Leistung und Tarife noch stimmen.'

Sie sehen, auf die Kundenmeinung ist der Verkäufer mit keinem Wort eingegangen. Die richtige Antwort wäre: ‚Ich dachte mir, Herr Kunde, daß Sie das sagen würden. Wenn Ihr Sicherheitsnetz steht, ist das jetzt nicht ein guter Zeitpunkt, über eine strategische Vermögensplanung nachzudenken? ... Vermögensplanung, ist das überhaupt ein Thema für Sie?' Stimmt der Kunde zu, frage ich ihn: ‚Wenn Vermögensplanung ein Thema für Sie sein könnte, denken Sie da an etwas Besonderes, oder sind Sie offen für neue Vorschläge und Konzepte?'

Angenommen, der Kunde sagt „Ja", frage ich ihn: ‚Was halten Sie davon, wenn wir in einem gemeinsamen Gespräch überlegen, wie eine sinnvolle Vermögensplanung bei der Allianz aussehen könnte? ... Wann setzen wir uns zusammen? (Oder: Wann paßt es in Ihren Terminkalender?).'"

Sie sprechen gelegentlich von dem 20-Sekunden-Gesprächseinstieg. Können Sie mir einige Beispiele nennen?

„Erstes Beispiel: Nehmen wir an, ein Berater möchte mit einem Selbständigen wegen einer Kapitalanlage einen Termin vereinbaren:

Berater: ‚Herr Kunde, in der heutigen Zeit sind gerade Sie als Selbständiger besonderen Risiken ausgesetzt. Genau aus diesem Grunde ist es besonders wichtig, die persönliche Sicherheit für jetzt und später trotz aller Arbeit nicht aus dem Auge zu verlieren. Wie denken Sie darüber?'

Kunde: ‚Wie meinen Sie das?'

Berater: ‚Es geht in erster Linie um ein Sicherheitsnetz für Sie und Ihr Unternehmen und um die Möglichkeit, mit dem Geld, das Sie erwirtschaften, planvoll Kapital aufzubauen. Planvoll Kapital aufbauen, ist das überhaupt ein Thema für Sie?'

Zweites Beispiel: Ein Berater möchte einen Arzt wegen Fondsanlagen anrufen:

Berater: ‚Herr/Frau Dr., wenn ich Ihnen sage, daß das Thema Geldanlage und Vermögensbildung zur Zeit in aller Munde ist, dann erzähle ich Ihnen bestimmt nichts Neues, oder?'

Kunde: ‚Ja.'

Berater: ‚Interessiert es Sie, zu erfahren, wie Sie auf der einen Seite indirekt von Aktiengewinnen durch die Euro-Einführung profitieren können und der anderen Seite aber ohne Risiko zweistellige Renditen erzielen können?'"

Können Sie die wichtigsten Regeln Ihrer Gesprächstaktik am Telefon kurz zusammenfassen?

„Gerne:

1. Gehen Sie auf die Aussage des Kunden ein und ergänzen bzw. erweitern Sie sie.
2. Erkennen Sie das Schlüsselwort des Kunden und nehmen Sie es auf.
3. Behaupten Sie nicht, sondern stellen Sie Fragen.
4. Überzeugen Sie den Kunden nicht von der eigenen Meinung, sondern machen Sie ihm ein Angebot.
5. Treffen Sie nicht selbst die Entscheidung, sondern lassen Sie den Kunden auswählen und entscheiden."

Gibt es weitere wichtige Voraussetzungen für eine erfolgreiche Terminvereinbarung am Telefon?

„Eine der wichtigsten Fähigkeiten am Telefon ist die Schlagfertigkeit. Man muß auf die Fragen oder Einwände des Kunden sofort etwas sagen können. Deshalb arbeiten Telefonprofis grundsätzlich niemals

- ohne ein ausgearbeitetes Skript (also einen guten Leitfaden) und zweitens nie
- ohne eine Einwandmatrix (also einen Einwand-Antworten-Katalog)."

Genügt das?

„Nein, denn vor jeder Telefonaktion sollte man sich drei Fragen stellen:

1. **Wen** rufe ich an? Welche Zielgruppe ist für mich die beste und erfolgversprechendste? Und woher bekomme ich die beste Adressenqualität dafür?
2. **Wann** rufe ich an? Wann ist die beste Zeit, um bei dieser Zielgruppe anzurufen? Rechtsanwälte am Vormittag anzurufen ist

genauso chancenlos wie Handwerker um 9 Uhr. Die einen sind zu der Zeit am Gericht und die anderen auf der Baustelle.
3. **Was ist mein Ziel**? Was will ich mit meinen Anrufen erreichen? Einen Sofortabschluß oder nur einen Termin?"

Können Sie mir ein Beispiel aus Ihrer Telefonakquise für Pro7 geben?
„Natürlich. Hier geht es darum, Termine für die Verkäufer von Werbezeiten zu vereinbaren.

Wenn früher ein Verkäufer selbst anrief, bekam er gelegentlich zu hören: ‚Vom Grundsatz her ist das ganz interessant, aber vor der Cebit ist das ganz ausgeschlossen. Rufen Sie mich doch einfach nach der Cebit noch einmal an!'

Die meisten Verkäufer hören nun den **falschen Satzteil** heraus: Daß es im Augenblick ausgeschlossen ist und daß sie nach der Cebit wieder anrufen sollen. Ein Verkäufer, der das ‚grundsätzliche Interesse' heraushört, würde sofort nachhaken: ‚Herr Kunde, Sie sagten gerade, daß es vom Grundsatz her ganz interessant wäre. Was genau ist das Interessante für Sie? Was halten Sie davon, wenn wir gleich heute einen Termin nach der Cebit machen? Wie paßt es denn zwei Wochen nach der Cebit in Ihren Terminkalender?'"

Welche Schlußfolgerungen ergeben sich daraus für den Verkäufer am Telefon?
„Genau gesagt drei:

1. Definieren Sie ganz klar das Ziel Ihres Anrufs! Denn wer ein klares Ziel hat (z. B. einen Termin zu vereinbaren), der erkennt auch viel eher die Chance für einen Termin.
2. Erkennen Sie das Schlüsselwort der Kundenaussage (z. B.: Das ist vom Grundsatz her sehr interessant!). Diese Schlüsselwörter sind die „words for sale", also die Wörter, die zu einem Resultat führen! An ihnen muß man das Gespräch aufhängen.
3. Denken, hören und handeln Sie immer in Chancen! Achten Sie genau darauf, welches Interesse oder welcher Bedarf hinter möglichen Schlüsselwörtern steckt."

Gibt es noch weitere erfolgreiche Strategien am Telefon, die jeder Verkäufer beachten sollte?
„Ja, ich nenne sie die Kunst, unbewußte Erfolgsmuster zu erkennen und beizubehalten!"
Was heißt das?
„Viele Verkäufer haben sich mit Hilfe eines guten Skripts und einer fundierten Einwandmatrix ein erfolgreiches Telefongespräch aufgebaut. Aufgrund ihrer Erfahrung haben Sie darüber hinaus ihr Skript auch oft noch mit bestimmten (oft unbewußten) Zusätzen ergänzt. Plötzlich fangen sie jedoch an, ihr Gespräch zu verkürzen, und lassen bestimmte Infos oder Beispiele einfach weg. Kurzum: Je länger sie die Telefonakquise betreiben, um so kürzer werden ihre Gespräche.

Genau dasselbe gilt für ihr Verkaufsgespräch. Dauerte es anfangs eineinhalb Stunden, so wird es später auf eine halbe Stunde verkürzt. Da das Gespräch für sie längst zur Routine geworden ist, glauben sie, daß sie den Prozeß der Sympathie- und Vertrauensgewinnung sowie der Überzeugung und der Präsentation auch beim Kunden abkürzen können. Sie verlassen den bisherigen Erfolgsweg.

Da sie ihr (oft) **‚unbewußtes' Erfolgsmuster** nicht erkannt haben, geben sie es jetzt ohne nachzudenken einfach auf. Aber das funktioniert nicht! Es gibt keinen Schnellweg zum Abschluß! Auch aus diesem Grund ist ein Skript und eine gelegentliche Tonbandaufnahme zur Kontrolle und Verbesserung so wichtig. Vor allem wenn die Terminquote in den Keller rutscht!"

Sie wollen den Kunden durch „Denkfragen" zu einer Bewußtseinsveränderung bewegen. Wie gehen Sie dabei vor?
„Am besten stelle ich Ihnen das anhand eines praktischen Beispiels vor, bei dem ein Trainer mit einem Kunden einen Termin ausmachen möchte.

Situation 1: Der Kunde möchte zuvor Unterlagen zugeschickt bekommen.

Kunde: ‚Senden Sie mir doch einige Unterlagen zu!'
Erste Antwort in **Denkfrageform**: ‚Herr Kunde, ich kann Ihren Wunsch ja verstehen. Ich frage mich andererseits: Wann haben Sie

das letzte Mal eine Seminarentscheidung allein aufgrund von Unterlagen getroffen?'

Ich will den Kunden dazu bringen, daß ihm bewußt wird, daß man eine seriöse Seminarplanung nicht aufgrund von Unterlagen durchführen kann.

Eine zweite Antwort in **Denkfrageform** könnte lauten:

‚Herr Kunde, wie erkennen Sie, ob hinter dieser Unterlage der Trainer steht, den Sie für Ihre Mannschaft suchen?'

Damit will ich den Kunden dazu bringen, seine übliche Methode – nach Studium der Unterlagen zu entscheiden – aufzugeben und sie als nicht geeignet zu erkennen.

Beharrt der Kunde auf den Unterlagen reagiere ich mit folgender **Denkfrageantwort**: ‚Herr Kunde, haben Sie schon einmal durch Unterlagen festgestellt, ob jemand der richtige Trainer für Sie und Ihre Mitarbeiter ist? Oder sind Sie nicht auch der Meinung, daß man das nur durch ein persönliches Gespräch erkennen kann?'

Ich will den Kunden soweit bringen, daß er erkennt, daß man die Eignung eines Trainers und die Inhalte eines Seminars nur in einem persönlichen Gespräch feststellen und erörtern kann – und daß dafür jetzt ein Termin vereinbart werden sollte.

Situation 2: Der Kunde möchte zuvor ein Konzept zugeschickt bekommen.

Kunde: ‚Wenn mich Ihr Konzept anspricht, dann sollten wir uns zusammensetzen.'

Antwort in **Denkfrageform**, die genau das Schlüsselwort (ansprechen) aufnimmt:

‚Herr Kunde, das ist die besondere Fähigkeit von Konzepten, daß sie nicht sprechen. Lassen Sie uns lieber gemeinsam darüber sprechen, dann beantworte ich Ihnen all die Fragen, die für Ihre Entscheidungsfindung relevant sind?'

Ich nehme das Schlüsselwort Konzept auf, aber mache dem Kunden gleichzeitig die Schwachstelle jedes Konzeptes bewußt: Es redet nicht! Es liefert keine einzige Zusatzinformation, die für eine gute Entscheidungsfindung notwendig ist.

Situation 3: Der Kunde behauptet, daß sein Budget zu klein ist.

Kunde: ‚Mein Budget ist für dieses Projekt zu klein!'

Antwort in **Denkfrageform**: ‚Das ist die besondere Fähigkeit von Budgets, daß sie immer zu klein sind. Was halten Sie davon, wenn wir in einem gemeinsamen Gespräch Budget und Investitionen in Einklang bringen?'

Ich nehme auch in diesem Fall das Schlüsselwort ‚Budget zu klein' auf und tue so, als ob Dinge (wie z.B. das Budget) wirklich eine Fähigkeit haben. Damit will ich dem Kunden bewußtmachen, daß er allein darüber entscheidet, wie hoch ein Budget ist, und nicht das Budget selbst.

Situation 4: Der Kunde hält das Angebot für zu teuer.

Kunde: ‚Das ist für mich zu teuer!' Erste Antwort in **Denkfrageform**: ‚Das ist etwas, was ich sehr häufig höre! Die Frage ist nur: Welche Fragestellung bringt Sie weiter. Was kostet das? Oder: Was bringt mir das?'

Ich will dem Kunden die eigentliche Entscheidungsfrage bewußtmachen, daß nicht der Preis, sondern die Gegenleistung, also der Nutzen, das Entscheidende ist."

Sie werden doch wahrscheinlich auch selbst am Telefon akquirieren. Wie gehen Sie vor?

„Ich stelle Ihnen am besten mein Telefonskript dafür zur Verfügung. Dann sehen die Leser selbst, wie relativ einfach meine Mitarbeiter und ich dabei vorgehen."

Gesprächsleitfaden 1 für die telefonische Terminvereinbarung

Mustermann AG
Musterstraße 12
82020 Musterhausen
Tel. 089/88 88 88

○ A Termin _____
○ B Späteres Interesse _____
○ C Einladung offenes Seminar _____
○ D Infounterlagen Schulung
      Aufbau TM-Abteilung
      Vertriebsstrategie
      _____

○ E kein Interesse: zu klein
      eig. Trainer/Institut
      siehe Bemerkung
○ F Sekretariat   blockt ab
      will erst Unterlagen
      FAX: _____
○ G Zentrale/Doppelt/Erloschen
_____

Guten Tag, mein Name ist Algunda de Reuter von ProFIT in München. Bitte verbinden Sie mich mit Ihrem Geschäftsführer/Vertriebsleiter.
Sekretärin: Um was geht es?
Ja, das sag ich Ihnen gerne. Es geht um verkaufs- und kundenorientiertes Verhalten am Telefon.

Name der Sekretärin: _____ DW _____
Gesprächspartner:
Vorname: _____ Name: _____ DW: _____
_____

Beim zuständigen Ansprechpartner: Guten Tag, mein Name ist Algunda de Reuter von ProFIT in München.

1. Herr Bodenstedt, sind Sie der richtige Ansprechpartner für Telefonkommunikation und Telefontraining in Ihrem Haus?
2. Es geht um kundenorientiertes und verkaufsaktives Verhalten Ihrer Mitarbeiter vor allem im Vertriebsinnendienst bzw. um die vertriebsstrategische Nutzung des Telefons. Gibt es dazu Überlegungen in Ihrem Hause – was sagen Sie dazu? Eventuelle Reaktion des Kunden: Wie meinen Sie das/Wie geht das?
3. Wir sind ein Trainingsinstitut, das heißt, wir qualifizieren
    a) Ihre Mitarbeiter für den serviceorientierten Kundenkontakt auch bei
        schwierigen Kunden und Gesprächen
        und/oder
    b) wir schulen die *verkaufsaktive* Nutzung
        des Kundengesprächs z. B. zum Thema
        Bestellausweitung, Produktvorstellung
        oder Aktionsverkäufe

---

1. Anruf 2. Anruf 3. Anruf 4. Anruf 5. Anruf 6. Anruf

4. Haben sie schon einmal in Erwägung gezogen, das Instrument Telefon vertriebsstrategisch einzusetzen? Wo käme es überhaupt in Betracht? ... im Innendienst? ... im Außendienst? ... im Service?
5. Wie viele Mitarbeiter gibt es denn in dem von Ihnen genannten Bereich, die auf die eine oder andere Art telefonischen Kundenkontakt haben?
    _____ MA ... bis 10 MA ... 10-20 MA ... über 20 MA
6. Interessiert es Sie, sich einmal aufzeigen zu lassen, wie wir in anderen Unternehmen das Instrument Telefon zur Kostensenkung auf der einen Seite und zur Ertragssteigerung auf der anderen Seite eingesetzt haben?

---

7. Was halten Sie davon, wenn wir uns eine halbe Stunde zusammensetzen und darüber reden – und ich zeige Ihnen mal, wie wir das für andere schon realisiert haben. Wann ist ein idealer Zeitpunkt dafür?

Bemerkungen:

_____
_____
_____

Bevor ich im Interview fortfahre, möchte ich Ihnen meinen persönlichen Eindruck schildern, als ich einmal für zwei Stunden die Mitarbeiterinnen von ProFIT beobachtete, wie sie für die Verkäufer von Pro7 Termine vereinbarten. Dabei fielen mir einige Eigenschaften auf, die im krassen Gegensatz zum Verhalten so vieler Verkäufer stehen, die am Telefon Schwierigkeiten haben:

- **Die Mitarbeiterinnen blieben immer freundlich und höflich**, egal ob sie zum richtigen Gesprächspartner durchgestellt wurden, ob sie den Gesprächspartner überhaupt erreichten, ob der Gesprächspartner Zeit für sie hatte oder ob es zu einem Termin kam.
- **Sie blieben immer in einer positiven Stimmung** und verschwendeten nicht einen Funken Energie an negative Bemerkungen oder Kommentare, wenn ein Wählversuch, eine Gesprächsanbahnung oder ein Termin aus irgendeinem Grund nicht klappte.
- **Sie sprachen weder übertrieben freundlich noch mit gespielter Begeisterung**, sondern viel eher in einem gleichbleibend freundlichen, höflichen, auf gar keinen Fall gereizten, aggressiven, ungeduldigen oder dringlichen Ton.
- **Sie nahmen sich einfach die nächste Kundenkarte vor, wenn sie ein Gespräch beendet hatten**, egal ob sie einen Termin erreicht hatten oder nicht, und begannen mit dem nächsten Wählversuch.

Fazit: Profis konzentrieren sich auf die Aufgabe, verschwenden keinerlei Emotionen an irgendwelche Einzelergebnisse, sondern bleiben in einer gleichbleibend positiven Stimmung.

> **Professionell telefonieren heißt also in Ruhe telefonieren!**

Was mich dabei ganz besonders faszinierte: Sie machen aus der Terminakquise keine furchterregende oder schwerwiegende Sache, sondern sie gehen ebenso freundlich wie nüchtern ihr Skript durch, stellen eine Frage nach der anderen und beantworten mögliche Kundeneinwände mit ihrer vorbereiteten Einwandmatrix.

Es gibt kein Schimpfen oder Jubeln, keinen Wut- oder Begeisterungsausbruch, keine Resignation oder Überaktivität. Nein! Alles spielt sich in einer gleichbleibend freundlichen und sachlichen Atmosphäre ab. Was zählt, ist letztlich nur der Erfolg. Der allein ist entscheidend!

Um Ihnen zu helfen, die gefürchtete Terminakquise in eine freundliche, aber emotionslose Tätigkeit zu verwandeln, stelle ich Ihnen nun noch den Gesprächsleitfaden von ProFIT für Pro7 (allerdings ohne Einwandbehandlung) vor, mit dem man eine Terminquote von über 30 Prozent erreichte, damit Sie erkennen, wie einfach er „gestrickt" ist.

Gesprächsleitfaden 2 für die telefonische Terminvereinbarung

Begrüßung:
Guten Tag, ich bin ... von der MediaGruppe München, einem Unternehmen der Pro7 AG.

Kontakt herstellen – Aufhänger/Gesprächsgrund:
Wir sind der Exklusivvermarkter von Werbezeiten der Sender Pro7 und Kabel 1.
Ihre Einstellung zum Werbemedium TV interessiert uns, dazu habe ich 5 Fragen.
Haben Sie jetzt dafür ein paar Minuten Zeit?

1. Sind Sie der Meinung, daß mit Fernsehwerbung starke Absatz- und Imageimpulse erzeugt werden können?
2. Haben Sie schon mal in die TV-Werbung investiert?
   Ja: _____ Wann zuletzt?
   Nein: _____ Womit hängt das zusammen (Gründe für Non-TV)?
3. Unter welchen Voraussetzungen könnte Fernsehwerbung für Sie zu einem interessanten Thema werden?
4. Wie hoch ist der Anteil der Werbeausgaben, der in Ihrem Unternehmen in Below-the-line-Aktivitäten fließt?
5. Mit welcher Werbe- bzw. Mediaagentur arbeiten Sie zusammen? Wer führt die Mediaplanung, den Mediaeinkauf durch?

Terminvorschlag: Was halten Sie davon, wenn Sie sich mit einem unserer Fachberater zusammensetzen, um zu prüfen, ob und, wenn ja, auf welche Art und Weise TV-Werbung für Sie eine interessante Investition sein kann?

Kehren wir zu unserem Interview zurück. Ich frage Frau de Reuter:
Wie sehen die Erfolgsquoten bei diesem Skript aus?
„Man muß hier absolut realistisch vorgehen. Wir kommen pro Stunde auf ca. 18 bis 25 Wählversuche auf Entscheiderebene. Und das bedeutet, daß wir pro Stunde im Durchschnitt nur drei bis fünf ernsthafte Gespräche mit wirklichen Entscheidern führen können, von denen jedes dritte Gespräch zu einem Termin führt."
Was bedeutet das für die Verkäufer?
„Zum einen, daß sie die Telefonakquise oft sträflich unterschätzen. Sie sind sich nicht bewußt, wie hoch die Ausfallquote ist. Zum andern bedeutet das, daß ein Verkäufer oder Terminakquisiteur unbedingt seine Abschlußquoten kennen muß, so daß der Erfolg für ihn transparent wird und er ein klares Ergebnis seiner Aktivitäten ‚voraussagen' kann. Nur so kann er auch gezielt seine Effektivität verbessern und feststellen, ob es bei einer Verschlechterung der Quote am schlechten Adressenmaterial, am Skript oder am Zeitproblem seiner Gesprächspartner liegt (z.B. während einer wichtigen Messe)."
Welche Bedeutung hat für Sie die Vorbereitung?
„Die erfolgreiche Terminierung hängt vor allem von der Vorbereitung ab. Ich habe aber oft den Eindruck, daß Telefongespräche eher nach dem folgenden Schema geführt werden: Wählen – Sprechen – Auflegen – Denken, während es doch wesentlich erfolgreicher und zielorientierter wäre, in dieser Reihenfolge zu verfahren: Denken – Wählen – Sprechen – Auflegen."
Können Sie uns ein konkretes Beispiel zum Thema Erfolg bei der Telefonakquise schildern?
„Das erste Problem sehe ich darin, daß viele Verkäufer die Investition in qualitative Adressen scheuen. Das zweite Problem hat der ‚gute alte Goethe' bereits genannt: ‚Vieles geht in der Welt verloren, weil man es zu geschwind verloren gibt.' So habe ich bei meiner letzten Schulung in einer Versicherung am Ende des ersten Schulungstages die Teilnehmer aufgefordert, die mitgebrachten Adressen zu terminieren. Eine Teilnehmerin hatte ca. 18 Adressen angerufen, ohne einen einzigen Termin zu bekommen. Da es sich hier um eine absolute Kaltakquise handelte, war sie natürlich sehr

froh, als die aktive Telefonzeit vorüber war. Ich überredete sie aber nach dem Abendessen dazu, die Akquise als einzige Teilnehmerin fortzusetzen, weil ich wußte, daß das Ende der Neins kurz bevorstand. Und genauso war es auch. Nach dem Abendessen holte sie aus fünf Telefonaten noch vier Termine heraus, was zuletzt eine Terminquote von etwa 17 Prozent ergab. Manchmal ist Erfolg eben einfach eine Frage des Durchhaltens."

Sehen wir uns nun die Terminvereinbarung von Herrn Otto an:

Die raffinierte Terminvereinbarung eines Verkäufers von Elektroheizungen

Gesprächsziel: Es geht darum, mit dem Interessenten, Fritz Lübbers, der auf die Anzeige einer Firma für Elektroheizungen mit einer Karte reagiert hat, einen Termin zu vereinbaren. Dabei stellt sich der Verkäufer, Helfried Otto, unter dem Namen „Schmitz" als Innendienstmitarbeiter vor, der „nur" für die Termine und die Streckenplanung zuständig ist. Um den Termin möglichst effektiv zu machen, möchte Herr Otto alias Herr Schmitz das aktuelle Heizproblem und die Wunschlösung des Kunden in Erfahrung bringen, um so die Erfolgsaussichten eines persönlichen Termins vor Ort zu überprüfen.

Vorstellung: „Schmitz, Firma Heizungssysteme AG! Guten Tag!"

Bestätigung der Kundenanfrage: „Spreche ich mit Herrn Lübbers? ... Ich habe von Ihnen eine Anfrage hier in Sachen Elektroheizung vorliegen. Ist das richtig?"

Heizproblem erfragen: „Um was für ein Heizproblem geht es denn bei Ihnen?... Wie können wir Ihnen weiterhelfen?"

Alte Heizquelle erfragen: „Was für eine Heizung haben Sie denn zur Zeit in Ihrem Haus?"

Beratung anbieten: „Wir bieten unseren Interessenten immer eine kostenlose und unverbindliche Beratung an. Dabei wird von unserem Monteur der notwendige Anschlußwert ermittelt. Danach kann er Ihnen genaue Angaben über Anschaffungskosten, über Stromverbrauch, über die Größe und die Form der Geräte machen. Das interessiert Sie doch, oder?"

Einwandbehandlung:
Kunde: „Können Sie uns nicht ein Angebot zusenden?"
Verkäufer: „Herr Lübbers, das individuelle Angebot können wir nur machen, wenn unser Monteur zuvor bei Ihnen den genauen Heizbedarf und den notwendigen Anschlußwert ermittelt hat."
Kunde: „Können Sie mir sagen, was so eine Heizung in etwa kostet?"
Verkäufer: „Das kann Ihnen nur der zuständige Monteur vor Ort sagen. Ich bin hier nur für die Termine und die Streckenplanung zuständig."
Terminvorschlag machen: „Unser Techniker, der Herr Otto, ist am 6.4. bei Ihnen in der Nähe ... Paßt es Ihnen besser um 14 Uhr, oder ist Ihnen 17 Uhr lieber?"
Verabschiedung: „Haben Sie sich das notiert, Herr Lübbers? Herr Otto kommt also am 6.4. um 14 Uhr zu Ihnen. Alles Gute für Sie und auf Wiedersehen!"

Fazit 1: **Sieger gehen anders als alle anderen vor!**
Fazit 2: **Es kommt nicht darauf an, wie Sie zu einem Termin kommen, sondern daß Sie zu einem Termin kommen!**

30 Tips für die telefonische Terminvereinbarung

Fassen wir die wichtigsten Aussagen aus den Interviews mit Frau de Reuter und Helfried Otto in Form von Leitlinien nochmals kurz zusammen. Zuerst die 23 Tips von Frau de Reuter:

1. Glauben Sie daran, daß eine Verdoppelung Ihrer Terminquote mit der richtigen Strategie möglich ist.

2. Verstärken Sie als erstes den Glauben an den Nutzen Ihres Produkts, denn dann vermitteln Sie auch dem Kunden eine positive, „glaubwürdige" Botschaft.
3. Sehen Sie Mißerfolge niemals als persönliches Versagen, sondern entweder als Ergebnis der Quote oder als Herausforderung für bessere Strategien an.
4. **Gehen Sie nur mit hundertprozentiger Einsatzbereitschaft und positiver Stimmung ans Telefon,** sonst ziehen Sie Kundenabsagen geradezu magnetisch an.
5. Ermitteln Sie Ihre Quote zwischen Anrufen, Terminvereinbarungen und Abschlüssen, so daß Sie Ihren Erfolg vorausplanen können.
6. **Berechnen Sie, was Sie mit jedem Anruf – egal ob er erfolgreich war oder nicht – verdienen.** Teilen Sie dazu die Provision für einen Auftrag durch die Anzahl der notwendigen Anrufe.
7. Machen Sie immer so viele Anrufe, daß sie entsprechend Ihrer Quote zumindest eine statistische Chance haben.
8. Geben Sie dem Kunden am Telefon kein Kontra, und versuchen Sie auch nicht, ihn von Ihrer Meinung zu überzeugen.
9. Stellen Sie ihm lieber Fragen, die ihn zum Umdenken bewegen. (Z. B.: „Kennen Sie eine Methode, mit der Sie aufgrund von Unterlagen den richtigen Trainer für Ihre Mannschaft finden können?")
10. Gehen Sie direkt auf die Kundenaussage ein, und stellen Sie dann dem Kunden einen Vorteil in Frageform vor. (Z.B.: „Herr Kunde, wenn Ihr Sicherheitsnetz steht, wäre das jetzt nicht ein guter Zeitpunkt, über eine strategische Vermögensplanung nachzudenken?")
11. **Hören Sie auf das Schlüsselwort bzw. den positiven Satzteil des Kunden,** und gehen Sie darauf ein! (Z. B.: „Herr Kunde, wenn es vom Grundsatz her für Sie interessant ist, was halten Sie dann davon, wenn wir gleich heute einen Termin nach der Cebit machen ...?")
12. Widerlegen Sie Kunden bei Einwänden nicht, sondern antworten Sie in Denkfrageform. (Z.B.: „Herr Kunde, ich kann Ihren

Wunsch nach Unterlagen verstehen, aber wann haben Sie das letzte Mal eine Seminarentscheidung allein aufgrund von Unterlagen getroffen?")
13. Planen Sie Ihre telefonische Terminvereinbarung nach dem Motto: Denken – Wählen – Sprechen – Auflegen!
14. Überlegen Sie vor dem Gespräch: Welche Zielgruppe rufe ich an? Wann erreiche ich sie am besten? Was ist mein Ziel? Welchen Nutzen kann ich dem Kunden in den ersten 20 Sekunden anbieten? Und zuletzt: Auf welche Widerstände muß ich mich vorbereiten?
15. Bauen Sie Ihr Telefonskript vor allem auf fünf bis sechs Fragen auf, und bieten Sie dem Kunden an, in einem persönlichen Gespräch den Erfolgsnachweis zu erbringen bzw. Referenzen vorzulegen.
16. Bereiten Sie sich auf alle Kundeneinwände so gut vor, daß sie keinen Streß erzeugen.
17. **Verkürzen Sie nicht plötzlich Ihr Telefongespräch,** etwa durch das Weglassen von Argumenten oder Zusatzinfos, denn sie stellen Ihr unbewußtes Erfolgsmuster dar.
18. Achten Sie bei der Telefonakquise auf ein korrektes Outfit und eine korrekte Haltung.
19. Bleiben Sie während der Gespräche gleichbleibend höflich und freundlich.
20. Blenden Sie alle Mißerfolge aus, und konzentrieren Sie Ihre Aufmerksamkeit – wie bei der Suche auf dem Hauptbahnhof – nur auf die Erfolge!
21. **Verschwenden Sie keine Energie, indem Sie sich über Mißerfolge ärgern oder sie negativ kommentieren.**
22. Machen Sie nach einem Mißerfolg sofort den nächsten Wählversuch.
23. Hören Sie auf keinen Fall zu früh auf! Gerade nach einer längeren Mißerfolgsserie könnte die nächste Erfolgsserie beginnen.

Hier die sieben Tips von Helfried Otto:

1. Machen Sie doch einmal unter einem Pseudonym (als Mitarbeiter des Innendienstes) für sich Termine aus. Vielleicht fällt Ihnen das psychologisch leichter, und Sie sind dabei erfolgreicher?
2. Versuchen Sie, den Kunden am Telefon vorzuqualifizieren: Welches Problem hat er? Wie sieht seine Wunschlösung aus? Wer entscheidet noch mit? Welche Preisvorstellung hat er, bzw. paßt Ihr Preis in sein Budget? Und zuletzt: Ist er jetzt im Augenblick ernsthaft an einer Lösung interessiert?
3. **Blocken Sie den Wunsch des Kunden nach weiteren Informationen ab,** weil Sie hier „nur für die Streckenplanung und Terminierung zuständig sind" und die richtigen Auskünfte „nur der Herr Otto" vor Ort geben kann.
4. Geben Sie – je nach Situation – auch keine genauen Auskünfte über den Preis, da der Kunde ohne zuvor geschaffenes Wertbewußtsein schnell den Preis als zu hoch empfindet und den Termin storniert.
5. Gehen Sie davon aus, daß die Neugierde des Kunden auf eine mögliche Problemlösung der wichtigste Grund ist, warum er Ihnen einen Termin gibt.
6. Werten Sie den Termin auf, indem Sie dem Kunden bewußtmachen, daß Ihr „Vertreter" extra aus der Zentrale zu ihm hinfährt.
7. Fragen Sie den Kunden zum Schluß noch einmal nach der richtigen Adresse und ob er sich auch Termin und Uhrzeit genau notiert hat.

20 Maßnahmen, mit denen Ihre Umsätze geradezu explodieren

Erinnern Sie sich noch an Sunny Jung, die erfolgreiche Anlageberaterin? Auf die Frage, wie man innerhalb weniger Jahre auf einen Umsatz von 20 Mio. DM oder gar 30 Mio. DM kommt, nannte sie mir folgende 20 Empfehlungen, die jedem helfen, seinen Umsatz geradezu explodieren zu lassen.

1. Sprechen Sie alle Bekannten, Freunde und Verwandte an. Versuchen Sie, sie auch als Empfehlungsgeber zu gewinnen.
2. **Suchen Sie Multiplikatoren.** Nehmen Sie Kontakt zu Steuerberatern, Immobilienmaklern und Versicherungsagenten auf, und bieten Sie ihnen eine Zuführungsprovision an.
3. Rufen Sie alle früheren Kunden an, und erzählen Sie ihnen, was Sie jetzt machen.
4. Vereinbaren Sie mit früheren Berufskollegen Zuführungsprovisionen für jede erfolgreiche Empfehlung.
5. **Sprechen Sie jeden, mit dem Sie Kontakt haben,** auf Ihr Angebot an.
6. Wecken Sie die Neugierde Ihrer Gesprächspartner. Antworten Sie auf die Frage „Was machen Sie denn beruflich?" mit **„Ich mache Leute reich!",** und schon sind Sie im Gespräch.
7. Halten Sie Vorträge vor Vereinen oder Verbänden, deren Mitglieder an Vermögensfragen interessiert sind.
8. Schalten Sie Anzeigen in IHK-Magazinen oder Ärzte- und Zahnärztezeitschriften.
9. Kaufen Sie sich wirklich gute Adressen. Zum Beispiel von höheren Angestellten. Rechnen Sie aber trotz telefonischer Nachfaßaktion nur mit einer Erfolgsquote von ein bis zwei Prozent.
10. Werben Sie in Nobelvierteln durch Posteinwurfsendungen. Gehen Sie wie bei Nr. 9 vor, und rechnen Sie mit einer ähnlichen Quote.
11. Beantworten Sie Anfragen mit der Aufforderung auf einem Beiblatt, besondere Wünsche anzugeben, und rufen Sie eine Woche nach Zusendung der gewünschten Unterlagen an.
12. Versenden Sie an Ihre Stammkunden zweimal im Jahr eine Übersicht über die Entwicklung Ihrer Fonds. Legen Sie Überweisungsscheine bei, und rufen Sie eine Woche später an.
13. **Sprechen Sie alle Kunden gezielt und mit freundlichem Nachdruck auf Empfehlungen an.** Bieten Sie ihnen eine Zuführungsprovision von ein Prozent der Anlagesumme.

14. Schreiben Sie frühere ergebnislose Kontakte nach einem halben Jahr nochmals mit der Bitte an, besondere Anlagewünsche anzugeben, und rufen Sie sie eine Woche nach der Zusendung an.
15. **Verkaufen Sie allen Kunden auch Sparpläne.** Durch die monatlichen Auszüge verstärken Sie den Kontakt zu Ihren Kunden und können sie leichter zu Nachzahlungen motivieren.
16. Machen Sie pro Tag 40 bis 50 Anrufe. Denn erst diese hohe Zahl läßt Ihr Geschäft überproportional ansteigen.
17. Holen Sie sich 60 Prozent des Neugeschäfts aus den bestehenden Kunden heraus: 35 Prozent durch Empfehlungen und 25 Prozent durch zusätzliche Einzahlungen.
18. **Teilen Sie Ihre Provision mit möglichst vielen Empfehlungsgebern und Multiplikatoren,** statt allein zu arbeiten.
19. Setzen Sie gleichzeitig (!) ein ganzes Bündel von Maßnahmen ein, und wählen Sie die erfolgversprechendste aus (statt sich von der Kaltakquise demotivieren zu lassen).
20. Konzentrieren Sie sich auf ein bis zwei Angebote, denn mit der höheren Kompetenz erreichen Sie automatisch auch eine stärkere Anziehungskraft.

„Das Geheimnis des Erfolges ist die zweckmäßige Beharrlichkeit."
Benjamin Disraeli

10. Kapitel

Die vier wichtigsten Schritte im Verkauf

Sie werden es längst gemerkt haben, daß dies kein „klassisches Verkaufsbuch" ist, das der Reihe nach die „Stufen des Verkaufsgesprächs" durchnimmt. Eine solche Einteilung halte ich für veraltet, weil es heute darauf ankommt, zuerst zum Kunden eine gute Beziehung aufzubauen, ihn dann zu begeistern und ihn zuletzt langfristig an sich zu binden.

Tatsache bleibt jedoch, daß die ersten vier Schritte die Schlüssel jedes erfolgreichen Verkaufsgesprächs darstellen:

1. die Kontaktaufnahme bzw. Terminvereinbarung
2. die Vorstellung der eigenen Person und Firma
3. die Ansprache eines aktuellen Problems
4. die Schaffung eines Problembewußtseins

Genau das möchte ich Ihnen jetzt anhand eines Praxisbeispiels aufzeigen:

Bei den Produkten, die Rainer Hellmann verkauft, handelt es sich um Wartungs- und Instandhaltungschemikalien für das Handwerk, die Industrie und die Kommunalbehörden. Dazu gehören Schmiermittel (z. B. für die Ketten, die in Klärwerken unter Wasser laufen), Lösungsmittel (z. B. zum Entfetten von Materialien) oder auch Spezialreinigungsmittel (z. B. zur Entfernung von Ölrückständen).

Wie könnte er am besten vorgehen? Als erstes sollte er sich fragen: **Wie sieht der „Schlüsselfaktor" in diesem Geschäft aus?**

Aus Erfahrung wissen wir, daß jedes Geschäft von maximal zwei bis drei wirklichen Erfolgsfaktoren abhängt:

1. von guten, attraktiven und nützlichen Produkten,
2. von wettbewerbsfähigen Preisen und
3. von eindrucksvollen Demonstrationen, (hier nur „Demos" genannt).

Nachdem also die Produkte gut und die Preise wettbewerbsfähig sind, ist der eigentliche Schlüsselfaktor zum Erfolg in diesem Geschäft: zu einer Demo zu kommen, also die Vorteile seiner Produkte dem Kunden an Ort und Stelle präsentieren zu können. Voraussetzung dafür ist:

Schritt 1: Wie man mit dem Kunden ins Gespräch kommt

Nehmen wir an, unser Verkäufer Hellmann besucht eine neue Firma. Dann geht es als erstes darum, mit der richtigen Person an Ort und Stelle zusammenzutreffen. Für Hellmann gibt es je nach Situation zwei Möglichkeiten:

- Er ruft aus einer Telefonzelle bzw. per Handy bei der neuen Firma an: „Wer ist bei Ihnen für die Bestellung von ... verantwortlich?" (Name, Funktion, Abteilung, Durchwahl, beste Zeit für Besuche) und ruft dann den Betreffenden sofort an, um spontan einen Termin auszumachen.
- Er fragt am Empfang, z. B.: „Können Sie mir helfen? Ich suche den verantwortlichen Herrn für ... Wie kann ich ihn am besten erreichen?" – Wenn er bereits den Namen der Entscheidungsperson kennt: „Ich muß Herrn Winkelmaier in einer dringenden Angelegenheit sprechen. Können Sie ihn bitte informieren, daß

ich am Empfang auf ihn warte?" – „Ich bin beauftragt, Herrn Winkelmaier über neue Anwendungsprogramme auf dem Gebiet der Wartungstechnik zu informieren. Sagen Sie Herrn Winkelmaier bitte, daß ich hier auf ihn warte?" Hier gilt: Zu große Höflichkeit mit vielen „würden Sie" und „hätten Sie" wirken negativ und provozieren zu schnell eine Ablehnung.

Allerdings geht es nicht immer so einfach, z. B. wenn weder die Telefonzentrale noch der Empfang genau weiß, wer für den Einkauf Ihrer Produkte verantwortlich ist. Was könnten Sie dann tun?

- **Fragen Sie den Verkaufsleiter dieser Firma!** (Sie haben richtig gelesen!) Fragen Sie ihn „als Kollegen" nach den entsprechenden Personen. Fragen Sie ihn gleichzeitig, mit welchen Problemen er bei seinen Kunden und Wettbewerbern zu kämpfen hat. Fragen Sie ihn auch, welche Wünsche er an die Einkaufsabteilung hat. (Das sind ungemein wertvolle Infos für Ihr Gespräch.)
- **Fragen Sie in größeren Firmen auch die Presseabteilung.** Fragen Sie, wer z. B. die Entscheidungspersonen sind, mit denen Sie Kontakt aufnehmen sollten. Fragen Sie auch, auf welche Produkte, Verfahren, Problemlösungen, Auszeichnungen diese Firma besonders stolz ist ... und an welchen Zukunftsprojekten sie gerade arbeitet.
- **Fragen Sie eventuell auch die Sicherheitsfachkraft.** Fragen Sie, wer für den Einkauf von „problematischen Produkten" verantwortlich ist. Fragen Sie gleichzeitig auch danach, was nach Meinung des Sicherheitsbeauftragten die größten Sicherheitsprobleme in diesem Betrieb sind. Wodurch sie verursacht werden. Durch Chemikalien, falschen Einsatz oder durch unvorsichtige Mitarbeiter?
- **Rufen Sie einen Einkäufer oder Werkstattleiter**, der für den Einkauf Ihres Produkts zuständig ist und der auf die telefonische Anfrage des Empfangs zu keinem Gespräch bereit ist, trotzdem von der nächsten Telefonzelle per Durchwahlnummer an, und stellen Sie ihm eine wichtige und wertvolle Information in Aus-

sicht. „Ist Ihnen dieser Tip ein Gespräch von fünf Minuten wert? Denn danach entscheiden Sie selbst, ob wir weitersprechen?"
- **Geben Sie am Empfang Ihre Visitenkarte ab**, auf deren Rückseite Sie vorher den Hinweis geschrieben haben: „Sehr geehrter Herr Winkelmaier, ich habe eine sehr wichtige Information zum Thema Kostenersparnis für Sie! Interessiert? Ich stehe am Empfang bereit!"

Zum Schluß noch zwei weitere Tips, um zu einem Termin zu kommen:

- **Fragen Sie auch Ihre eigenen guten Kunden**, nach welchen Kriterien sie darüber entscheiden, ob sie einen neuen Vertreter vorlassen bzw. was in ihren Augen die besten Voraussetzungen dafür sind.
- **Setzen Sie sich einmal zwei Stunden in die Nähe des Empfangs,** und hören Sie zu, was andere Vertreter tun, um zu Terminen zu kommen.

Kommen wir zu unserem Verkäufer zurück: Bevor er den nächsten Schritt unternimmt, muß Rainer Hellmann noch eine wichtige Aufgabe erledigen: **die Definition der Gesprächsziele**.

Für den ersten Besuch hat sich Hellmann folgende Ziele gesetzt: erstens, sich bei dem Kunden vorzustellen, also seine Person, seine Firma und kurz auch seine Produktpalette; zweitens, ein aktuelles Problem zu erkennen; drittens, die Lösung dieses Problems durch eine eindrucksvolle Produktdemonstration vorzustellen; viertens, einen Probeauftrag zu erhalten; und fünftens, sich für die Zukunft als „Alternative oder Ergänzung" zu den bestehenden Lieferanten zu empfehlen.

Von diesen fünf Punkten wollen wir uns hier auf die ersten drei konzentrieren, Präsentation und Demonstration folgen später.

Schritt 2: Wie man sich und seine Firma vorstellt

Am besten so: „Guten Tag, Herr Kunde, mein Name ist Rainer Hellmann (man sollte sich mit Vornamen vorstellen, damit sich der Kunde gedanklich auf den Nachnamen vorbereiten kann, und ihm dabei die Visitenkarte übergeben). Wir sind Spezialisten auf dem Gebiet von ... Wir wollen Ihnen helfen, Ihre Arbeit noch leichter und effektiver zu gestalten.

Herr Kunde, der Zweck meines Besuchs heute ist, mich und meine Firma vorzustellen, damit Sie wissen, wo es eine Alternative gibt, wenn Sie mal mit Ihrem Lieferanten nicht so zufrieden sind!"

Tip: Je nach Situation können Sie hier auch eine Übrigensfrage einbringen: „Übrigens, Herr Kunde, Ihre Firma hat in der Branche gerade auf dem Gebiet ... einen ausgezeichneten Ruf. Was ist Ihr Geheimnis? ..."

Schritt 3: Wie man ein aktuelles Problem anspricht

Am besten in Form eines „konkreten" Problems, für das man eine optimale Problemlösung hat. Rainer Hellmann könnte damit sein Produkt „Eisfrei" ins Spiel bringen: „Herr Kunde, wie lösen Sie im Augenblick (z. B. im Winter) das Problem der vereisten Gehwege und Parkplätze?"

Weitere Tips für die schnelle Problemansprache:

- Halten Sie schon beim Betreten des Betriebs sofort nach möglichen „Problemen" Ausschau, für die Sie Problemlösungen haben.
- Sprechen Sie notfalls ein typisches Problem der Branche an: „Haben Sie nicht auch in Ihrer Firma das Problem, daß ...?"

- Gehen Sie eventuell von einem hypothetischen Problem aus: „Angenommen, Sie haben in Ihrer Firma das Problem von XY. Wie gehen Sie da vor?"
- Stellen Sie nicht sofort die gesamte Produktpalette vor, sondern sprechen Sie lieber ein einzelnes Problem an, das Sie mit Ihren Produkten besonders gut lösen können.

Entweder Sie wissen oder finden beim Kunden ein Problem, das Sie dem Kunden sofort mit allen Konsequenzen bewußtmachen können und für das Sie eine optimale Lösung haben – oder Sie selbst haben ein Problem.

Man kann bei einer Neukundenakquisition nur dann etwas erfolgreich verkaufen, wenn man zuvor dem Kunden ein Problem bewußtgemacht hat, das man besser lösen kann als der Wettbewerb.

Schritt 4: Wie man dem Kunden ein Problem bewußtmacht

Verkäufer Hellmann könnte das Problem wie folgt dramatisieren: „Herr Kunde, wenn heute einer Ihrer Kunden auf der vereisten Treppe zu Ihrer Eingangstüre stürzt und sich den Oberschenkelhalsknochen bricht, dann rechnen Versicherungen heute im glimpflichsten Fall mit einem Schaden von rund 15.000 DM. Abgesehen davon, daß ein solcher Unfall auch Ihre persönlichen Beziehungen zu diesem Kunden sehr schwer belasten würde, zahlt Ihre Haftpflicht bei grober Fahrlässigkeit keinen Pfennig!"

Oder er könnte den Kunden ganz genau auf den Gefahrenpunkt aufmerksam machen:

„Herr Kunde, jetzt werden Sie vielleicht sagen: Ich lasse ja regelmäßig streuen und salzen. Natürlich, das tut jeder. Aber wann passieren denn die meisten Unfälle? Was ist, wenn sich am Samstag vormittag noch einer Ihrer Mitarbeiter mit dem Kunden X in Ihrer Firma treffen will? Der Hausmeister hat seine Pflicht getan und am Freitag früh noch einmal Salz gestreut. Aber die Wirkung des normalen Salzes hält maximal nur 12 Stunden an, also ist am Freitag abend Schluß damit, und am Samstag vormittag passiert das Malheur. Unser „Eisfrei" hat dagegen eine garantierte 24-Stunden-Wirkung, und da genügt es, wenn Ihr Hausmeister am Freitagabend nochmals kurz nachstreut."

- Verknüpfen Sie Ihre Produktargumente nach Möglichkeit immer mit einem speziellen Motiv, denn dann wirken Sie noch viel überzeugender (hier z.B. mit der Angst bzw. der Sicherheit).
- Bedenken Sie, daß das Bewußtmachen eines Problems allein noch nicht genügt. Erst die negativen Folgen daraus mobilisieren beim Kunden die gewünschten Handlungsenergien für den Abschluß.
- Hüten Sie sich vor der schlimmsten aller Denkfallen: zu glauben, daß der Kunde das Problem mit all seinen Folgen schon kennt.
- Sorgen Sie dafür, daß er es **jetzt** ganz bewußt erlebt und „gefühlsmäßig empfindet". Nur dann ist es ein echtes Problem, und nur dann ist er auch auf Ihre Problemlösung neugierig.
- Dramatisieren Sie das Problem mit all seinen persönlichen, finanziellen und wettbewerbsmäßigen Folgen in Form von eindrucksvollen Bildern, Geschichten und dramatischen Miniszenen.

Eine intellektuelle Einsicht nützt gar nichts. Der Kunde muß die Folgen emotional spüren, nur dann ist er zum Handeln bereit!

- Sprechen Sie vor allem Probleme an, die der Kunde bisher noch nicht erkannt hat. Sie sind am wirksamsten.
- Bohren Sie so lange nach, bis der Kunde wirklich unsicher ist und für Ihre Problemlösung aufgeschlossen wird. Bieten Sie ihm erst dann eine betriebs- oder kundenspezifische Lösung an.
- Denken Sie daran, daß jede Produktpräsentation, bei der Sie vorher nicht für ein entsprechendes emotionales Problembewußtsein gesorgt haben, bis zu 50 Prozent ihrer möglichen Überzeugungskraft einbüßt.

Dazu ein **konkretes Beispiel**: Wenn Ihnen Ihr Zahnarzt sagt, Sie haben Parodontose, geht das vielleicht zum einen Ohr hinein und zum anderen hinaus. Wenn er aber Ihren Finger an einen Zahn im Oberkiefer führt, um seinen Halt zu prüfen, und Ihnen sagt, daß, wenn Sie jetzt nichts tun, er in Bälde „zum Abriß" fällig sei und Sie mit 2.000 DM für eine neue Brücke rechnen müssen, dann könnte es sein, daß Sie auf einmal Angst kriegen und seine Worte ernst nehmen. Genauso funktioniert auch das Schaffen eines Problembewußtseins im Verkauf!

- **Sprechen Sie dabei auch die vier wichtigsten Plusmotive an,** also wie der Kunde durch Ihr Angebot zu mehr Anerkennung, zu mehr Sicherheit, zu mehr Gewinn und zu mehr Bequemlichkeit kommt.
- **Sprechen sie aber auch die Negativmotive an,** also wie der Kunde durch Ihr Angebot folgende Probleme vermeiden kann: erstens die Gefahr von Kritik (Was ist, wenn sich der Billiglieferant als Niete erweist?), zweitens die Gefahr von mehr Unsicherheit (Was ist, wenn die Qualität des Billigwettbewerbers nicht in Ordnung ist?), drittens die Gefahr eines Verlustes (Was ist, wenn der Billiglieferant seine Liefertermine nicht einhält?) und viertens die Gefahr von mehr Streß (Was ist, wenn deshalb die Fertigung unterbrochen werden muß?).
- **Nutzen Sie die folgende Übersicht:**

Plusmotive	Negativmotive
1. Anerkenung	Kritik, Lächerlichkeit
2. Sicherheit	Unsicherheit, Angst, Gefahren
3. Gewinn	Verlust, Schaden
4. Bequemlichkeit	Streß, Unbequemlichkeit, Ärger

- Gehen Sie davon aus, daß Gefahren, Verluste, Demütigungen und zusätzlicher Streß, also alle Arten von Bedrohungen, wesentlich wirkungsvoller zum Handeln motivieren als mögliche Vorteile.

- Sprechen Sie über die dramatischen Folgen so detailliert wie möglich. Nehmen Sie einen Einzelfall, und sprechen Sie bei dem alten Salz nicht einfach von „erhöhter Unfallgefahr" – das wäre die alte Parodontosewirkung –, sondern vom „Bruch des Oberschenkelhalsknochens", der schnell 15.000 DM kosten kann.
- Setzen Sie die dramatischen Konsequenzen vor allem dann ein, wenn der Kunde anfangs keinen Bedarf sieht („Wir brauchen nichts! Wir haben schon unsere Lieferanten!") oder das Problem einfach abblocken will („Das geht auch so!"). Dann müssen Sie wirklich mit einzelnen dramatischen Konsequenzen arbeiten.
- Gehen Sie bei den Kunden genauso vor wie der Zahnarzt. Spüren Sie ein Problem auf. Wecken Sie ein Problembewußtsein. Fragen Sie den Kunden: Wie gehen Sie hier vor? Oder: Wie zufrieden sind Sie mit Ihrer Lösung bei ...? Oder: Wissen Sie, was Sie das kostet, wenn ...? Fragen Sie so lange, bis der Kunde, symbolisch gesehen, zusammenzuckt, also ein Problem erkennt. Dann hängt er am Haken.
- Fragen Sie den Kunden, wenn er mit allem zufrieden ist, womit er nicht zufrieden ist, z. B. „Gibt es auch einen Punkt, wo Sie nicht so zufrieden sind?" (z. B. mit den Lieferanten, der Anwendung, den Kosten ...). Und dann klopfen Sie diesen Unzufriedenheitspunkt so lange mit wirkungsvollen Bildern und Geschichten über mögliche Konsequenzen ab, bis der Kunde einen Handlungsbedarf sieht und sich für Ihre Problemlösung zu interessieren beginnt.

Produktargumente ohne Emotionen sind tote Argumente!

Sie berühren den Kunden nicht, und sie bewirken keinen Handlungsanreiz: Das heißt, ohne diesen emotionalen Anstoß durch drohende Konsequenzen unterschreibt er nicht!

Mit der Schilderung dieser drastischen Konsequenzen beweisen Sie zwei hervorragende Eigenschaften:

1. Je eindrucksvoller Ihre dramatischen Argumente in Form von Bildern, Geschichten und Miniszenen sind, um so höher ist auch Ihre Überzeugungskraft, mit der Sie den Kunden begeistern können.

Und

2. Je dringlicher Sie für den Kunden Ihre (bessere) Problemlösung machen, um so stärker ist auch Ihr Glaube an den Nutzen Ihres Produkts für den Kunden, den Sie dadurch auf ihn übertragen können.

Das bedeutet: **Verkäufer, die weder die Fähigkeit noch den Mut haben, Kundenprobleme dramatisch aufzuzeigen und ihre Lösung als absolut dringlich vorzustellen, gleichen eher seelenlosen Robotern als wirklichen Vollblutverkäufern.** Sie beherrschen nicht die wichtigste Fähigkeit im Verkauf: die Fähigkeit, Emotionen zu zeigen und sie bei ihren Kunden zu mobilisieren.

Beim nächsten Beispiel geht es darum, wie es ein Verkäufer von Sanitäranlagen versteht, einen Handwerker, der sich nur Unterlagen zusenden lassen möchte, durch ganz gezielte Fragen bestimmte Probleme bewußtzumachen und ihm gleichzeitig attraktive Problemlösungen dafür zu versprechen, so daß sich der Interessent schließlich statt für Unterlagen für ein Seminar dieser Firma entscheidet.

Wie man den Wunsch eines Kunden nach Unterlagen in eine Seminaranmeldung verwandelt

Ein Installateur, Herr Wannenprinz, der sich selbständig gemacht hat, ruft Herrn Herzberg, Verkäufer für Bäderausstattungen, an mit der Bitte, ihm vorerst „nur" mal Unterlagen über das Lieferprogramm seiner Firma zuzusenden. Da es sich bei dem Anrufer aber um einen potentiellen Kunden (z. B. Geschäftspartner) handelt, möchte Herr Herzberg ihm nicht einfach die gewünschten Unterlagen zusenden, sondern ihm deutlich machen, daß seine Firma ihren Partnern neben einem hervorragenden Lieferprogramm auch höchst erfolgreiche Verkaufskonzepte anbietet. Aus diesem Grund möchte er den Interessenten, statt ihm Unterlagen zuzusenden, viel lieber zu einem Basisseminar seiner Firma einladen und ihn dadurch als späteren Geschäftspartner gewinnen.

Kunde: „Können Sie mir die Unterlagen über Ihr Lieferprogramm zusammen mit der Preisliste nicht einfach zusenden?"

Verkäufer: „Gerne. Aber wir bieten unseren Partnern weitaus mehr als nur ein gutes Lieferprogramm an. Wir bieten ihnen auch Erfolgskonzepte an, mit denen sie ihre Verkaufsergebnisse wesentlich steigern können. Das heißt, wir haben zwei Waffen für den erfolgreichen Verkauf: zum einen unseren ‚Leitfaden für den aktiven Badeinrichter' – bereits ein Geheimtip in der Branche! – und zum anderen den A&S-Magnetbadplaner."

Kunde: „Ja, das kann schon sein, aber schicken Sie mir doch vorerst einmal nur Ihre Unterlagen. Wie man Bäder erfolgreich verkauft, das weiß ich selbst am besten."

Verkäufer: „Ganz sicher haben Sie schon viel Erfahrung, Herr Wannenprinz. Ich habe dazu ein paar Fragen an Sie. Wie planen Sie das Bad des Kunden?"

Kunde: „Also, erst mal schaue ich mir das Bad an, messe alles aus und mache dann eine einfache Skizze, z. B. wo die Wanne stehen soll und das WC hinkommt und so weiter ..."

Verkäufer: „Und was machen Sie, wenn der Kunde andere Vorstellungen hat, z. B. statt der Rechteckwanne eine Eckwanne möchte?"

Kunde: „Kein Problem, das ändere ich dann gleich."

Verkäufer: „Brauchen Sie dazu nicht ganz schön viel Zeit, wenn der Kunde das mehrmals ändert?"

Kunde: „Ja."

Verkäufer: „Und kann der Kunde auch noch aktiv mitplanen, während Sie Ihre Zeichnungen machen?"

Kunde: „Nein, das ist kaum möglich."
Verkäufer: „Wenn ich Ihnen eine Möglichkeit zeige, wie Sie schneller und sauberer planen und den Kunden obendrein auch noch aktiv in die Planung mit einbeziehen können, würden Sie diese Lösung nicht gerne einmal näher kennenlernen wollen?"
Kunde: „Ja, warum nicht."
Verkäufer: „Sehen Sie, Herr Kunde, genau das ermöglicht Ihnen unser Magnetbadplaner, der außerdem bewirkt, daß 80 Prozent unserer Endkunden, die auf diese Weise ihr Bad planen, zuletzt mehr dafür ausgeben, als sie ursprünglich geplant hatten. Können Sie sich vorstellen, daß dieses Werkzeug auch Ihren Erfolg noch steigert?"
Kunde: „Ja gut, so habe ich das noch nicht gesehen. Was kostet denn der Koffer?"
Verkäufer: „Herr Kunde, richtig eingesetzt haben Sie Ihre Investition bereits nach der ersten, spätestens jedoch nach der zweiten Planung wieder heraus. Für diesen Magnetbadplaner mit all unseren Produkten und dem notwendigen Werkzeug fürs Aufmaß legen Sie gerade einmal 635 DM an."
Kunde: „Gut, den nehme ich!"
Verkäufer: „O.K., Herr Kunde, ich notiere mir das. Vielen Dank. Jetzt habe ich aber noch eine Frage: Haben Sie auch vor, Zeitungswerbung zu machen?"
Kunde: „Ja, das macht ja heute jeder, auch wenn es nichts bringt."
Verkäufer: „Herr Kunde, wenn ich Ihnen einen Weg zeige, wie Sie den Rücklauf Ihrer Werbung verdreifachen können, wären Sie dann an dieser Methode interessiert?"
Kunde: „Das gibt es doch gar nicht."
Verkäufer: „Wenn ich Ihnen beweise, daß es geht, sind Sie dann davon überzeugt, daß wir nicht nur Produkte, sondern auch echte Erfolgskonzepte verkaufen?"
Kunde: „Klar."
Verkäufer: „Zuletzt noch drei Fragen. Kommt es auch bei Ihnen vor, daß Ihre Kunden sich von Ihnen ein Angebot machen lassen und dann zu Ihren Kollegen gehen, um den Preis zu drücken?"

Kunde: „Ja, das läßt sich wohl nicht vermeiden."

Verkäufer: „Zweite Frage: Lassen Sie sich Ihr Angebot eigentlich vergüten?"

Kunde: „Das geht doch gar nicht."

Verkäufer: „Und jetzt meine letzte Frage: Machen Sie bereits aus 10 Angeboten 9 Aufträge?"

Kunde: „Nein – höchstens 50 Prozent."

Verkäufer: „Herr Kunde, wenn ich Ihnen zeigen kann, wie Sie den Rücklauf Ihrer Werbung verdreifachen, den Kunden Ihr Angebot bezahlen lassen und Ihre Abschlußquote auf 90 Prozent verbessern können, wäre Ihnen das einen Termin wert?"

Kunde: „Natürlich."

Verkäufer: „Genau das bietet Ihnen unser Basisseminar in Hochdorf, wo Sie unseren kompletten ‚Leitfaden für den aktiven Bäderbauer' kennenlernen und erfahren, wie Sie ihn am besten in der Praxis einsetzen können."

Kunde: „Das ist interessant, aber was wollt Ihr denn dafür haben?"

Verkäufer: „Zwei Tage Ihrer Zeit. Die Seminarkosten für dieses Training übernimmt ABS inklusive der Abendveranstaltung; Sie übernehmen nur die Hotelkosten. Wann paßt Ihnen der Termin besser: während der Woche oder lieber am Wochenende?"

Kunde: „Lieber am Wochenende außerhalb der Arbeitszeit."

Verkäufer: „O.K., Herr Wannenprinz, dann reserviere ich Ihnen folgenden Termin ..."

*„Die Größe deines Erfolges wird bestimmt
durch die Größe deiner Gedanken."*
Johann Wolfgang von Goethe

11. Kapitel

Die Attraktivität des Angebots

Nie zuvor war die Persönlichkeit des Verkäufers so gefragt wie heute! Ihr kommt in Zukunft erste Priorität zu! Der Verkäufer wird zum Kommunikationsexperten werden müssen, zum Berater und Begleiter des Kunden auf dem Weg zur Entscheidung. Was aber soll diese Kommunikation mit dem Kunden genau bewirken? – Eines vor allem: die Attraktivität und Anziehungskraft Ihres Produkts gegenüber den anderen Wettbewerbsangeboten zu erhöhen. Dafür stehen Ihnen **fünf Erfolgsfaktoren** zur Verfügung:[7]

Erfolgsfaktor 1: Die Harmonie

Was bedeutet das – Harmonie? Damit ist die Übereinstimmung zwischen den Vorteilen Ihres Angebots und den Bedürfnissen des Kunden gemeint. Das ist heute in Zeiten des Individualismus der entscheidende Erfolgsfaktor! Sehen wir uns das noch genauer an:

Normalerweise sagen wir, der Kunde kauft ein Produkt, um bestimmte Bedürfnisse wie Sicherheit, Wirtschaftlichkeit, Komfort oder Prestige zu befriedigen.

Aber das ist zu ungenau. Das ist nur die halbe Wahrheit.

Der Kunde, der heute kauft, wünscht sich mehr. Er möchte mit jedem Kauf gleich zwei Arten von Bedürfnissen befriedigen. Zum einen seine **sachlichen Bedürfnisse**: Das sind die Bedürfnisse, die unmittelbar mit dem Produkt zu tun haben. Bei einem Autokauf sind das z. B. der Preis, der Hubraum, die Größe des Innenraums, der Benzinverbrauch ... Das ermitteln wir mit der normalen Bedarfsanalyse. Sie sind in der Regel leicht zu erkennen und ergeben sich meistens aus ganz bestimmten Sachzwängen.

Neben diesen sachlichen Bedürfnissen aber gibt es viel motivierendere Bedürfnisse, die weitaus stärkere Wunsch- und Suchenergien beim Kunden auslösen. Sie haben mit seiner Persönlichkeit, seinem Charakter, seinen Neigungen, seinem Rollenverständnis und vor allem mit seinen Werten zu tun. Es sind seine **persönlichen Bedürfnisse**. Sie werden auch „Werte" genannt, weil sie für den Kunden besonders wichtig sind und weil er bei jedem Kauf auch eine Bestätigung und Verwirklichung dieser Werte und damit seiner Persönlichkeit erfahren will – sei es der Persönlichkeit, die er schon ist, oder der Persönlichkeit, die er gerne sein möchte!

Dazu ein Beispiel: Ein Kunde, der auf Ehrlichkeit großen „Wert" legt, ist mit Sicherheit stark verärgert, wenn er in dem Angebot für ein neues Haus statt der vereinbarten 400.000 DM plötzlich 450.000 DM entdeckt.

Niemals würden die Menschen soviel kaufen, wenn es nur um die sachlichen Bedürfnisse ginge. Aber über einen Kauf immer wieder seine Persönlichkeit bestätigt zu bekommen, also sich als der zu erleben, der man gerne sein möchte, löst viel stärkere und häufigere Kaufimpulse aus. – Die Folge daraus:
Je mehr es der Verkäufer versteht, die Vorteile seines Angebots mit den sachlichen und persönlichen Bedürfnissen des Kunden in Übereinstimmung, also in Harmonie zu bringen, um so größer ist der ausgelöste Kaufwunsch.

Sehen wir uns als Beispiel dazu eine nicht berufstätige Hausfrau an, die sich ein neues Auto – einen Zweitwagen – kaufen will:

Ihre sachlichen Bedürfnisse sind:

- eine niedrige Rückenklappe wegen der leichteren Beladung
- eine große Staufläche zum bequemen Abstellen der Einkaufstaschen
- ein bequemer Einstieg wegen ihrer Rückenprobleme

- eine hohe Zuverlässigkeit wegen der fehlenden Garage
- ein geringer Benzinverbrauch wegen häufigem Stadtverkehr
- eine bestimmte Beschleunigungskraft wegen gelegentlicher Langstreckenfahrten
- eine nahegelegene Werkstatt wegen der Erreichbarkeit
- eine kompakte Größe wegen Parkplatzproblemen in der Großstadt

Ihre persönlichen Bedürfnisse sind:

- der Wunsch, bei dem Händler A wegen seiner bisherigen **Hilfsbereitschaft** zu kaufen
- der Wunsch, ihm auf diese Weise für die häufige und sofortige **Unterstützung** zu danken
- der Wunsch, bei einem Autohaus zu kaufen, wo sie schon **bekannt ist** und **geachtet wird**
- der Wunsch, als Frau **ernst genommen** und **höflich behandelt** zu werden
- der Wunsch, wegen des unhöflichen Verkäufers Z auf keinen Fall die Automarke Y zu kaufen
- der Wunsch, sich gegenüber dem Ehemann zu **behaupten**, der ein japanisches Modell bevorzugt
- der Wunsch, ein deutsches Fabrikat wegen der **Arbeitsplatzsicherung** in Deutschland zu kaufen

Wie bedeutend z. B. ein bestimmtes persönliches Bedürfnis sein kann, erkennen Sie an der Ablehnung der Automarke Y, obwohl sie für ihre praktischen Zwecke sogar noch geeigneter gewesen wäre. Doch die Unhöflichkeit und das Desinteresse des Verkäufers bei einem Erkundungsbesuch schlossen diese Alternative kategorisch aus.

Das führt zu dem fundamentalen Gesetz:
Der Kunde kauft bei annähernd gleichen Angeboten dort ein, wo seine „persönlichen Bedürfnisse" am besten befriedigt werden.

Jetzt wissen Sie auch, warum nach Meinung anerkannter Wissenschaftler 80 Prozent aller Verkaufs- und Werbeaussagen am Ziel vorbeigehen: weil sie nicht die persönlichen Werte der Kunden ansprechen. Anders gesagt: Nur wenn es der Verkäufer versteht, die Vorteile seines Angebots/Produkts optimal mit den Bedürfnissen des Kunden in Übereinstimmung zu bringen, kann er ihn in jenen „Zustand der Begeisterung und Faszination" versetzen, aus dem im Industriebereich 66 Prozent und im Konsumbereich 78 Prozent (!) aller Abschlüsse resultieren. Nun können Sie der Meinung sein, daß solche persönlichen Bedürfnisse (Werte) nur für den Konsumgüter- und den Dienstleistungsbereich gelten.

Doch genau das Gegenteil ist richtig! Im Investitionsgüterbereich – bei dem es ebenfalls sehr stark auf die emotionale Beziehung zwischen Verkäufer und Kunden ankommt – sind diese persönlichen Bedürfnisse und Werte oft sogar noch ausgeprägter festzustellen. Warum? – Zum einen, weil die Möglichkeiten der Einkäufer bei der Befriedigung dieser Bedürfnisse im Durchschnitt geringer sind, und zweitens, weil die Auswirkungen dieser Geschäfte oft wesentlich tiefgreifender sind.

Ein Einkäufer, der heute schlecht einkauft, gefährdet nicht nur seinen Arbeitsplatz, sondern zugleich auch die Wettbewerbsfähigkeit und damit die Überlebensfähigkeit seiner Firma. Sehen wir uns deshalb auch einmal die sachlichen und persönlichen Bedürfnisse eines Industrieeinkäufers an. Es handelt sich um die Bedürfnisse von Herrn Kohl, dem Einkäufer eines Zeitungsmaschinenherstellers, den Sie schon kennengelernt haben und der ganz offen bereit war, über seine persönlichen Bedürfnisse zu sprechen.

Seine sachlichen Bedürfnisse sind:

- ein günstiger Einkaufspreis
- eine hohe Lieferzuverlässigkeit
- eine langfristige Qualitätssicherheit
- eine langfristige Lieferantensicherheit
- eine Minimierung der administrativen Kosten (z.B. bei der Eingangskontrolle)

- eine günstige Logistik (z. B. bei der Lagerhaltung oder den Lieferterminen)
- eine gute Auswahl an Bezugsquellen (um jede Abhängigkeit von einzelnen Lieferanten zu vermeiden)

Seine persönlichen Bedürfnisse sind:

- **Verständnis** dafür zu finden, daß größere Preisreduzierungen aufgrund der Globalisierung unumgänglich sind und von den Lieferanten nicht als knallharte Preisdrückerei angesehen werden
- als **fairer Partner** respektiert zu werden, der sofort den niedrigeren Preis bekommt und nicht bei jeder Ausschreibung das „Hase-Igel-Spiel" machen muß
- **ernst genommen** und **respektiert** zu werden, also vom Verkäufer nicht mit Aufdringlichkeit, leeren Versprechungen, fehlender Entscheidungskompetenz und dummen Geschwätz aufgehalten und belästigt zu werden, sondern gute Informationen und verbindliche Verhandlungsvorschläge vorgelegt zu bekommen
- **effizient arbeiten** zu können, also den persönlichen Zeit- und Arbeitsaufwand durch den Wegfall überflüssiger Ausschreibungen und Verhandlungen möglichst gering zu halten
- **umfassend informiert** zu werden, z. B. über die Konkurrenz, den Markt, die Branche und über die Problemlösungen anderer Firmen
- **Arbeitsplätze zu sichern,** z.B. durch seinen preisgünstigen Einkauf
- **langfristig** mit guten, zuverlässigen Lieferanten zusammenarbeiten zu können

Wir können hier geradezu von den aktuellen Persönlichkeitswerten der Einkäufer sprechen.

Auf den ersten Blick scheinen natürlich die sachlichen Bedürfnisse übermächtig zu sein. Sie sind es auch! Denn mit Sicherheit wird der Verkäufer den Auftrag bekommen, der mit seinem Angebot diese sachlichen Bedürfnisse des Kunden am besten befriedigen kann.

Aber wenn sein Angebot (und das der Wettbewerber) jeweils nur einen Teil dieser Bedürfnisse erfüllt – und das ist wohl in 80 Prozent aller Situationen der Fall –, gewinnen die persönlichen Bedürfnisse eine überragende Bedeutung. Kurzum, wenn eine gewisse Austauschbarkeit gegeben ist, dann ist der Verkäufer auf die Befriedigung dieser persönlichen Bedürfnisse angewiesen. Dann muß er dem Einkäufer mehr bieten, will er bei Preisverhandlungen das letzte Wort haben und bei Liefer- oder Qualitätsmängeln noch eine Chance bekommen, bevor der Wettbewerber seinen Platz einnimmt. – Fazit:

Bei austauschbaren Produkten bietet die Befriedigung der persönlichen Bedürfnisse den besten und sichersten Ausgleich!

Fragen wir uns jetzt:

Wie können Sie die persönlichen Bedürfnisse des Kunden am besten erkennen?

1. **Durch Zuhören.** Denn im Gegensatz zu den Motiven, die man in der Regel nicht ohne Grund preisgibt, ist der Kunde bei den persönlichen Bedürfnissen sehr schnell bereit, darüber zu reden. Schließlich geht es ja um die Bestätigung seiner Persönlichkeit. Oft tut er das sogar ganz unbewußt, z.B. wenn er sagt:
- „Ich finde keine Lieferanten, die mit ihren Preisen dafür Verständnis zeigen, daß wir im Augenblick mit 20 Prozent Verlust verkaufen!" Damit hat er einen klaren Wert ausgedrückt: Er möchte Verständnis für seine Preisforderungen finden und nicht als rücksichtsloser Preisdrücker angesehen werden. Oder wenn er sagt:
- „Ich möchte einmal sofort den richtigen Preis genannt bekommen, ohne daß jede Ausschreibung in das bekannte ‚Hase-und-Igel-Spiel' ausartet." Hier besteht seine persönliche Wertvorstellung darin, als fairer Partner angesehen zu werden und nicht als knallharter Preisdrücker, der seinen

Verhandlungspartnern erst die Daumenschrauben anlegen muß, bevor sie die notwendigen Zugeständnisse machen. Oder wenn er sagt:
- „Am unangenehmsten sind mir penetrante, also aufdringliche Verkäufer, besonders wenn sie auch noch leere Versprechungen abgeben!" Hinter dieser Aussage des Einkäufers steckt die persönliche Wertvorstellung, von seinem Verhandlungspartner ernst genommen und respektiert zu werden und nicht mit leerem Geschwätz traktiert zu werden.

Welche Methode gibt es noch, die Werte des Kunden zu erfahren?

2. Durch gezielte Fragen. Dabei ist es wirklich erstaunlich, wie offen die Kunden über ihre persönlichen Bedürfnisse (Werte) sprechen, wenn man sie nur danach fragt und ernsthaftes Interesse zeigt. Dazu einige Beispiele:
- „Worauf legen Sie bei Ihren Lieferanten bzw. bei der Auftragsvergabe den größten Wert?"
- „Was schätzen Sie an Ihren guten Lieferanten ganz besonders?"
- „Was verlangen Sie von einem Verkäufer, mit dem Sie langfristig zusammenarbeiten wollen?"
- „Gibt es etwas, das Sie bei Ihren Lieferanten auf keinen Fall akzeptieren?"
- „Wie schätzen Sie meine Firma im Vergleich zu anderen Wettbewerbern ein? Wo sehen Sie unsere Stärken und wo unsere Schwächen?"
- „Gibt es eine Frage, ein Problem oder ein Projekt, mit dem Sie sich im Augenblick besonders beschäftigen?"
- „Haben Sie das Gefühl, in letzter Zeit von uns nicht fair bzw. korrekt behandelt worden zu sein?"

Setzen Sie diese Wertefragen ein, denn sie stellen auch die beste Brücke für eine gute emotionale Beziehung zum Kunden dar. Wenn der Kunde sie beantwortet, dann wissen Sie, daß Sie eine echte Chance haben, an ihn heranzukommen – und von ihm akzeptiert zu werden. Vielleicht fragen Sie sich nun: „Kann ich denn diese Wertefragen auch an einen Kunden stellen, mit dem ich schon seit Jahren zusammenarbeite?" Natürlich. Denn die Bestätigung seiner Persönlichkeitswerte kann der Mensch nie oft genug hören.

Und wenn er fragt: „Warum wollen Sie das wissen?", dann gibt es dafür eine gute Antwort: „Weil ich auf Ihre Meinung großen Wert lege und weil wir künftig noch mehr auf Ihre Wünsche eingehen wollen." – Hier gilt:

Nicht jeder Verhandlungspartner spricht offen über die Preise und die Wettbewerbssituation, aber (fast) jeder spricht bereitwillig und offen über seine persönlichen Werte!

In diesem Zusammenhang noch ein Tip: Wenn der Kunde auf Ihre Frage nach seinen Werten z. B. mit dem allgemeinen Begriff der „vertrauensvollen Zusammenarbeit" antwortet, dann fragen Sie gezielt nach: „Herr Kunde, was verstehen Sie denn genau unter vertrauensvoller Zusammenarbeit? Was ist dabei für Sie besonders wichtig?" Natürlich wissen wir alle, was man sich darunter vorstellen könnte. Aber es kommt darauf an, daß der Kunde es selbst ausdrückt. Denn dann ist dieser Wert auch wirklich für ihn verbindlich.

Wenn Sie die Werte des Kunden erfahren haben, dann sprechen Sie sie auch an! Am besten, indem Sie Ihre Argumente oder Vorschläge mit seinen Werten einleiten: „Herr Kunde, ich weiß, daß Sie mit guten Lieferanten gerne langfristig zusammenarbeiten wollen und nicht zu den Springern gehören, die wegen eines Preisvorteils von zwei Pfennigen sofort die Lieferanten wechseln. Deshalb möchte ich Ihnen heute folgenden Vorschlag machen ..."

Durch die Ansprache dieser Persönlichkeitswerte bestätigen Sie den Kunden erneut in seiner Persönlichkeit und verpflichten ihn gleichzeitig auf eben diese Werte! Darüber hinaus bringen Sie sich als der Verkäufer in Erinnerung, der sich wirklich darum bemüht, auf diese Werte einzugehen.

Welche Bedeutung ein Gespräch über die Werte des Kunden haben kann, möchte ich Ihnen anhand einer tatsächlichen Begebenheit schildern:

Wie eine Kundenbeziehung in letzter Minute gerettet wurde

Als ich wieder einmal einen Verkäufer begleitete, besuchten wir eine Einkaufsleiterin, die uns schon bei der Begrüßung sagte, daß sie keine Zeit für uns habe und wenn, dann nur fünf Minuten – so sehr sei sie mit Aufgaben überhäuft. Da das Gespräch in der Empfangshalle stattfand, habe ich nicht einmal mehr meinen Mantel ausgezogen. Schon nach kurzer Zeit wurde mir klar, daß es da zwischen dem Verkäufer und seiner Firma und dieser Einkaufsleiterin ziemliche Schwierigkeiten gegeben haben mußte. Das ganze Gesprächsklima war davon belastet. Erst langsam stellte sich heraus, daß der Lieferant – verwöhnt von der früheren Hochkonjunktur – Ausschreibungen dieser Einkäuferin für bestimmte Kleinaufträge entweder überhaupt nicht oder mit völlig überzogenen Preisen beantwortet hatte und schließlich ohne vorherige Ankündigung auch noch einen für diese Firma wichtigen, aber relativ unrentablen Artikel ersatzlos aus dem Lieferprogramm gestrichen hatte.

Kurzum: Der Lieferant war, als es ihm gutging, aufs hohe Roß gestiegen und hatte diese Firma mit ihren Kleinaufträgen links liegen gelassen. Jetzt aber – im Zeichen des gnadenlosen Wettbewerbs – bekamen diese Kleinaufträge und damit auch diese Firma wieder einen erheblich höheren Stellenwert für den Lieferanten. Deshalb hatte man es auch der Mühe wert befunden, sie zu besuchen und sich zu erkundigen, ob und wie man wieder ins Geschäft kommen könnte. **Doch die Türen schienen bereits verschlossen zu sein.** Denn diese Firma war auf kleinere Drehereien in der nächsten Umgebung ausgewichen, die bei vernünftigen Preisen eine akzeptable Qualität ablieferten. An dieser Stelle stockte das Gespräch wie ein Schiff, das auf eine Sandbank aufgelaufen war. Keiner schien ohne Gesichtsverlust von der Stelle zu kommen.

Schließlich sagte die Einkaufsleiterin zu dem Verkäufer: „Ihre Firma muß sich entscheiden, ob sie sich künftig wirklich noch für solche Kleinaufträge interessiert." Das bejahte der Verkäufer ausdrücklich, aber die Einkaufsleiterin blieb weiterhin skeptisch. Dafür machte sie alle Anstalten, das Gespräch zu beenden.

In diesem Augenblick begann ich, ihr ein paar Fragen über ihre Werte zu stellen. Unter anderem fragte ich die Einkaufsleiterin: „Ich habe das Gefühl, daß zwischen Ihnen und der Firma XY eine Mißstimmung besteht. Hat Sie denn die Firma XY irgendwie enttäuscht? Hat sie einen Fehler gemacht?" Und siehe da! Plötzlich kam das eben noch stockende Gespräch in Schwung. Die Schleusen öffneten sich, und eine Flut von aufgestauten Vorwürfen ergoß sich über uns.

Jetzt wurde sichtbar, wie sehr das Verhalten des Lieferanten – seine überhöhten Preise und die Stornierung unrentabler Artikel – ihre Werte und damit ihre Persönlichkeit verletzt hatte. Erst jetzt, als auf beiden Seiten die „Sünden der Vergangenheit" offen angesprochen und ausgesprochen wurden und der Verkäufer die Fehler seiner Firma eingestand und bedauerte, wurde überhaupt erst wieder der Weg für ein neues, sachliches Gespräch frei. Denn bevor solche Verletzungen der Werte nicht ausgesprochen und bedauert werden, gibt es keine Brücke zwischen den Gesprächspartnern und damit auch keine tragfeste emotionale Beziehung.

Jetzt aber kam das Gespräch wieder in Fahrt, und aus den angekündigten fünf Minuten waren mittlerweile eine Stunde und 25 Minuten geworden, als der Verkäufer mehr aus Zufall fragte: **„Gibt es ein bestimmtes Problem oder Projekt, mit dem Sie sich im Augenblick gerade beschäftigen?"** Und siehe da – nun ließ die Einkaufsleiterin die Katze aus dem Sack. Ja – ihre Firma hatte erst dieser Tage einen völlig neuen Auftrag bekommen: die Herstellung eines französischen Schützenpanzers. Und wie nicht anders zu erwarten war, hatte man die Firma des Verkäufers bei der Ausschreibung nur mit wenigen Positionen berücksichtigt. Jetzt aber versprach sie dem Verkäufer, seiner Firma eine wesentlich umfangreichere Ausschreibung zuzusenden.

Doch der Clou kam, als wir uns verabschiedeten. Da sagte sie wortwörtlich zu uns: **„Dieses Gespräch diente ja vor allem der zwischenmenschlichen Beziehung!"**

Was wollte sie uns damit im Klartext sagen? Ohne dieses Gespräch hätte der Verkäufer keine Chancen gehabt, jemals wieder größere Aufträge zu bekommen.

Welchen Nutzen können Sie konkret aus der Ansprache der persönlichen Bedürfnisse (Werte) ziehen?

1. **Werte schaffen Kundennähe!**
Fragen Sie alle neuen Kunden nach ihren Werten, und sprechen Sie sie darauf an. Denn nichts verringert so schnell und so nachhaltig die Distanz zum Kunden und schafft gleichzeitig eine solche Kundennähe wie Ihr ehrliches Interesse an seinen Werten. Darüber hinaus gibt es keine bessere Basis für eine langfristige Partnerschaft als das Kennen und Respektieren der gegenseitigen Werte.
2. **Werte stellen einen emotionalen Bezug her!**
Wenn Sie bei Ihren Kunden – den alten wie den neuen – das Gefühl haben, daß Sie mit Ihren Argumenten und Vorschlägen nicht richtig ankommen, dann verstärken Sie die emotionale Beziehung zu ihnen, indem Sie über ihre Werte sprechen. Stellen Sie diese Werte immer wieder Ihren eigenen Aussagen voran: Dann fühlt sich der Kunde wirklich bestätigt.
3. **Werte verstärken die Kundenbindung!**
Beweisen Sie Ihren alten und neuen Kunden, daß Sie ihre Werte ernst nehmen, indem Sie bei jedem Besuch darauf eingehen. Bringen Sie z.B. dem Einkäufer, der umfassend informiert sein will, gezielte Markt- und Brancheninformationen mit. Auf diese Weise erreichen Sie langfristig die beste Kundenbindung.
4. **Werte lösen Konflikte!**
Sprechen Sie den Kunden auf seine Werte an, wenn Sie spüren, daß er sich zurückhält, verschlossen bleibt oder daß sonst irgend etwas nicht stimmt. Sie können mit neunzigprozentiger Sicherheit davon ausgehen, daß irgend etwas seine Werte verletzt hat, z.B. ein nicht gehaltenes Lieferversprechen. Fragen Sie ihn gezielt danach, ob er das Gefühl hat, in letzter Zeit von Ihrer Firma nicht fair behandelt worden zu sein. Fragen Sie ggf. mehrmals nach, denn nur wenn er bereit ist, seine negativen Gefühle auszusprechen, kann der Konflikt bereinigt werden.

5. Werte bewirken gegenseitiges Respektieren!
Wenn Sie durch Ihr Interesse für die Werte des Kunden eine gute emotionale Beziehung zum Kunden geschaffen haben, dann dürfen Sie ihm auch Ihre Werte mitteilen, z. B. daß Sie ihm dankbar wären, wenn er Ihnen bei zu hohen Preisen noch einen Wink geben würde und wenn er bei aufgetretenen Liefermängeln zuerst mit Ihnen sprechen würde – bevor er andere Schritte unternimmt.

Erfolgsfaktor 2: Die Einmaligkeit

Wir wissen heute, daß 85 Prozent aller Käufe und Verkäufe auf der Differenzierung der Angebote beruhen. Also darauf, daß sie sich voneinander unterscheiden. Denn oft sind es erst die kleineren oder größeren Unterschiede, die beim Kunden überhaupt einen Kaufwunsch auslösen. Warum?
Weil er sich nur durch diese Unterschiede in seiner Individualität profilieren kann.
Genau das drückt ja der bekannte Spruch aus: „Konkurrenz belebt das Geschäft!" Will heißen: Konkurrenz schafft neue Nachfrage, die durch das bisherige Angebot noch nicht angesprochen wurde. Fazit:

> **Je einmaliger, je einzigartiger ein Produkt ist,
> um so größer ist seine Anziehungskraft.**

Marktforscher wie Michael Porter sagen dazu, daß es heute auf nichts so sehr ankommt wie auf eine bestimmte Einmaligkeit! **Einmaligkeit in der Form, daß unser Produkt in irgendeinem Punkt ein klein wenig besser ist als das des Wettbewerbs!** Nicht die Qualität schlechthin ist also entscheidend, sondern der marginale Vorteil, also daß unsere Qualität ein „klein bißchen besser" ist als die des Wettbewerbers. Nehmen wir als Beispiel eine Maschine:

Nicht der günstige Preis, die hohe Leistungsfähigkeit oder der gute Service sind entscheidend, sondern der „etwas geringere Preis", die „etwas höhere Leistungsfähigkeit" und der „etwas bessere Service" als beim Wettbewerber. Aber: **Diese „marginalen" Unterschiede müssen vom Verkäufer erklärt werden. Sie müssen dem Kunden bewußtgemacht werden.** Sie erklären sich nicht von selbst!

Jetzt wissen Sie auch, warum es sinnlos ist, über einen Kunden zu lamentieren, der trotz Ihres hohen persönlichen Einsatzes den Auftrag wegen zwei Pfennig Preisvorteil an die Konkurrenz vergibt.

Das ist kein böser Wille. Er erfüllt damit nur eines der wichtigsten Marketinggesetze, daß bei allen Angebotsvergleichen nicht die absolute Qualität oder der absolute Preis, sondern die relative Überlegenheit, der marginale Vorteil, das „Ein-klein-bißchen-besser-Sein" entscheidend ist.

Dazu ein Beispiel: Eine mittlere Eintrittskarte für „Die drei Tenöre" im Münchener Olympiastadion kostete rund 750 DM. Dennoch war die Veranstaltung komplett ausverkauft. Warum? Weil fast alles einmalig war: die Zeit, der Ort, das Erlebnis, das Können, die emotionale Ansprache.

Diese Einmaligkeit muß den Kunden allerdings emotional berühren. Sonst wirkt sie nicht!

Deshalb genügt es nicht, wenn ein Vertreter dem Einkäufer stolz das Zertifikat über die ISO 9001 über den Tisch zuschiebt und dabei sagt: „Wir sind auf unserem Sektor die ersten, die ein solches Zertifikat erreicht haben." Das ist vielleicht im Augenblick ein einmaliger Qualitätsvorteil für seinen Betrieb, aber es ist aufgrund dieser Kommunikation noch keinesfalls eine Einmaligkeit für den Kunden. Das berührt ihn emotional nicht. Hier fehlt ganz entscheidend, welche einmaligen Vorteile sich für ihn und seine Firma daraus ergeben.

Wenn aber ein Versicherungsvertreter kurz vor dem Abschluß einer Lebensversicherungspolice zu dem Kunden sagt: „Herr Kunde, ich kann heute etwas für Sie tun, das sonst kein anderer Vertreter für Sie tun kann. Ich habe bereits bei Herrn Dr. X. einen Termin für Sie reserviert. Ich kann Sie sofort zu ihm hinbringen. Dadurch haben Sie den schnellstmöglichen Versicherungsschutz ...", dann hat er in den Augen des Kunden einen wirklich einmaligen Vorteil geschaffen.

Überprüfen Sie also Ihr Angebot – Ihr Produkt, Ihre Dienstleistung, Ihre Beratung, Ihren Service, Ihre Betreuung –, und stellen Sie fest, wo Sie einmalig sind. Überprüfen Sie aber auch die Wettbewerberprodukte, damit Sie durch die Gegenüberstellung mit ihnen die Einmaligkeit Ihres Angebots herausarbeiten können.

Dabei hilft Ihnen ein psychologisches Gesetz:

Ein Kunde nimmt die marginalen Vorteile Ihres Angebots um so eher wahr, je stärker ihm das Fehlen solcher Vorteile bei den anderen Wettbewerbsangeboten bewußt wird.

Es scheint also ein Naturgesetz zu sein, daß man in vielen Fällen das Positive erst durch das Negative definieren kann. Denken Sie nur an die Gesundheit. Ihren Wert schätzt man erst dann richtig, wenn man krank ist.

Aus all dem erkennen Sie, welche Bedeutung in Zukunft einem kritischen Wettbewerbsvergleich zukommt. In einer Zeit, in der Privatkunden wie Industrieeinkäufer nur noch nach der relativen Überlegenheit suchen, ist es mit der höflichen Nichtbeachtung der Konkurrenz vorbei. Der Kunde will nur eines wissen: „Was bieten Sie ein klein wenig besser an als der Wettbewerb?" Machen Sie sich die Mühe, es herauszufinden oder es durch Ihren persönlichen Einsatz herzustellen. Dazu ein Beispiel:

Eine Firma hat ein hervorragendes Liefer- und Frachtsystem. Aber der Verkäufer erwähnt es kaum, weil er es für selbstverständlich hält. Wenn jetzt ein Wettbewerber aufkreuzt, der das Produkt um zwei Pfennige billiger anbietet und dafür auf dieses kostspielige Belieferungssystem verzichtet, dann kann der Verkäufer aus dem Geschäft heraus sein. Denn diesen echten Kostenvorteil hat er dem Einkäufer nie vorgerechnet! Und deshalb ist er auch dem Einkäufer in diesem Augenblick nicht bewußt.

Suchen Sie also nach jedem kleinsten (rechenbaren) Vorteil. Es lohnt sich, weil er wie nichts anderes die Anziehungskraft Ihres Angebots erhöht.

Erfolgsfaktor 3: Das Erlebnis

Gerade das Beispiel der „Drei Tenöre" zeigt uns, wie wichtig auch das Erlebnis bei jeder Begegnung zwischen dem Kunden und dem Verkäufer ist. Was könnte z. B. der Verkäufer machen, um sein Zertifikat über die ISO 9001 für den Kunden zu einem Kommunikationserlebnis zu machen? Er müßte das Ganze in Form einer Geschichte verpacken, z. B. nach dem Muster:

- Warum entschloß sich meine Firma dazu, die ISO 9001 anzustreben? Gab es einen besonderen Anlaß dafür? Und warum wollten wir sogar die ersten sein?
- Welche umwälzenden Veränderungen löste das in unserem Betrieb aus?
- Welche einmaligen Vorteile entstanden daraus für unsere Kunden?

Das muß keine lange Geschichte sein. Oft genügt eine kurze Botschaft, um beim Kunden die Anziehungskraft eines Produkts zu erhöhen. Dazu eine Geschichte:

Wie man Äpfel mit Hagelflecken verkauft

Ein amerikanischer Farmer vermarktete seit einigen Jahren seine Äpfel direkt an die Verbraucher. Mit wirkungsvollen Anzeigen hatte er sich einen kleinen Kundenstamm aufgebaut, dem er jedes Jahr sein Angebot zuschickte. Nun wollte es das Schicksal, daß ein Hagelsturm an seinen Äpfeln braune Hagelflecken hinterließ. Was sollte er jetzt tun? Sie kommentarlos versenden mit der Gefahr, dadurch treue Kunden zu vergraulen und jede Menge Retouren zu bekommen? Oder einfach auf alle Einnahmen verzichten?

Dabei waren die Äpfel wunderbar saftig und einmalig im Geschmack. Sie sahen nur nicht so schön wie sonst aus. Er dachte einige Zeit nach, machte die Äpfel versandfertig und legte folgenden Begleitbrief dazu:

> Sehr geehrter Kunde,
>
> beachten Sie bitte die Hagelflecken auf einigen dieser Äpfel. Sie beweisen, daß diese Äpfel in höheren Bergregionen herangewachsen sind, wo die plötzlichen Kälteeinbrüche durch Hagelstürme das Fruchtfleisch kräftigen und den natürlichen Fruchtzucker entwickeln, was diesen Früchten ihren unvergleichlichen Geschmack verleiht. Ich wünsche Ihnen einen herzhaften Genuß!
>
> Mit freundlichen Grüßen
>
> Ihr John Farmer

Das Ergebnis dieser Aktion? Zufriedene Kunden, keine Reklamationen. Dafür später gelegentlich Bestellungen mit dem Vermerk: „Wenn möglich mit Hagelflecken."

Das Wichtigste aber an diesem Brief war, daß er Emotionen auslöste. Zum Beispiel Erstaunen, Neugierde oder den Respekt vor der Ehrlichkeit.

Natürlich muß dabei auch die Qualität einwandfrei gewesen sein. Das ist die absolute Voraussetzung. Keinen Erfolg hätte er wohl gehabt, wenn er angebissene Äpfel mit dem Begleittext verschickt hätte: „Gebrauchsanweisung eingebaut."

Der alles entscheidende Erfolgsfaktor im Bereich Erlebniswert ist der: Die Erlebnisse müssen Emotionen auslösen! Genau das zeigt das folgende Beispiel:

Emotionen in 10.000 Meter Höhe

Schon aus diesem Grund denke ich beim Stichwort Fliegen immer an meine Lieblingsfluggesellschaft: die Crossair. Und an den Flug von München nach Basel. Ist der Flug entlang den Alpen an einem sonnigen Tag schon ein unvergeßliches Erlebnis, so wird er durch den außergewöhnlichen Service dieser Gesellschaft noch in ganz besonderer Weise verstärkt.

Selbst wenn Sie frühmorgens fliegen, bekommen Sie zur Begrüßung ein Glas französischen Champagner angeboten und keinen billigen Sekt, dazu ein Frühstücksmenü mit echtem Silberbesteck und keinem billigen Plastikgeschirr, und zum Abschluß gibt es neben Kaffee und Cognac noch einen schönen großen Goldtaler aus feinster Schweizer Schokolade.

Der vergleichbare Mehraufwand ist relativ gering, aber dieser relative Mehraufwand führt zu einem echten Erlebnis und damit zu einer relativen Überlegenheit gegenüber anderen Luftlinien. Und auf diese kommt es ja an! Denn Sicherheit und Pünktlichkeit bieten auch andere Fluggesellschaften. Aber der kleine Unterschied bleibt im Gedächtnis!

Erlebnis beim Reifenkauf

Ein ähnlich eindrucksvolles Beispiel „erlebte" meine Frau bei dem Michelin-Vertragshändler der Firma Erfurth in München. Als sie dort einen Satz neuer Winterreifen kaufte und montieren ließ, wurde sie mit folgenden Serviceleistungen „konfrontiert":

- Ihr wurde sofort in einer gemütlichen Sitzecke ein Platz angeboten.
- Sie konnte sich jederzeit aus dem Kaffeeautomaten kostenlos eine Tasse Kaffee holen.
- Auf dem Tisch lag der neueste (!) Lesezirkel.
- Der Meister nahm sicher und schnell den Auftrag an und erledigte ihn in der abgesprochenen Zeit (den Reifentyp hatte sie bereits telefonisch ausgewählt).
- Er wies von sich aus auf die TÜV-Fälligkeit und auf die an diesem Nachmittag in seinem Haus stattfindende TÜV-Untersuchung hin.

- Er fragte von sich aus, ob die neuen Winterreifen ausgewuchtet werden sollten.
- Er legte auch den „Nagel" als Beweis für ein bisheriges Reifenproblem vor.
- Die Sommerreifen wurden ohne Aufforderung gewaschen und in Plastikhüllen verpackt, zurückgegeben.
- Die Vorder- und Hinterreifen wurden automatisch hinsichtlich ihrer Position markiert.

Das Betriebsklima zeichnete sich dadurch aus, daß trotz pausenlosen Telefongeklingels ein ruhiger und gelassener Ton herrschte, daß die beiden Damen am Schalter bzw. Telefon sich problemlos abwechselten und beide sehr kompetent waren und daß die Meister nicht nur höflich waren, sondern die Kundin von sich aus auf bestimmte Vorteile (wie z. B. die TÜV-Untersuchung) hinwiesen. Alles zusammen: ein Erlebnis und eine wahre Wohltat in der sonst üblichen Servicewüste Deutschland!

Bleibt die Frage: Wie kann man sein eigenes Verkaufsgespräch zum Erlebnis machen?

Wie man durch eine erlebnisorientierte Kommunikation sowohl die Kundenbeziehungen verstärken als auch die Umsätze steigern kann

Die folgenden Beispiele stammen von der Agentur Paul Keller und Pauli Huber in Übersee am Chiemsee, die sich vor allem auf Bausparen, Versicherungen und Investmentfonds spezialisiert haben. Sie verstehen es, in besonders kreativer und lebendiger Weise den Kontakt mit ihren Kunden aufrechtzuerhalten, was ihnen zusammen mit ihrer Truppe eine Umsatzsteigerung von 400 Prozent in einem Jahr einbrachte.

1. Der spontane Brief mit der Ein-Dollar-Note

Die wichtigsten Fragen, die einen Verkäufer von Finanzdienstleistungen beschäftigen, sind wahrscheinlich: „Wie bekomme ich neue Termine?" und „Wie mache ich mehr Umsatz?"

Ein verblüffend einfaches Mittel dazu ist eine Ein-Dollar-Note, die man dem Kunden entweder in einem Brief schickt oder ihm persönlich übergibt. Hier zwei handgeschriebene „Dankeschönbriefe", die Paul Keller und Pauli Huber am Ende eines Jahres an ihre Kunden verschicken:

- „Lieber Herr Tiefenthaler, wem danke ich 1998? Dabei habe ich spontan an Sie gedacht! Die Dollarnote soll Ihnen Glück und Erfolg bringen. Alles Gute wünscht Ihnen Ihr Paul Keller."
- „Lieber Herr Helmer, wem sage ich 1998 herzlichen Dank? ... Ohne lang zu überlegen, habe ich an Sie gedacht. Es war eine Freude, mit Ihnen zusammenzuarbeiten. Auch 1999 werde ich mich bemühen, daß es genauso bleibt. Mit freundlichen Grüßen Ihr Paul Keller."

Auf den unteren Rand des Briefes kleben sie eine Ein-Dollar-Note zusammen mit einem Post-it, auf dem ihre Bausparkasse von der Stiftung Warentest als Testsieger vorgestellt wird.

Die Sache hat einen dreifachen Erlebniswert:

- Jeder Kunde prüft als erstes, ob die Dollarnote wirklich echt ist (und sie ist echt!).
- Statt in den Papierkorb wandert das Präsent als gutes Omen in den Geldbeutel.
- Mit jedem Blick in den Geldbeutel wird die Erinnerung an Paul Keller und den netten Brief wieder wach!

Die Ein-Dollar-Note läßt sich dabei auf vielfache Weise verwenden. Zum Beispiel:

- Als Honorar für eine ausgesprochene Empfehlung,
- Als Dankeschön für das entgegengebrachte Vertrauen im letzten Jahr,
- Als Geschenk, um sich bei den Kunden dauerhaft in Erinnerung zu bringen,
- Als positive Aufmerksamkeit (z. B. als Trinkgeld nach einem guten Essen, zusammen mit der Visitenkarte),
- Als Glücksbringer in Verbindung mit neuen Geldanlagen.

Wie sah das konkrete Ergebnis der ersten Dollaraktion aus?

- Viele Kunden riefen aus spontaner Begeisterung sofort an.
- Die freiwilligen qualifizierten Empfehlungen nahmen um mehr als 100 Prozent zu.
- Die Cross-Selling-Rate nahm um 35 Prozent zu.
- Die Investmentsparpläne nahmen um 25 Prozent zu.
- Die Investmentfolgezahlungen erhöhten sich schlagartig um mehr als 700.000 DM.
- Die Zahl der neuen Termine nahm um mehr als 100 Prozent zu!
- Das Neukundengeschäft nahm insgesamt im schwierigen Monat Januar um 20 Prozent zu!

Und das, weil alle guten Kunden am Jahresende ein spontanes Dankeschön mit einer Ein-Dollar-Note erhalten hatten.

2. Die Visitenkarte zur Neukundengewinnung

Als Pauli Huber wieder einmal seine Verkaufsunterlagen vorbereitete, fiel ihm auf, daß seine Visitenkarte wie die meisten anderen außerordentlich farblos und langweilig wirkte und nur mit der Lupe zu lesen war. Je länger er darüber nachdachte, um so mehr kam er zu der Erkenntnis: „Visitenkarten sind etwas ganz **Persönliches**, und so sollten sie auch **gestaltet** und **übergeben** werden. Außerdem könnten sie doch auch wichtige Informationen für den Kunden enthalten (z. B. Angebote, Empfehlungen, Aktuelles...)."

So kam er auf die Idee, seine Visitenkarte als umknickbare Doppelkarte mit vier „Info-Seiten" zu gestalten. Heute sieht sie so aus:

Auf Seite 1 steht in großen Buchstaben die Anschrift. Auf Seite 2 (Innenseite) stehen die drei meistverkauften Aktien-Investmentfonds mit der Konto-Nummer, der BLZ, der Bank und einer leeren Spalte, in die die Depot-Nummer eingetragen werden kann. Auf Seite 3 (zweite Innenseite) steht, wie sich eine Anlage von 10.000 DM in den Templeton Growth Fonds in den letzten 5, 10, 15, 20, 30 und 40 Jahren entwickelt hätte.

Auf Seite 4 (Rückseite) sieht man, wie sich der Zinseszinseffekt bei dem Templeton Growth Fonds mit seiner fast jahrzehntelangen Rendite von rund 14 Prozent auswirkt. Dieser Effekt ermöglicht dem Berater nicht nur, die Bedeutung einer möglichst frühzeitigen Anlage aufzuzeigen, sondern den Kunden auch in verblüffender Weise auf das Thema Altersvorsorge anzusprechen. Beispiel:

Sparzins in Jahren	Zinseszinseffekt bei einmaliger Anlage von 10.000 DM bei verschiedenen Zinssätzen			
	6 Prozent	9 Prozent	12 Prozent	14 Prozent
10	17.908,-	23.673,-	31.058,-	37.072,-
20	32.071,-	56.044,-	96.462,-	137.434,-
30	57.434,-	132.676,-	299.599,-	409.501,-
40	102.857,-	314.094,-	930.509,-	1.888.835,-
65	441.449,-	2.708.459,-	15.818.724,-	49.982.196,-

Angenommen, unser Anlageberater Paul Keller unterhält sich gerade mit einem Familienvater und kommt dann ganz „zufällig" auf das Thema Altersvorsorge zu sprechen:

Paul Keller: „Herr Kunde, sind Sie nicht auch der Meinung, daß man sich auf die gesetzliche Altersvorsorge allein nicht mehr verlassen kann?"

Kunde: „Ja! Aber was mir besondere Sorgen macht: Wie wird es meinen Kindern ergehen?"

Paul Keller: „Wäre es da nicht eine Erleichterung für Sie, wenn Sie bereits heute sicher sein könnten, daß Ihre Kinder einmal eine stabile Altersvorsorge hätten?"
Kunde: „Ja natürlich! Sagen Sie bloß, daß so etwas möglich ist!"
Paul Keller: „Selbstverständlich, mit Hilfe eines Aktien-Investmentfonds. Angenommen, Ihr Vater hätte Ihnen zur Taufe einen Templeton-Aktienfond über 10.000 DM geschenkt und Sie würden ihn bis zu Ihrem 65. Geburtstag nicht anrühren. Wissen Sie, was Sie dann bei der jahrzehntelangen Rendite von durchschnittlich 14 Prozent am Tag Ihrer Pensionierung erwarten dürften? Was schätzen Sie?"
Kunde: „1 Million?"
Paul Keller: „Sie gehen aber ran!"
Kunde: „Wieso? Sind es weniger? Nur 500.000 DM?"
Paul Keller: „Sie sind ganz nahe dran. Ungefähr 49 Millionen Mark dürften Sie dann erwarten! ... Entspräche das in etwa Ihrer Vorstellung als Altersvorsorge?"
Kunde: „Mehr als das, was muß ich dafür tun, Herr Keller?"

3. Der Geschenkordner für den Kunden

Als eines Tages ein Kunde Pauli Huber aufforderte, alle seine Versicherungen und Kapitalanlagen schön übersichtlich in einem Ordner zusammenzufassen, kam ihm folgende Idee: „Wenn ich die Unterlagen in einen normalen Leitzordner abhefte, dann verschenke ich ja die effektivsten Werbeflächen!" Also dachte er nach und entwarf einen Ordner, der durch seinen farbigen Aufdruck und seine bunten Einlagen für den Kunden zum Erlebnis wurde. Darüber hinaus ist dieser Ordner natürlich genau auf den Kunden und seine Situation abgestimmt, enthält vorne groß den Namen des Kunden und auf der Rückseite den Namen der Vermittler, so daß der Kunde sofort zum Telefon greifen kann, wenn er nachordern will.
Zu den motivierenden Einlagen, die den Kunden zum Lesen und Investieren bringen sollen, gehören auch gute Zitate oder Sprichwörter, wie z. B.: „Der Reiche macht Pläne für die Zukunft, der Arme für die Gegenwart" (chinesisches Sprichwort). Oder witzige

Gags, wie z.B. die folgenden Definitionen für die unterschiedlichen Wirtschaftsformen: „Ein fleißiger Bauer hat zwei Kühe ... Im Sozialismus schenkt er eine Kuh seinem Nachbarn ... im Kommunismus nimmt ihm der Staat beide Kühe weg und verkauft ihm die Milch ... im Faschismus nimmt ihm der Staat beide Kühe, melkt sie und schüttet dann die Milch weg ... im Kapitalismus verkauft er beide Kühe und kauft sich dafür einen Bullen, weil er dafür mehr EU-Subventionen bekommt."

Der ganz konkrete Nutzen der ersten beiden Geschenkordner?

- zwei Aktien-Investmentfonds-Aufträge
- drei Investmentsparpläne
- 12 „freiwillige qualifizierte Empfehlungen"
- die Zusage weiterer Empfehlungen

4. Info-Abende zur Erst- und Neukundengewinnung

Immer wieder geht es um die Überlegung: Wie komme ich an neue Kunden? Wie komme ich zu neuen Terminen? Wie kann ich z.B. alle meine (früheren) Kontakte für mein Geschäft nützen?

Auch Pauli Huber, 18 Jahre alt, hatte über diese Frage nachgedacht und war auf eine ganz spezielle Zielgruppe gestoßen: Er wollte die Kontakte aus seiner Schulzeit, die Lehrer, die Schulkameraden sowie deren Eltern für sein Angebot, die Investmentidee, gewinnen. Doch wie sollte er vorgehen?

Obwohl er bis dahin noch nie einen Rhetorikkurs besucht hatte, faßte er den mutigen Entschluß, sie und sogar den Rektor zu regelmäßigen Info-Abenden einzuladen.

Natürlich kam ihm dabei zugute, daß ihm sein Stiefvater Paul Keller beratend zur Seite stand und seine Mutter die Chiemsee-Klause mit entsprechenden Räumlichkeiten betrieb. Trotzdem zeigt dieses Verhalten, daß hier kein „Bedenkenträger" oder ein ängstlicher „Fürchtegott" am Werke war, sondern einer, der es ausprobieren und wissen wollte. Und so flatterte den Kunden in spe kurz danach folgende Einladung ins Haus.

> **Informationsveranstaltung zum Thema Vermögensplanung mit Investmentfonds**
>
> Vorträge im ersten Quartal 1998:
>
> Alle 14 Tage, immer donnerstags um 19.15 Uhr im Hotel Garni, Chiemseeklause, direkt an der AB-Ausfahrt in Übersee (Seeseite). Ich würde mich freuen, wenn Sie sich die Zeit nehmen!
>
> | Datum | Thema |
> |---|---|
> | 15.01.1998 | Die Investmentidee |
> | 29.01.1998 | Der Investment-„Switchplan" |
> | ... | |

Natürlich ist das nichts aufregend Neues. Aber es soll Mut machen und Chancen aufzeigen. Sich als 18jähriger vor seine Lehrer und ehemaligen Mitschülern und deren Eltern hinzustellen und ihnen einen Vortrag über die Idee von Investmentfonds zu halten ist doch neu und aufregend! Vor allem, wenn man es wirklich tut – und wenn dabei nicht nur ein Bausparvertrag, einen Aktienfondssparplan, eine Aktien-Einmalanlage, drei Anfragen für den Versicherungs-TÜV, und 10 feste Gesprächstermine herauskommen, sondern auch der frühere Rektor eine tolle Referenz zurückschickt, die in dem Satz gipfelt:

„... Das mündliche Formulieren und Argumentieren war schon in der Volksschulzeit Deine große Stärke. Dennoch hat mich äußerst positiv überrascht, mit welcher Sicherheit im Auftreten und in der Sprache Du dieses doch recht komplexe Thema vorgestellt hast ... Viel Freude bei Deinen beruflichen Aktivitäten wünscht Dir ... Hans Aderbauer."

5. Werbung durch den Anrufbeantworter

Die meisten Texte der Anrufbeantworter sind langweilig und langatmig und gehen auf Kosten des Kunden. „Das könnte doch anders sein!", sagte sich Paul Keller und verfaßte einen kurzen Text, der am Schluß sogar noch einen aktuellen Geldtip enthält. Zum Beispiel: „Grüß Gott! Hier spricht Paul Keller, Bankkaufmann, Telefon Nr. ... Sprechen Sie bitte nach dem Signalton auf das Band. Wenn Sie eine Alternative zum Festgeld suchen, bietet Ihnen unser MK-Variozins eine Rendite von 5,7 Prozent – nach Spesen. Damit schlägt er alle Festgeldanlagen der Banken! So trennen Sie sich leichter von den mickrigen Zinsen Ihrer Bank. Sprechen Sie jetzt einfach los!"

6. Essensgutschein als Werbegeschenk

Wenn man einen Kunden als Dank für bestimmte Aufträge zum Essen einlädt, dann kostet es erstens Zeit, zweitens kann das Restaurant möglicherweise dem Kunden nicht gefallen, und drittens kann man den Kunden bei dieser Gelegenheit nicht schon wieder auf neue Geschäfte ansprechen. Also dachten Paul Keller und Pauli Huber nach und kamen auf folgende Idee:

Wenn sie sich jetzt bei einem guten Kunden mit einem Essen revanchieren und die Beziehung festigen wollten, dann laden sie ihn nicht mehr selbst zum Essen ein, sondern übergeben ihm einen Essensgutschein im Wert von 150 DM mit dem Hinweis, sich das Restaurant selbst auszuwählen und ihnen dann nach zwei Wochen die Rechnung vorbeizubringen, die sie ihm bis zur Höhe des Gutscheins erstatten würden.

Die Vorteile:

- Der Kunde freut sich schon im voraus auf diesen Termin in 14 Tagen, denn dann bekommt er ja das Geld für seine Rechnung zurück. Und zweitens:
- Der Berater erhält auf diese Weise einen neuen Termin mit dem Kunden.

All das sind keine neuen revolutionären Ideen, aber es sind kreative Ideen, die Abwechslung schaffen und beim Kunden als etwas Besonderes in Erinnerung bleiben. Und darauf kommt es ja vor allem an: daß der Verkäufer beim Kunden in Erinnerung bleibt!

Nun zur letzten Idee:

7. Neue Adressen durch das „magische Glas"

Als seine Mitarbeiter wieder einmal klagten, daß sie keine guten Adressen hätten, probierte Paul Keller eine andere Idee aus. Sie stammt – wie manch andere der hier vorgestellten Ideen – von einem jungen, kreativen Marketingfachmann namens Oliver Gersten, mit dem er sich regelmäßig berät. Hier gilt das Motto: Wer selbst nicht so kreativ ist, suche einen Kreativen!

Diesmal ging es um die Idee mit dem „magischen Glas", die so phänomenal einschlug, daß sie nach acht Tagen bereits abgebrochen werden mußte, obwohl sie auf drei Monate geplant war. Mit der Folge: **Wo vor Tagen neue Adressen noch absolute Mangelware waren, da explodierte jetzt geradezu die Zahl der Adressen.** Und wo in den Terminkalendern eben noch gähnende Leere herrschte, da wurden plötzlich mit nie zuvor gekanntem Eifer bis zu 10 Termine am Tag eingetragen. Das alles verdankte man der Idee des „magischen Glases"! Was war das für eine geheimnisvolle Idee?

Wenige Tage nach dem Gespräch mit dem jungen Marketingexperten fuhr Paul Keller zum „Hagebaumarkt" nach Traunstein, dem größten Baumarkt am Ort, und stellte sich dem Geschäftsführer mit den Worten vor: „Sie sind der Spezialist für Baumaterial. Ich bin der Spezialist für Baufinanzierungen. Daraus müßte man doch etwas machen können!" – „Warum nicht", meinte der Geschäftsführer interessiert.

Nachdem Paul Keller in wenigen Worten seinen Plan skizziert hatte, bat er darum, daß man ihm für die nächsten drei Monate erlaubte, in der Nähe des Haupteinganges einen Tisch aufzustellen.

Als am nächsten Morgen die Kunden den Eingang passierten, sahen sie einen blauweiß gedeckten Tisch, auf dem ein Glas stand, wie man es früher für die Goldfische verwendete und das randvoll mit Pfennigstücken gefüllt war. Davor lag ein Stapel Karten, auf denen **„Schätzen & Gewinnen!!!"** stand. Dahinter stand ein freundlicher Herr, der sie aufforderte, doch einmal zu schätzen, wie viele Pfennige in dem Glas wären. Den Gewinnern – so war auf einem Plakat zu lesen – winkten als 1. Preis ein Einkaufsgutschein für 50 DM, als 2. Preis ein Einkaufsgutschein für 30 DM und als 3., 4. und 5. Preis ein Einkaufsgutschein für je 25 DM. Das waren nicht gerade üppige Preise. Aber sie genügten, um ein geradezu phantastisches Ergebnis zu erzielen! Immerhin mußten die Kunden nicht nur ihr Schätzergebnis, sondern auch ihre vollständige Adresse nebst Telefonnummer auf eine Karte eintragen, damit sie „natürlich" von dem Gewinn benachrichtigt werden konnten.

Nun – was raten Sie: Wie viele korrekt ausgefüllte Adressen bekam Paul Keller, der sich mit seinem Sohn und seinem Mitarbeiter Bernhard Walter an dem Tisch abwechselte, pro Tag zusammen? ... 30? ... 50? ... 100? Die meisten sagen: etwa 50 Stück. Sie werden es nicht glauben: **Nach 8 Tagen hatten sie 1800 Adressen gesammelt,** und am letzten Tag, einem Samstag, hörten sie um 14.30 Uhr leicht erschöpft auf, nachdem sie an diesem Tag bereits 350 Adressen bekommen hatten. Danach stoppten sie die Aktion, die für 3 Monate geplant war, denn sie hätten gar keine Chance mehr gehabt, diese Adressen noch nachzubearbeiten.

Um mit Wilhelm Busch zu sprechen: Dieses war der erste Streich! Doch der zweite folgte sogleich: Die Adressen wurden unter der ganzen Truppe (insgesamt 9 Leute) entsprechend ihren Standorten (Postleitzahlen) verteilt und dann der Reihe nach angerufen. Das hörte sich so an:

„Grüß Gott, Herr Deinlein ... herzlichen Glückwunsch! Sie haben bei unserem Schätzspiel gewonnen. Zwar haben Sie mit Ihrer Schätzung von 950 Pfennigen keinen der Hauptpreise gewonnen – denn es waren exakt 2167 Pfennige in dem Glas – aber trotzdem herzlichen Glückwunsch: Auch Sie gehören zu den Siegern. Sie können wählen, was Ihnen lieber ist: Eine druckfrische Ein-Dollar-Note als Glücksbringer für das kommende Jahr oder ein Scheck über 80 DM als erste Rate für einen Bausparvertrag."

Das Ergebnis: Mitarbeiter Bernhard Walter rief gleich am ersten Tag 12 neue Adressen an, die zu 6 Terminen führten, aus denen sich drei Bausparverträge zwischen 5.000 und 25.000 Mark ergaben. Nach drei Tagen hatte er bereits 12 Bausparverträge verkauft.

Doch der richtige Profit kommt ja erst mit dem Nachfolgegeschäft.

Kehren wir noch einmal kurz zu der Schätzaktion zurück: Eine ganz entscheidende Sache haben wir noch nicht erwähnt, damit der Erfolg auch wirklich eintritt.

Paul Keller sagt dazu: **"Man muß die Leute motivieren. Von allein kommt zuwenig.** Wenn ich am Tisch stand, habe ich die Leute, die beim Eingang hereinkamen und aus Neugierde auf mein Glas mit den Pfennigen schauten, sofort mit einem freundlichen Lächeln angestrahlt und persönlich angesprochen." Zum Beispiel: „Ah ... Sie sehen so aus, als ob Sie gut schätzen könnten!" Kunde: „Wieso?" Keller: „Das sehe ich Ihnen an!" Kunde: „Das glaube ich nicht!" Keller: „Dann probieren Sie es doch einmal aus!", reichte ihm Karte und Kugelschreiber – und schon notierte der Kunde.

Oder wenn ein selbstbewußt auftretender Mann daherkam: „Sie sind ein Siegertyp. Das sehe ich gleich. Sie können schätzen!" Kunde: „Ich? Nein!" Keller: „Dann probieren Sie es halt mal!"

Erst jetzt, mit dieser emotionalen Ansprache, „explodierte" die Adressenzahl.

Es war anscheinend diese Mischung aus Neugierde, emotionaler Ansprache, spielerischer Herausforderung und möglichen Gewinnaussichten, die diese Schätzprobe für die Kunden zu einem attraktiven Erlebnis machte.

Doch einen Wermutstropfen gab es bei dieser Aktion: Jeder neue Mitarbeiter von Paul Keller nahm die Adressen gerne in Empfang! Aber nur die Hälfte von ihnen setzte sich auch am nächsten Tag ans Telefon und fing konsequent an, Termine zu machen.

Die Sieger von ihnen gingen sofort ran, wollten es wissen, wollten ihre Erfolgschancen ausprobieren und glänzten geradezu vor Eifer, als sie die großen Erfolgschancen sahen. Die anderen warteten dagegen ab, sortierten die Adressen – aber riefen niemanden an. Sie schienen geradezu Angst vor den Kunden zu haben! War es die Angst vor provozierenden Fragen, vor den Absagen oder vor einem möglichen Rausschmiß? – Sie taten jedenfalls nichts! Aber die Adressen zurückgeben, das wollten sie auch nicht.

„In dieser Situation", so Paul Keller, „erkannte ich, wer die wahren Verkäufer waren."

Erstes Fazit: Sieger ergreifen jede Erfolgschance, probieren sie aus und nehmen dafür auch Risiken in Kauf. Verlierer warten dagegen ab, drücken sich vor der Initiative und flüchten sich lieber in Ersatzhandlungen.

Zweites Fazit: **Auch die besten Erfolgschancen machen aus echten Verlierern keine wahren Sieger!**

Erfolgsfaktor 4: Die Kompetenz

Kompetenz ist der entscheidende Faktor dafür, daß der Kunde den Verkäufer ernst nimmt, daß er ihm zuhört und auf seine Vorschläge eingeht. Kompetenz ist deshalb für die Anziehungskraft des Angebots so groß, weil sie wie nichts anderes das Vertrauen des Kunden verstärkt. Aber – und das ist das Schwierige – Kompetenz muß sofort bewiesen werden!

Der erste Zweifel, der erste Rückzug, „Da muß ich mich erst einmal bei den zuständigen Technikern schlau machen!", kann dieses Gefühl der Kompetenz beim Kunden schon untergraben.

Immer wieder konnte ich gerade bei Gesprächen zwischen Verkäufern und Einkäufern beobachten, welche enorme Glaubwürdigkeit der Verkäufer gewann, wenn er – ohne zu zögern – selbst den herbeigeholten Technikern der Firma präzise Rede und Antwort stehen konnte.

So erinnere ich mich noch an ein Gespräch mit dem Einkaufsleiter von MAN-Roland, der mir von einem Schweizer Berater erzählte. Dieser Mann konnte sogar den eigenen Technikern sagen, welche Toleranzen ihre Maschinen bei den Kunden draußen in aller Welt hatten. Warum hat dieses Ereignis bei dem Einkäufer einen so starken Eindruck hinterlassen, so daß er sich selbst nach Wochen noch daran erinnerte?

Weil der Verkäufer damit eine ganz besondere Einstellung bewies, und die lautete:

- Ich bin ein kompetenter Verkäufer,
- der für den Kunden wertvolle Informationen hat,

- der ihm ein Problem bewußtmachen kann und
- der ihm helfen kann, es zu lösen!

Das ist auch die Einstellung, die alle Sieger auszeichnet und die sie fast täglich beweisen!

Fazit: Der Erlebniswert und damit die Anziehungskraft Ihres Angebots wird um so größer, je mehr Sie anstelle eines Produkts eine kompetente Problemlösung verkaufen.

Erfolgsfaktor 5: Die emotionale Beziehung zum Kunden

Hier geht es um die Art und Weise, wie Kunde und Verkäufer miteinander kommunizieren und wie es der Verkäufer schafft, zu dem Kunden einen emotionalen Bezug herzustellen, das heißt, wie er den Kunden auch auf der „Beziehungsebene" erfolgreich ansprechen kann.

Wir wissen, daß die Kommunikation zwischen Kunde und Verkäufer vor allem auf zwei Ebenen abläuft:

- auf der **Ebene der Information**, also auf der Ebene der Schrift oder der Sprache, wobei es darum geht, **was** wir sagen
- auf der **Ebene der Signale**, also auf der Ebene der Körpersprache – der Haltung, der Mimik und der Stimme –, wobei es darum geht, **wie** wir etwas sagen

Wie sieht das in der Praxis aus?

Nehmen wir an, Sie begrüßen einen Kunden mit den Worten: „Ich freue mich, Sie zu sehen!" und schauen ihn dabei todernst an, dann irritiert das den Kunden. Wenn Sie ihn aber freundlich anlächeln, dann stimmt auch die zweite Ebene. Dann stimmen die beiden Ebenen überein.

Aber es fehlt immer noch etwas! Es fehlt noch die Brücke, auf der Sie dem Kunden wirklich nahekommen und durch die Sie einen emotionalen Bezug herstellen können. Das ist durch die beiden ersten Ebenen nur teilweise möglich.

Also brauchen Sie eine dritte Ebene, ohne die es zu keiner wirklich erfolgreichen Kommunikation und zwischenmenschlichen Nähe kommt. Diese dritte Ebene ist die „**Bezugsebene**", die Ebene, auf der Sie zu dem Kunden einen persönlichen Bezug herstellen. Und solange Sie diese Bezugsebene nicht angesprochen haben, senden Sie unbewußt und ungewollt „kommunikationshemmende" Botschaften aus.

Was bedeutet das in der Praxis? Nehmen wir wieder unser Begrüßungsbeispiel her:

- Sie begrüßen den Kunden mit höflichen Worten. Das ist die Informationsebene.
- Sie strecken die Hand aus. Das ist die Signalebene.
- Und jetzt kommt die dritte Ebene dazu: Sie übergeben ihm ein persönliches Geschenk und sagen zu ihm: „Ich habe Ihnen etwas mitgebracht!" Das ist die Beziehungsebene, da Sie ihm etwas geben, das sich auf ihn bezieht.

Das Geheimnis einer guten und langfristigen Kommunikation mit dem Kunden entscheidet sich auf der dritten Ebene – auf dieser Beziehungsebene! Denn nur auf dieser Ebene können Sie dem Kunden beweisen, wie sehr Sie ihn wirklich schätzen.

Und das geht nicht immer mit ein paar netten Worten oder einem freundlichen Lächeln. Denn diese beziehungschaffenden Gesten kosten in der Regel wesentlich mehr Mühe. Deshalb sind sie auch die wahren Eintrittskarten für den Prozeß der emotionalen Beziehung zum Kunden.

Natürlich werden Sie jetzt mit Recht sagen, daß man durch eine freundliche Miene und herzliche Worte sehr wohl Gefühle ausdrücken und übertragen kann. Das ist richtig. Aber sie ersetzen – gerade in bestimmten Situationen oder bei langfristigen Kontakten – nicht diese dritte Beziehungsebene. Beweise gefällig?

Der fehlende Weihnachtsgruß

Angenommen, Sie kennen Ihren Kunden gut, haben ein vertrauensvolles Verhältnis zu ihm und schreiben ihm deshalb an Weihnachten mit Ihrem Füller einige persönliche Zeilen. Sie kleben auf den geschlossenen Umschlag noch eine schöne Weihnachtsbriefmarke und erhalten eine Woche später eine Weihnachtskarte von diesem Kunden, die im offenen Umschlag, mit gedrucktem Text und ohne jeden persönlichen Gruß eintrifft.

Wie fühlen Sie sich? Nicht gut? Eher irritiert? Verständlich. Denn diese „Antwort" war absolut keine beziehungschaffende Geste, obwohl Sie doch wissen, daß der Kunde ansonsten ein netter, freundlicher Mensch ist. Aber das hilft in diesem Augenblick, in dem die Beziehungsebene so deutlich verletzt wurde, nur wenig.

Fazit: Alle Gesten auf der Beziehungsebene erfordern eine persönliche Mühe, und deshalb zeigen sie besser als alle Worte und jedes Lächeln, wie sehr man den Partner, den Kunden wirklich schätzt. Und das nicht nur beim ersten Meeting, sondern auch noch nach Jahren.

10 Gesten, mit denen Sie zu Ihren Kunden eine emotionale Beziehung schaffen können

1. **Humorvolle Anspielungen oder Gags.** Sie erfordern eine positive Einstellung, eine gewisse Mühe, einen bestimmten Grad an Emotionen. Sie drücken damit Ihre Wertschätzung für den Kunden aus, denn Leuten, die man nicht schätzt, begegnet man nicht mit Humor, sondern höchstens mit Ironie.
2. **Individuelle, besondere Schriftstücke oder Pläne.** Sie verdeutlichen durch ihre Mühe und spezielle Ausarbeitung dem Kunden seine Wertschätzung. Im Gegensatz dazu schreibt man Leuten, die man nicht besonders achtet, in der Regel nur kurze 08/15-Briefe.

3. **Echtes Interesse am Wohlergehen des anderen.** Die Ansprache des Kunden mit seinem Namen und die Frage nach seinen früher geäußerten Plänen, Initiativen oder Besorgnissen signalisiert echtes persönliches Interesse. Im Gegensatz dazu hören wir bei Aussagen von Leuten, die uns gleichgültig sind oder die wir nicht mögen, in der Regel weder genau zu, noch behalten wir ihre Aussagen in Erinnerung.
4. **Verzicht auf Dominanz.** Das Aufgeben der „statusbetonten Schreibtischposition" bedeutet einen Verzicht auf die dominierende Rolle und signalisiert eine eher partnerschaftliche Haltung.
5. **Das besondere Geschenk.** Es verrät dem Kunden, daß sich der Verkäufer wirklich die Mühe gemacht hat, seine Wünsche in Erfahrung zu bringen. Unbedeutende Leute bekommen dagegen überhaupt kein Geschenk oder Geschenke, mit denen man selbst nichts anzufangen wußte.
6. **Die höfliche Frage.** Allein die Frage des Verkäufers am Telefon, ob der Kunde jetzt gerade Zeit hat oder ob er zu einem späteren Zeitpunkt anrufen soll, signalisiert, daß er die Zeit des Kunden wertschätzt und sich die Mühe eines späteren Anrufs machen will. Leute, die man nicht schätzt, ruft man dagegen, wenn es sein muß, zu jeder Tages- und Nachtzeit an.
7. **Übergabe der Visitenkarte.** Sie signalisiert, zusammen mit der mündlichen Vorstellung, daß man bereit ist, „mit offenen Karten zu spielen" und sich die Mühe macht, den Kunden über sich aufzuklären. Leute, die man geringschätzt, werden dagegen nicht einmal mit der Namensvorstellung beehrt.
8. **Die gründliche Vorbereitung.** Sie signalisiert dem Kunden, daß man seine Zeit und seine Zusage, z.B. zu diesem Gespräch, als wertvoll ansieht und seine Zeit nicht vergeuden will. Weniger wichtige Kunden besucht man dagegen eher spontan – ohne gründliche Vorbereitung.
9. **Bewiesene Zuverlässigkeit.** Sie beweist, daß man es sich nicht erlaubt, gegenüber einem so wichtigen Kunden leere Versprechungen zu machen, sondern unbedingt sein Wort halten und als Ehrenmann angesehen werden will. Leuten, die man ab-

wimmeln will, macht man dagegen sehr schnell leere Versprechungen.
10. **Pünktlichkeit.** Sie zeigt dem Kunden, daß man seine Zeit und damit seine Persönlichkeit wirklich schätzt und daß man die Mühe auf sich nimmt, alles zu tun, um rechtzeitig einzutreffen. Leute, die man nicht schätzt, läßt man dagegen viel schneller und eher warten.

Die Formel für die Attraktivität Ihres Angebots

Kommen wir zum Schluß zu unserer Formel für die Anziehungskraft unseres Angebots. Sie ist bis auf einen – allerdings sehr wichtigen – Punkt fertig. Und dieser Punkt ist der **Preiswiderstand**. Wenn wir also jetzt den fünf Erfolgsfaktoren den Preiswiderstand gegenüberstellen, dann können wir die Anziehungskraft unseres Angebots auf den Kunden mit folgender Formel darstellen:[8]

$$\text{Attraktivität} = \frac{\text{Harmonie} \times \text{Einmaligkeit} \times \text{Erlebnis} \times \text{Kompetenz} \times \text{emotionale Beziehung}}{\text{Preiswiderstand}}$$

Den Preiswiderstand müssen wir bei dieser Formel mit aufnehmen. Aus einem einfachen Grund: Unser Angebot kann

- noch so sehr alle Kundenbedürfnisse ansprechen,
- noch so einmalig sein,
- noch so starke Erlebnisse vermitteln,
- noch so sehr durch unsere Kompetenz beeindrucken und
- durch noch so starke emotionale Beziehungen verstärkt werden,

dennoch gibt es eine Preisschwelle, von der an die Anziehungskraft jedes Produkts rapide nachläßt. Unsere Erfolgsfaktoren stehen nicht für sich allein im Raum. Ihre Anziehungskraft ist in Relation zum Preis zu setzen. Das heißt:

> **Je höher der Preis ist, um so geringer wird die Anziehungskraft unseres Angebots.**

Doch diese Formel zeigt uns auch, wie wir bestimmte Preise auffangen können, z.B. durch

1. **die Konzentration auf die Kundenbedürfnisse.** Wir können unser Angebot noch stärker auf die sachlichen und persönlichen Bedürfnisse (Werte) des Kunden ausrichten.
2. **die Betonung der Einmaligkeit.** Wir können noch stärker nach unseren einzigartigen, also marginalen Vorteilen Ausschau halten und dem Kunden die entsprechenden Wettbewerbsvorteile bewußtmachen.
3. **die Verstärkung des Erlebniswertes.** Wir können z. B. den Kunden noch stärker in die Präsentation mit einbeziehen oder ihn durch effektvolle Demonstrationen verblüffen.
4. **den Ausbau der Kompetenz.** Wir können uns noch tiefer in die Probleme des Kunden einarbeiten und ihm durch größere Kompetenz eine noch bessere Problemlösung anbieten.
5. **die Schaffung emotionaler Beziehungen.** Wir können schließlich die emotionalen Beziehungen zum Kunden durch mehr persönliche Kontakte und bezugschaffende Gesten noch verstärken.

Aber diese Formel sagt auch etwas sehr Dramatisches aus: **Wenn einer dieser Erfolgsfaktoren auf Null sinkt, dann kann der Preis noch so gering sein, dann geht auch die Anziehungskraft unseres Angebots drastisch zurück.**

Diese Formel, die natürlich keinen Anspruch auf wissenschaftliche Exaktheit erhebt, hat zwei Vorteile:

1. Sie können die Attraktivität Ihres Angebots bewußter wahrnehmen und einschätzen und
2. Sie können die Nachteile Ihres Angebots gegenüber den Wettbewerbsangeboten gezielter erkennen und verbessern.

Die Berechnung ist sehr einfach:

- Bewerten Sie jeden der fünf Erfolgsfaktoren mit einer Zahl zwischen 0 (überhaupt keine Einmaligkeit) und 10 (sehr hohe, einzigartige Einmaligkeit).
- Schreiben Sie für die Bewertung der einzelnen Erfolgsfaktoren unter jeden Erfolgsfaktor die wichtigsten Kriterien (z. B. unter die Einmaligkeit: technische Neuheit, Design, Funktionsnutzen, Service, Lieferlogistik) und bewerten Sie jedes Kriterium zwischen 0 und 10. Rechnen Sie dann den Durchschnittswert dieses Erfolgsfaktors aus.
- Setzen Sie für einen geringen Preiswiderstand die Zahl 500, für einen mittleren Preiswiderstand die Zahl 750 und für einen hohen Preiswiderstand die Zahl 1000 ein.

Beispielrechnung bei einem geringen Preiswiderstand:

$$\text{Attraktivität} = \frac{5 \times 3 \times 6 \times 7}{500} = \frac{3150}{500} = 6{,}3$$

Die Attraktivität dieses Angebots liegt also wie bei der Bewertung der Erfolgsfaktoren gut über dem Durchschnitt.

Aus dieser Formel erkennen Sie,

- wie wichtig der Preiswiderstand ist,
- wie entscheidend eine 0, also das völlige Fehlen eines Erfolgsfaktors, ist und

- wie gut es ist, wenn wenigstens ein Erfolgsfaktor den Wert 9 oder 10 aufweist. (Wäre der letzte Erfolgsfaktor 9 gewesen, wäre die Attraktivität auf 8,1 gestiegen).

Anmerkung: So wie die Bewertung eines Erfolgsfaktors mit 0 in der Regel ausgeschlossen werden kann oder dieser Erfolgsfaktor für den Verkaufserfolg überhaupt nicht relevant ist, so kann auch eine Attraktivität von über 10 vernachlässigt werden, da sich hier das Angebot fast von selbst verkauft.

„Lucrum gaudium – Gewinn macht Freude!"
Inschrift in Pompeji, 71 n. C.

12. Kapitel

Die Präsentation als Erlebnis

Wie man eine Problemlösung präsentiert und demonstriert

Jeder Verkäufer weiß, daß die meisten Kunden durch eine eindrucksvolle Präsentation viel mehr überzeugt werden als durch noch so viele Erklärungen. Trotzdem scheinen viele Verkäufer insgeheim eine Scheu davor zu haben, den Kunden ihr Produkt in einer gekonnten Präsentation vorzuführen. Selbst wenn die Verkäufer geradezu als Zauberer auftreten und mit ihrer Präsentation einen verblüffenden Effekt erzielen könnten, scheint eine gewisse Hemmung vorzuliegen.

Die Bedeutung einer guten Demonstration faßte der Verkaufsleiter unseres Chemikalienverkäufers, Rainer Hellmann, den Sie bereits kennengelernt haben, in einem Satz zusammen:

> **Der beste Verkäufer macht die meisten Demonstrationen!**

Und er präsentierte auch gleich eine eindrucksvolle Übersicht:

	Top-Verkäufer	Verkäufer A
Anzahl der Besuche pro Monat	132	250
Anzahl der Demos pro Monat	122	44
Anzahl der Aufträge pro Monat	75	25

Das eindeutige Ergebnis: Es kam nicht auf die Anzahl der Besuche, sondern auf die Anzahl der Demos an! Für mich aber stellte sich die entscheidende Frage: Warum kommen so viele Verkäufer – wie zum Beispiel der oben aufgeführte Verkäufer A – trotz ihres Fleißes nicht zu den gewünschten Erfolgen? Was hindert sie daran? Warum machen sie nicht mehr „Demos"?

Die Ursache liegt tiefer: Die Verkäufer, die wenig von Demos halten, glauben in Wirklichkeit nicht an ihre Produkte und den Nutzen ihres Produkts für den Kunden. Deshalb können sie auch den Kunden nicht begeistern und an Ort und Stelle zu einer Demo überreden.

Wenn aber die Demo oder Produktpräsentation für den Verkaufserfolg von so ausschlaggebender Bedeutung ist, wenn sie also der absolute Höhepunkt eines Verkaufsgesprächs ist, dann sollte sie auch entsprechend inszeniert werden.

12 Empfehlungen, wie Sie aus Ihrer Präsentation das Beste machen können

1. **Verbessern Sie Ihre Präsentationsquote.** Stellen Sie Ihre eigene Präsentationsquote fest, also das Verhältnis von Verkaufsgesprächen zu durchgeführten Präsentationen und zu Abschlüssen. Fragen Sie die Top-Verkäufer nach ihrer Präsentations- und Abschlußquote, und versuchen Sie, sie zu erreichen.
   Motivationstip: Denken Sie an den Satz: „Je mehr Demos ich mache, um so mehr Abschlüsse erreiche ich!"
2. **Stellen Sie sich schon frühzeitig auf die Demo ein.** Nehmen Sie sich ein paar Stunden Zeit, die kommende Woche voraus-

zuplanen: Legen Sie genau fest, welche Kunden Sie besuchen und welche Produkte Sie ihnen per Demo vorstellen wollen.

Motivationstip: Je besser Sie sich vorbereitet haben, um so stärker ist Ihre Motivation, am Tag X wirklich eine Demo durchzuführen!

3. **Nehmen Sie jede Demo als selbstverständlich an.** Fragen Sie den Kunden nie, ob Sie eine Demo durchführen dürfen. Ergreifen Sie sofort die Initiative, und fragen Sie ihn: „Wo ist die nächste Werkstätte?" Oder fordern Sie ihn direkt zum Handeln auf: „Zeigen Sie mir doch bitte einmal Ihre Lagerhalle!" Oder: „Können Sie hier den Tisch kurz frei machen?"

Motivationstip: Sie können beim Kunden alles tun, wenn sie es so tun, als ob es das Selbstverständlichste der Welt wäre!

4. **Machen Sie dem Kunden das Problem und die Problemlösung bewußt.** Wenn der Kunde nach der Demo bestellen soll, dann muß er zuvor auch ein bestimmtes Problembewußtsein haben. Und er muß Ihr Produkt als ideale Problemlösung dafür ansehen. Genau das soll die Demo bewirken.

Motivationstip: Verwenden Sie eine eindrucksvolle Demo auch zur Steigerung Ihrer eigenen Motivation, indem Sie sich z. B. immer wieder an den zu „erwartenden Effekten" begeistern.

5. **Behalten Sie die Gesprächsführung in der Hand.** Das erreichen Sie am besten, indem Sie dem Kunden gute Fragen stellen und in den Dialog mit ihm kommen. Und indem Sie schon vorher genau Ihre „Idealvorstellung" festlegen, also das, was Sie im besten Fall dabei erreichen wollen.

Motivationstip: Vergegenwärtigen Sie sich im Geiste Ihr Idealergebnis, und Sie werden es mit größter Wahrscheinlichkeit auch erreichen.

6. **Zeigen Sie Begeisterung.** Denken Sie während der Präsentation an Ihren wichtigsten Glaubenssatz: Ich glaube an den Nutzen meines Produkts für den Kunden! Und ich kann dem Kunden diesen Nutzen am besten durch eine effektive Demo beweisen!

Motivationstip: Beweisen Sie Ihren Glauben! Die Demo ist die beste Gelegenheit dazu.

7. **Sprechen Sie frei.** Verzichten Sie darauf, irgendwelche Texttafeln, Folder oder Prospekte vorzulesen oder zu zeigen. Damit untergraben Sie Ihre persönliche Überzeugungskraft und Kompetenz! Und Sie lenken den Kunden ab. Der wird in der Regel sagen: „Lassen Sie mir doch Ihre Unterlagen da!" Oder: „Kann ich mir eine Kopie davon machen?" – Die Folge: Er braucht Sie als kompetenten Gesprächspartner nicht mehr. Bis auf wirklich ganz wenige eindrucksvolle Schautafeln, Diagramme u.ä. sollten Sie frei argumentieren!

Motivationstip: Zeichnen Sie dem Kunden lieber spontan etwas auf! Das ist kompetenter, spannender und motivierender, für ihn und für Sie!

8. **Machen Sie die Demo zu einem Erlebnis.** Nichts beeindruckt den Kunden mehr als ein Aha-Erlebnis: Wenn er zuerst auf ein Problem gestoßen wird, dann die Folgen erkennt und zuletzt die vorteilhafteste Lösung sieht bzw. miterlebt.

Motivationstip: Machen Sie die Demo spannend, indem Sie dem Kunden zuerst das Problem mit allen seinen Folgen bewußt machen und ihm dann Ihre Problemlösung präsentieren. Lassen Sie den Kunden dabei „mitwirken".

9. **Präsentieren Sie immer wieder eine neue Demo!** Wenn Sie einem dieser fahrenden Händler zusehen, dann werden Sie verblüfft sein, welche „Vorteile" der aus seinem angeblich einzigartigen „Spezialmesser" herausholt. Verblüffen ist das Stichwort! Suchen Sie also immer wieder nach neuen Effekten und Möglichkeiten. Schauen Sie den Top-Kollegen zu.

Motivationstip: Machen Sie Ihre Demo so eindrucksvoll, daß Sie sich selbst darauf freuen und hundertprozentig wissen, daß Sie damit den Kunden begeistern können.

10. **Holen Sie die „marginalen Vorteile" heraus!** Also die Vorteile, die Ihr Produkt ein „kleines bißchen besser" machen als das des Wettbewerbers: z. B. in der Verarbeitung, in der Anwendung, im Design, im Umweltschutz, in der Verpackung, im Gebrauch, in der Lagerung etc. Gerade diese entscheidenden „Ein-klein-bißchen-besser-sein-Vorteile" müssen dem Kunden erklärt und bewußtgemacht werden – sonst sieht er sie nicht.

Motivationstip: Je mehr Sie über die Vorteile Ihres Produkts nachdenken, um so mehr marginale Vorteile werden Sie erkennen und sich dafür begeistern.

11. **Machen Sie auch vor den Mitarbeitern des Kunden eine Demo.** Denn letztlich sind sie es, die Ihr Produkt einsetzen und damit über den weiteren Erfolg entscheiden. Wenn die Mitarbeiter es falsch anwenden und sich dann dagegen aussprechen, ist die Sache gestorben. Darüber hinaus ist die Mitarbeiterschulung ein Extraservice, der immer gut ankommt.

Motivationstip: Machen Sie die Mitarbeiter zu Ihren Umsatzhelfern, indem Sie sie für Ihre Produkte begeistern.

12. **Machen Sie aus der Demo einen Dialog!** Statt bestimmte Kenntnisse vorauszusetzen und nur Behauptungen aufzustellen, stellen Sie dem Kunden Fragen. (Sagen Sie also nicht „Wir haben für das Problem X ein besseres Mittel!", sondern fragen Sie den Kunden: „Wie haben Sie Problem X bisher gelöst? Wie waren die Ergebnisse? Wo waren Sie nicht zufrieden?")

Motivationstip: Fragen Sie den Kunden. Bringen Sie ihn zum Sprechen. Und dann demonstrieren Sie Ihre Lösung. Denn nur durch seine Antworten wissen Sie, ob er mitdenkt und einverstanden ist.

Sehen wir uns nun eine konkrete „Demo" von unserem Verkäufer Rainer Hellmann an:

Produktpräsentation: „Supergrund"

„Supergrund" ist ein Produkt, mit dem poröse oder löchrige Betonböden sehr schnell ausgebessert und wieder eben gemacht werden können.

Mit dem folgenden Ablaufschema hat Rainer Hellmann bei seinen Kunden die beste Erfahrung gemacht:

- **Ansprache einer spezifischen Problemsituation:** „Herr Kunde, in Ihrem Betrieb müssen doch die schweren Papierrollen durch die Lager- und Werkshallen transportiert werden. Zum Beispiel mit diesen Gabelstaplern und Hubwagen da. Zucken Sie da nicht auch gelegentlich zusammen, wenn Sie sehen, wie einer dieser schwerbeladenen Gabelstapler an den schadhaften Stellen im Boden plötzlich einbricht und die Ladung fast zum Kippen kommt?"

- **Darstellung der dramatischen Folgen:** „Wir hatten erst vorigen Monat den Fall, daß in einer Lagerhalle ein solcher Gabelstapler beinahe kippte und die oberste Ladung krachend herunterfiel. Ein Arbeiter konnte nur noch im letzten Augenblick von einem Kollegen zur Seite gerissen werden. Dabei hat er sich die Schulter ausgekugelt und mußte für zwei Wochen krank geschrieben werden."
- **Frage nach der bisherigen Problemlösung:** „Wie haben Sie denn bisher das Problem der porösen Stellen gelöst?" – Hellmann geht auf die bisherige Kundenlösung nur insofern ein, als er den Kunden fragt, wie zufrieden er mit der Lösung war bzw. wo er nicht so zufrieden war.
- **Abgabe eines Versprechens:** „Wir von der Firma Solatec können Ihnen da mit einem ganz neuen Produkt helfen! Am besten zeigen Sie mir eine solche schadhafte Stelle, und ich zeige Ihnen gleich an Ort und Stelle, wie Sie solche Problemstellen künftig selbst zuverlässig ausbessern können. Das Ganze dauert nur drei Minuten." – Kundeneinwand: „Wir haben das schon einmal von einer Firma machen lassen, aber nach rund einem halben Jahr fing es wieder an zu bröckeln. Hält Ihr Mittel denn auch langfristig?"
- **Beweis der Problemlösung in Form einer Referenzgeschichte:** „Vor drei Monaten hatten wir bei der Firma Quak in Entenhausen ein ähnliches Problem. Ich war damals bei der Produktvorführung dabei und erinnere mich deshalb so genau daran, weil es dabei um eine sehr schwierige Stelle ging, und zwar um den Übergang von einer Halle zur anderen. Das war eine echte Gefahrenstelle, denn der Boden war schon ziemlich abgebröckelt, und bei der Behandlung mußten wir obendrein noch darauf aufpassen, daß die Dehnfuge erhalten blieb. Wir steckten des-

halb ein drei Millimeter starkes Blech in diese Dehnfuge. Soweit war alles okay. Aber der Kunde vergaß, es rechtzeitig vor der Aushärtung wieder herauszuziehen. Nach zwei Stunden war alles so hart, daß das Blech schließlich abgeflext werden mußte. So stark wirkt unser Supergrund."
- **Durchführung der Demo:** „Bei dieser einfachen Stelle hier gehen wir folgendermaßen vor ..."

10 Tips, mit denen Sie Ihre Präsentation noch wirkungsvoller gestalten können

1. **Sprechen Sie immer eine „spezifische Situation" im Betrieb an.** Das ist für den Kunden viel interessanter, als wenn Sie nur von einem ganz allgemeinen Problem reden. Je mehr Sie eine konkrete, betriebsspezifische Situation ansprechen, mit der sich der Kunde sofort identifizieren kann, um so interessierter hört er zu!
2. **Malen Sie die Folgen dramatisch und bildhaft aus.** Allgemeinsätze wie z.B. „Solche Löcher stellen immer einen Gefahrenherd dar" sind der Tod jeder Demo. Lassen Sie also den Gabelstapler vor seinen Augen einknicken, wackeln und beinahe umkippen. Erzählen Sie ihm, wie der Arbeiter beinahe von einer dieser riesigen Papierrollen erschlagen worden wäre, wenn man ihn nicht in letzter Sekunde zur Seite gerissen hätte.
3. **Verzichten Sie auf jede Abwertung.** Hüten Sie sich davor, die bisherigen Problemlösungen des Kunden zu kritisieren. Gehen Sie deshalb nur kurz darauf ein, und stellen Sie Ihr Produkt unter dem Motto vor: „Das Bessere ist immer der Feind des Guten!"
4. **Zählen Sie die Vorteile einzeln auf.** Verpacken Sie jeden Vorteil in einem eigenen Satz und nicht drei Vorteile in einem. Einzige Ausnahme ist die Zusammenfassung am Schluß. Kündigen Sie diese Vorteile kurz an, z. B.: „Unser Supergrund zeichnet sich gegenüber den herkömmlichen Mitteln durch drei

besondere Vorteile aus: Vorteil Nr. 1..., Vorteil Nr. 2..." Eine solche Aufzählung schafft beim Kunden ein höheres Wertbewußtsein.

5. **Sprechen Sie die Plusmotive an.** Nennen Sie nicht nur die einzelnen Vorteile, sondern verbinden Sie sie mit den wichtigsten Plusmotiven, d.h., wie Ihr Produkt dem Kunden zu mehr Anerkennung, mehr Gewinn (Wirtschaftlichkeit), mehr Sicherheit und mehr Bequemlichkeit verhilft, z.B.: „Es genügt, wenn Sie die schadhafte Stelle einmal mit Supergrund behandeln. Dann brauchen Sie sich in Zukunft nicht mehr darum zu kümmern." (= Motiv der Bequemlichkeit)

6. **Sprechen Sie auch die Minusmotive an.** Sagen Sie also dem Kunden, wie die Vorteile Ihres Produkts ihm helfen, bestimmte Nachteile (die Kehrseite der Plusmotive) zu vermeiden, d.h., wie er damit Kritik, Verlust, Unsicherheit und Streß vermeiden kann. Denken Sie daran: Die Minusmotive motivieren die meisten Kunden oft viel stärker als die Plusmotive. Anerkennung zu erfahren ist schön, aber kritisiert zu werden macht wütend! Und das möchte man um jeden Preis vermeiden. Beispiel: „Supergrund verhindert ein weiteres Abbröckeln und vermeidet dadurch Gefahren, die in Form von Unfällen zu hohen Kosten führen können." (Minusmotiv „Verlust")

7. **Beziehen Sie alle Vorteile auf den Kunden und seine Situation.** Sagen oder zeigen Sie dem Kunden, wie jeder Ihrer Produktvorteile ihm persönlich und seiner Firma zugute kommt. Machen Sie aus unpersönlichen Produktvorteilen kundenspezifische Vorteile. Sagen Sie also nicht: „Supergrund hat folgende Vorteile: 1. Es wirkt sofort ... 2. Es hat eine lange Lebensdauer ..." Sondern: „Wenn Sie die porösen Stellen sofort mit Supergrund behandeln, dann brauchen Sie nie mehr innerlich zusammenzuzucken, wenn sich ein vollbeladener Gabelstapler einer dieser Gefahrenstellen nähert, Sie haben statt dessen das beruhigende Gefühl, alles Notwendige getan zu haben."

8. **Überzeugen Sie durch Referenzgeschichten.** Halten Sie dem Kunden nicht einfach ein Schreiben eines Referenzkunden unter die Nase, sondern machen Sie daraus eine ganze Geschichte:

Wie die damalige Situation des Kunden war, welche Folgen daraus entstanden, welche Lösungsmöglichkeiten er bereits versucht hatte und warum er sich dann für Ihr Produkt entschieden hat, wie die Lösung genau aussah und welche positiven Folgen sich daraus ergaben. Gute, spannende Geschichten überzeugen viel mehr als nüchterne Facts oder sonstige „Papierbeweise".

9. **Fragen Sie den Kunden nach dem für ihn wichtigsten Vorteil.** Warum? Weil Sie im Laufe der Zeit Ihr Produkt, z. B. die Qualität, ganz anders wahrnehmen als der Kunde und weil der Kunde vielleicht ganz andere Erwartungen an Ihr Produkt hat als Sie. Aber nur wenn Sie die Wahrnehmungen und Erwartungen Ihrer Kunden hinsichtlich Ihrer Produkte genau kennen, können Sie auch optimal argumentieren und präsentieren. Fragen Sie ihn deshalb bei der Präsentation gezielt danach: „Was hat Sie besonders beeindruckt?" (Wahrnehmung) Oder: „Was ist das Wichtigste, das Sie sich von unserem Produkt erhoffen?" (Erwartung). Oder Sie fragen beim Abschluß nochmals gezielt nach seinem wichtigsten Kaufgrund: „Was war jetzt der wichtigste Vorteil für Sie, warum Sie sich für unser Produkt entschieden haben?"

10. **Leben Sie Ihr Produkt!** Das heißt: Sprechen Sie mit Begeisterung und Engagement. Haken Sie die einzelnen Vorteile nicht der Reihe nach ab, sondern „leben" Sie diese Vorteile aus, indem Sie sie z. B. durch lebhafte Gesten, durch das Vorspielen von Situationen oder durch eine spontane Skizze unterstreichen. Zeigen Sie auf diese Weise, daß Sie nicht nur an Ihr Produkt und an den Nutzen Ihres Produkts für den Kunden glauben, sondern selbst von Ihrem Produkt begeistert sind.

Sehen wir uns dazu noch ein zweites Beispiel an. Es beweist, wie notwendig und gleichzeitig erfolgversprechend es ist, dem Kunden zuerst ein aktuelles Problem bewußtzumachen, dann ein Versprechen abzugeben und ihm schließlich die optimale Problemlösung zu präsentieren.

Wie das ein Vertreter von Waagen hervorragend schaffte und dafür einen Riesenauftrag an Land zog, zeigt das folgende Beispiel:

Wie ein Vertreter auf einen Schlag 40 Waagen verkaufte

Heute hat beinahe jede Metzgerei, die etwas auf sich hält, elektronische Waagen, die z. B. den Preis des Aufschnitts genau nach dem gewogenen Gewicht berechnen. Vor 10 Jahren war man noch nicht so weit. Wenn da ein Vertreter der Firma Bizerba bei den Metzgern wegen einer solchen Waage vorsprach, dann bekam er ganz schnell den Einwand zu hören: **„Das brauchen wir nicht. Das rechnet sich nicht!"**

Genau diese Antwort gab auch die Chefin einer großen Filialkette von Metzgereien dem zuständigen Handelsvertreter. Da der Vertreter aber zu den Besten gehörte, macht er etwas Außergewöhnliches. Er besuchte mit der Sekretärin des Verkaufsleiters ca. 20 Filialen dieser Kette und kaufte jedesmal zwischen 10 und 30 DM frische Wurstwaren ein. Von der Sekretärin ließ er dann das Gekaufte genau nach Filiale, Gewicht und Preis schriftlich festhalten.

Danach rechnete er aus, wie oft die Verkäuferinnen, um den Kunden gefällig zu sein oder sich das mühselige Ausrechnen zu ersparen, 10, 20 oder gar 30 Gramm zuviel abgewogen und zuwenig berechnet hatten. Das zählte er dann zusammen, multiplizierte es mit der Anzahl der durchschnittlichen Verkäufe pro Tag (die ihm die Filialleiterinnen gerne sagten) und multiplizierte diese Zahl mit der Gesamtzahl aller Filialen.

Diesen Gesamtverlust pro Tag, pro Monat und pro Jahr präsentierte er zum Schluß fein säuberlich auf einem Blatt Papier der Chefin der gesamten Kette. Daraufhin kaufte sie auf einen Schlag für alle 40 Filialen solche elektronischen Waagen, denn jetzt „rechneten" sie sich wirklich!

Das ist es, was einen guten Verkäufer auszeichnet: sich nicht einfach in die Defensive drängen zu lassen und den Einwand des Kunden als unumstößliches Evangelium zu akzeptieren, sondern selbst nach neuen Wegen zu suchen, um das angestrebte Ziel zu erreichen. Für diese erfolgreichen Verkäufer wie für alle Sieger gibt es nur eine Reaktion.

Wenn der Kunde sagt: „Es liegt nichts vor!", dann antworten sie: „Noch nicht, Herr Kunde, aber gleich lege ich Ihnen etwas vor! Schauen Sie sich das mal an ...!"

Sie haben gelernt, daß es immer einen Weg gibt, beim Kunden willkommen zu sein.

Sie setzen die älteste Verkaufsformel „Salve lucrum – Sei gegrüßt, der du Gewinn mitbringst!" in die Tat um und überlassen es den Verlierern über ihre Probleme zu klagen.

Klagelied eines geplagten Verkäufers

Ich klopfe an,
es tönt herein!
Ich trete ein!
Es liegt nichts vor,
dringt an mein Ohr!
Ich tret heraus
und denke barsch:
es lag nichts vor,
leckt mich am ... Ohr!

„Wenn einer nichts hat, Bedenken hat er."
Kurt Tucholski

13. Kapitel

Die Kunst der Einwandbehandlung

Was halten Sie von Aussagen wie: „Einwände zeigen das Kaufinteresse des Kunden an" oder „Einwände sind versteckte Kaufsignale"? Stimmt das wirklich? Ich glaube, das stimmt nicht! Die meisten Verkaufsgespräche, die ohne Abschlüsse enden, scheitern an Einwänden, von denen sich der Kunde nicht abbringen ließ. Und die härtesten Einwände sind diejenigen, bei denen zu den rationalen Gründen auch noch eine emotionale Abwehrhaltung dazukommt.

Sie können mir z.B. ein Warentermingeschäft auf Schweinebäuche in den schönsten Farben schildern und 1.000 Prozent Gewinn versprechen – ich werde nicht einsteigen! – Weil es mir rational wie gefühlsmäßig widerstrebt.

In Verkaufsseminaren wird – um die Rolle des Unterbewußtseins zu demonstrieren – immer gern das Beispiel vom Eisberg genannt, der zu sechs Siebteln unter Wasser und zu einem Siebtel über Wasser ist. Das soll bedeuten: Wir fällen Entscheidungen überwiegend aufgrund unbewußter Motive und nur zu einem sehr geringen Teil logisch und bewußt. **Ich meine allerdings, jeder Mensch entscheidet letztlich zu 100 Prozent emotional.** Und rationale Argumente verstärken nur die emotionale Entscheidung oder dienen nachträglich zur Rechtfertigung der Kaufentscheidung.

Sie kennen den Satz: „Was das Herz begehrt, rechtfertigt der Verstand." Und selbst ein so kluger Mann wie Arthur Schopenhauer sagte einmal: „Der Mensch steckt im Herzen, nicht im Kopf." Allein die Tatsache, daß der Kunde als erstes unseren Argumenten „vertrauen" muß, beweist, daß alle unsere Aussagen erst dann „Einlaß finden" und überzeugen können, wenn der Kunde zuvor eine positive emotionale Entscheidung getroffen hat – nämlich uns zu vertrauen!

Wir wissen heute aufgrund der Forschungen über die emotionale Intelligenz, **daß gerade den Emotionen die Aufgabe zukommt, wichtige „Sofortentscheidungen" zu treffen.** In der Praxis bedeutet das, daß der Kunde z. B. bestimmte Terminwünsche entweder sofort ablehnt oder bereit ist, weiter zuzuhören.

Ich vermute, daß Sie jemandem, der Ihnen für Ihre Altersvorsorge eine Schiffsbeteiligung anbieten will, sofort „ohne Nachzudenken" nein sagen werden. Warum? Weil es wahrscheinlich schon gefühlsmäßig nicht in Ihre Vorstellungen von einer sicheren Altersvorsorge paßt. (Etwas anderes ist es, wenn Sie „übriges Geld" zur Verfügung haben.)

Noch ein Beispiel: Wenn jemand in einer historischen Stadt sein Geschäft gerade sehr kostenaufwendig restaurieren läßt und plötzlich von einem Anlageberater angerufen wird, der ihm günstige Aktien anbieten will, dann können Sie sich die ebenso spontane wie emotionale Antwort wahrscheinlich denken: „Nein, danke!" – Genau diese Situation habe ich selbst miterlebt.

Die Absage an Schweinebäuche, Schiffsbeteiligungen und günstige Aktien erfolgte emotional, weil gerade die Emotionen die Aufgabe haben, noch schneller als der Verstand zu entscheiden, was für uns im Augenblick gut oder schlecht ist.

Richtig aber ist der Satz:

Der Verkauf beginnt, wenn der Kunde nein sagt!

Hier kommt es wirklich auf unsere emotionale Intelligenz an. Wir müssen dann spontan herausfinden, wie absolut dieses Nein ist: Ob es sich nur um einen Vorwand oder um einen echten Einwand handelt. Ob es sich nur um eine augenblickliche emotionale Verstimmung oder um einen tieferen (emotionalen) Widerstand handelt. Ob es sich nur um ein Pokerspiel um den Preis handelt oder ob der Kunde im Augenblick wirklich andere Prioritäten hat.

Noch schlimmer als die offenen Einwände sind die versteckten, weil wir keine Chance haben, sie zu beantworten. Aber auch hier wird das eigentliche Problem oft gar nicht genannt. Nach meinen Erfahrungen enden die meisten Verkaufsgespräche nicht aufgrund eines bestimmten Einwandes, sondern weil der Kunde bei seiner Entscheidung kein „gutes Gefühl" hat. Statt dessen sagt er: „Ich will es mir noch überlegen." Doch selbst wenn Sie nachfragen, kann er Ihnen wahrscheinlich nicht einmal den echten Grund nennen.

Ganz plastisch drückte das einmal ein Arzt im Gespräch mit einem Pharmareferenten aus. Als der ihn fragte, ob er sein Präparat schon einmal eingesetzt habe, erhielt er die Antwort: „Nein, ich habe es noch nicht im Bauch!"

Sehen Sie – das ist der Schlüsselsatz für jede Form von Einwandbehandlungen! Alle intellektuellen Informationen, Beweise, Aussagen, Präsentationen und Referenzen sind nur insoweit erfolgreich, als sie beim Kunden – in seinem Bauch! – ein positives, angenehmes und vertrauensvolles Gefühl auslösen. Alles andere ist in den Wind gesprochen! Um diesen emotionalen Kick dreht sich alles! Der Kunde muß zuerst ein bestimmtes **„Gefühl im Bauch"** verspüren, bevor er unterschreibt.

Nehmen wir eine Stimmungsskala von 0 bis 100 Prozent, wobei 0 Prozent die totale Depression und 100 Prozent totale Euphorie bedeuten, dann können wir sagen:

- Für eine Terminzusage braucht der Kunde – hervorgerufen durch sein Interesse an einer neuen Problemlösung – eine Stimmung von mindestens 70 Prozent. Er muß also echt interessiert und neugierig sein!
- Für ein ausführliches Gespräch, in dem er offen über seine Einwände und Bedenken spricht, braucht er im Durchschnitt eine Stimmung von 80 Prozent.
- Für einen spontanen Abschluß aber braucht der Neukunde in der Regel eine Stimmung von 90 Prozent. Er muß also wirklich be-

geistert und fasziniert sein. Machen wir uns nichts vor: Diesen emotionalen Kick zu erreichen ist Schwerstarbeit! Und genau das ist die wahrscheinlich wichtigste und bestbezahlte Fähigkeit des Verkäufers: den Kunden in eine optimale, begeisterte, also unterschriftsreife Stimmung zu bringen.

Hier gilt:
Der Kunde ist nicht positiv gestimmt, weil er einen guten Kauf gemacht hat, sondern er hat einen guten Kauf gemacht, weil er in positiver Stimmung war!
Bleibt die Frage:

20 Tips, wie Sie den Kunden in eine positive, „begeisterte" Stimmung versetzen

1. Schauen Sie dem Kunden bei der Begrüßung in die Augen. Das ermöglicht erst den Kontakt.
2. Lächeln Sie ihn an. Machen Sie ein freundlich-entspanntes Gesicht.
3. Machen Sie ihm ein aufrichtiges Kompliment (z. B. über sein Haus, seine Wohnung, sein Büro).
4. **Gehen Sie auf das ein, was der Kunde sagt.** Knüpfen Sie seinen Faden weiter, statt von Ihren Absichten zu erzählen.
5. Sprechen Sie auch andere Gesprächspartner an, die dabei sind (z.B. den Ehepartner oder einen Mitarbeiter).
6. Loben Sie den Kunden für eine persönliche Eigenschaft („Wußten Sie, daß Sie phantastisch gut Fragen stellen können?").
7. Drücken Sie dem Kunden Ihre Bewunderung aus („Was mich am meisten an Ihnen fasziniert, ist Ihre Gelassenheit in kritischen Situationen!").
8. Drücken Sie aber Ihre Bewunderung auch durch Ihre leuchtenden Augen und Ihre begeistert klingende Stimme aus.

9. **Stellen Sie Fragen, die den Gesprächspartner aufwerten** („Was sagen Sie als Fachmann mit Ihrer Erfahrung dazu?").
10. Zeigen Sie Interesse an Ihrem Gesprächspartner („Wie kamen sie zu dieser Branche? ... zu dieser Firma? ... zu diesem Beruf?").
11. Streuen Sie kleine Anerkennungen ein („Das gefällt mir, wie Sie das ausgedrückt haben ... Das ist für mich ein ganz neuer Gedanke!").
12. Stellen Sie aufwertende Fragen („Was sehen Sie als Geheimnis Ihres Erfolgs an?").
13. Zeigen Sie einige demonstrative Höflichkeitsgesten: „Wo sitzen Sie?" (um nicht aus Versehen seinen Stuhl zu „besetzen").
14. **Suchen und betonen Sie Gemeinsamkeiten** („Was treiben Sie für einen Sport?" „Was ist Ihr Lieblingshobby?" „Wo haben Sie studiert?").
15. Verwenden Sie emotionale Aussagen wie z. B.: „Sie haben mir mit ... eine große Freude gemacht." „Man fühlt sich ausgesprochen wohl bei Ihnen ..."
16. Erzählen Sie plötzlich eine kleine emotionale Geschichte mit Temperament und Begeisterung.
17. **Geben Sie dem Gesprächspartner Zuversicht und Mut:** „Sie werden es bei Ihren Fähigkeiten noch weit bringen!" Da der Gesprächspartner auf jeden Fall fragen wird: „Wie kommen Sie darauf?", sollten Sie dafür auch einen stichhaltigen Grund wissen.
18. Sprechen Sie das an, was der Kunde z. B. gerne wäre, was er gerne hätte und was er gerne täte („Was sind Ihre nächsten Pläne? Wohin reisen Sie gerne?").
19. Lassen Sie sich nach leichtem Widerspruch von Ihrem Gesprächspartner überzeugen, denn kaum etwas verschafft ihm mehr Befriedigung.
20. **Hören Sie auf die „emotionalen Aussagen" des Kunden,** und verwenden Sie sie in Ihrer Argumentation. So sagte z. B. ein Arzt, begeistert von einem Präparat, das eine Reihe von Tabletten erübrigte, ebenso emotional wie engagiert: „Sie haben recht – mehr als sieben Tabletten am Tag frißt doch keine

Sau!" – Der Pharmareferent: „Herr Doktor, das haben Sie wunderschön ausgedrückt. Mehr als sieben Tabletten am Tag sollte auch wirklich kein Patient schlucken!" Hier darf man als Verkäufer keine falschen Hemmungen haben! Und noch etwas ist ganz entscheidend:

Je begeisterter und euphorischer die Stimmung des Kunden ist, um so geringer und schwächer sind seine Einwände. Also ist in Wirklichkeit die Fähigkeit, den Kunden in eine positive Stimmung zu versetzen, die beste Art der Einwandbehandlung! Genau das beweisen auch die folgenden Empfehlungen.

12 Tips, wie Sie „überflüssige" Einwände vermeiden können

1. **Bemühen Sie sich um ein sympathisches Auftreten.** Vermeiden Sie die drei Erfolgskiller Unhöflichkeit, Unfreundlichkeit und Unredlichkeit! Sie provozieren geradezu Einwände. Behandeln Sie statt dessen den Kunden genauso höflich und freundlich, wie Sie selbst als guter Kunde behandelt werden möchten. Das ist die **goldene Regel** für jeden positiven Umgang mit Menschen.
2. **Beweisen Sie Ihre Kompetenz.** Denn mangelnde Kompetenz empfindet der Kunde als persönlichen Affront und als Zeitdiebstahl, und dagegen wehrt er sich. Gute Verkäufer können in 99 Prozent aller Fälle normale Fachfragen des Kunden sofort beantworten. Ja, sie inszenieren sogar ihre Kompetenz, um dem Kunden sofort das Gefühl zu geben, mit einem Könner zu sprechen, z.B.: „Herr Kunde, obwohl der Investmentfond XY in den letzten drei Monaten um 12 Prozent zugelegt hat, würde ich Ihnen trotzdem nicht dazu raten, weil ..."
3. **Liefern Sie gute Entscheidungshilfen.** Geben Sie dem Kunden statt simplen Schlagwörtern („Das ist echt Spitze!") gute Entscheidungshilfen, z. B.: „Herr Kunde, dieser Investment-

fonds hat im letzten Jahr zwar keine spektakuläre Rendite von 68 Prozent erzielt, aber dafür erreicht er seit Jahrzehnten eine Durchschnittsrendite von 14,9 Prozent. Und das sollte bei einer Anlage für die Altersvorsorge doch den Vorrang haben."

4. **Zeigen Sie Einfühlungsvermögen.** Drängen Sie den Kunden nicht zu einem Termin, wenn er dadurch in Schwierigkeiten kommt. Das verärgert ihn. Ein Pharmareferent, dessen Gesprächswunsch von der Frau des Arztes wegen des morgigen Urlaubsbeginns abgelehnt wurde, fragte statt dessen zurück: „Wohin soll es denn im Urlaub gehen? ... Nach Spanien? ... Mit dem Auto? ... Dann habe ich eine gute Idee! ... Ich habe Ihnen etwas mitgebracht, mit dem sich Ihre Kinder die Zeit bestens vertreiben können ... Hier sind zwei Blöcke, mit denen Sie z. B. ‚Schiffe versenken' spielen können." Die Frau strahlte, bedankte sich und gab ihm noch einen Termin.

5. **Bemühen Sie sich um ein partnerschaftliches Verhältnis.** Gute Verkäufer gestatten sich niemals – auch wenn sie gerade auf einer Erfolgswelle schwimmen – Arroganz oder Gleichgültigkeit, denn beide ziehen Kundeneinwände geradezu magnetisch an. Im Gegenteil: Sie tun alles, um mit dem Kunden gemeinsam die beste Problemlösung zu finden.

6. **Strahlen Sie eine positive Einstellung aus.** Gute Verkäufer zeigen, daß sie sich auf jedes Gespräch freuen. Denn sie mögen ihren Beruf und ihre Kunden. Sie erlauben sich deshalb niemals eine unbewußte Ablehnungshaltung, weil der Kunde z. B. am Telefon „schon so verschlossen war" oder sich so lange um einen Termin bitten ließ.

7. **Demonstrieren Sie Ihre Kundenorientierung.** Gute Verkäufer konzentrieren sich vor allem auf den Kunden und seine Wünsche. Sie denken nicht zuerst an sich und ihre Provision, sondern beherzigen den Spruch: Je besser man dient, um so besser verdient man!

8. **Zeigen Sie Preissicherheit.** Gute Verkäufer glauben an sich und an den Nutzen ihres Produkts für den Kunden. Deshalb glauben sie auch an ihren Preis und begründen ihn mit guten

Argumenten, statt den Kunden mit ihrer Preisangst anzustecken und zu unnötigen Preiseinwänden zu provozieren.

9. **Überzeugen Sie durch Ihren starken Glauben.** Gute Verkäufer strahlen diesen Glauben an sich und an den Nutzen ihres Produkts für den Kunden so stark aus, daß sie damit den Kunden anstecken und begeistern, statt ihn mit den eigenen Produktzweifeln anzustecken.
10. **Führen Sie eine klare Kundenqualifizierung durch.** Erfahrene Verkäufer qualifizieren ihren Kunden vorher so exakt, daß sie genau wissen, welches Angebot für ihn in Frage kommt. Und genau darauf konzentrieren sie sich in der Abschlußphase, statt plötzlich eine neue Alternative anzusprechen und den Kunden dadurch zu verwirren.
11. **Berücksichtigen Sie die Stimmung des Kunden.** Gute Verkäufer wissen, wie sehr Menschen momentanen Stimmungsschwankungen unterliegen. Wenn sie merken, daß sie den Kunden trotz ein oder zwei Versuchen nicht in eine bessere Stimmung bringen, machen sie lieber einen neuen Termin aus, statt sich auf ein Streitgespräch einzulassen.
12. **Demonstrieren Sie Unabhängigkeit.** Gute Verkäufer drängen und drücken den Kunden weder zu einem Termin noch zu einem Abschluß. Sie stellen auf keinen Fall eine Bedrohung für den Kunden dar (die nur Einwände provoziert), sondern sie respektieren seine Entscheidungsfreiheit. Sie signalisieren damit auch, daß sie von ihren Kunden nicht um jeden Preis abhängig sind.

Berücksichtigen Sie deshalb:

- Die meisten Einwände werden vom Verkäufer selbst provoziert bzw. selbst verursacht.
- **Schwächere Verkäufer bekommen in der Regel 70 Prozent mehr Einwände zu hören als gute Verkäufer.**
- Die häufigsten Ursachen für überflüssige Einwände sind mangelndes Einfühlungsvermögen und fehlende Vorbereitung.

Der Kampf mit dem Ego

Kommen wir jetzt auf den Kernpunkt der Einwände zu sprechen. Er lautet: **Schwächere Verkäufer empfinden Einwände nicht nur als einen gegensätzlichen Standpunkt, sondern vor allem als einen Angriff auf ihr EGO!**

Genau darin liegt die größte Herausforderung bei der Einwandbehandlung: das eigene Ego aus dem Spiel zu lassen, also sich nicht persönlich angegriffen zu fühlen, sondern sachlich, ruhig und souverän zu bleiben – mit dem Ziel, in aller Ruhe die Situation zu überdenken, sich voll auf den Kunden zu konzentrieren und überlegt zu reagieren.

Das besondere Problem: Im Augenblick eines harten Einwandes zieht der schwächere Verkäufer seine Gedanken sofort vom Kunden und seinen Wünschen ab, und er hat nur noch die möglichen Konsequenzen vor Augen: den Verlust des Auftrags, die entgangene Provision und den Druck durch den Verkaufsleiter.

Aus der möglichen Partnerschaft wird umgehend ein persönlicher Egoismus. Mit der Folge: In den Augen des Verkäufers leuchten die DM-Zeichen auf, und statt die Situation in Ruhe zu überdenken und sachlich auf die Einwände des Kunden einzugehen, versucht er, sie möglichst schnell hinter sich zu bringen: sei es durch Ignorieren, durch Bagatellisieren oder durch nichtssagende Schablonenantworten. Genau das spürt der Kunde und reagiert nun seinerseits mit einer verstärkten Abwehrhaltung. Konfrontation, Verstimmung und Mißerfolg sind vorprogrammiert.

Geht das Gespräch dennoch weiter, läßt sich der Verkäufer aufgrund seines verletzten Ego mühelos in die Defensive drängen. Er verteidigt sich nur noch, statt das Gespräch zu kontrollieren. Wer aber das Gespräch aus der Hand gibt, hat zweifach verloren: einmal, weil er den Erfolg des Gesprächs unbewußt vom Kunden oder vom Schicksal abhängig macht, und zum anderen, weil er dadurch auch seine Autorität und seinen Kompetenzanspruch aufgibt.

Hier gilt:

Der Verkäufer, der mit dem Einwand auch sein Ego angegriffen fühlt, führt einen Zweifrontenkrieg! Er splittet seine Konzentration und seine Motivation!

Bei einem harten Kundeneinwand reagiert	
der Top-Verkäufer	der schwächere Verkäufer
1. mit Gelassenheit	mit Streß (Druck, Nervosität)
2. mit Ruhe	mit Angst um den Auftrag
3. mit Selbstsicherheit	mit dem Gefühl der Bedrohung seines Ego
4. mit der Suche nach der besten Lösung	mit dem Wunsch, den Einwand zu überhören oder zu bagatellisieren
5. mit Fragen an den Kunden, um die Hintergründe zu erfahren	mit Behauptungen, um den Kunden zu widerlegen

Wie können Sie erfolgversprechender vorgehen?

Sie erinnern sich sicher noch an die Ansage in vielen Seminaren: Man darf dem Kunden niemals direkt widersprechen! Man darf ihn niemals (persönlich) angreifen. Man sollte seinen Einwand am besten in eine Frage umformulieren. Wenn der Kunde also schroff zum Verkäufer sagt: „Das ist mir zu teuer!", dann sollte er beweglich wie ein Schlangenmensch antworten: „Herr Kunde, wenn ich Sie richtig verstehe, dann fragen Sie (sich), ob hier das Preis-Leistungs-Verhältnis stimmt? Ist das richtig?"

Zu dieser verschnörkelten Redeweise kann ich nur sagen: „Ha, ha, ha!" Haben Sie in der Praxis schon einmal einen (erfolgreichen!) Kollegen so geschwollen daherreden gehört?

Manchmal habe ich den Eindruck, als ob die „Sprache" in manchen Seminaren und Verkaufsbüchern mit der Sprache im wirklichen Leben nichts gemeinsam hat. Die ersten Zweifel, ob eine solche gewundene Redeweise wirklich der Weisheit letzter Schluß ist, kamen mir schon vor Jahren bei der Begleitung des besten Handelsvertreters von Stihl-Sägen. Seine Methode war damals schon viel realistischer und daher zukunftsweisender.

Und sein Beispiel zeigt, daß harte Einwände am besten mit Selbstvertrauen und einer offensiven Haltung beantwortet werden sollten. Deshalb gehört die **Provokation** bzw. der direkte Angriff auf den Wettbewerber heute zu den unverzichtbaren Überzeugungsmitteln eines erfolgreichen Verkäufers.

Allerdings: Es gibt drei Voraussetzungen für eine erfolgversprechende Provokation: Erstens muß eine Gemeinsamkeit zwischen Kunde und Verkäufer bestehen! Zweitens muß dem Kunden der Nutzen des Verkäufers klar werden! Und drittens darf die Provokation bzw. der Angriff auf das Wettbewerberprodukt nicht zum persönlichen Angriff ausarten, sondern muß dem Kunden die Leistungen des Verkäufers, die er anscheinend ganz „vergessen" hat, bewußtmachen.

Genau das zeigt das folgende Beispiel.

Wie ein Top-Vertreter mit Selbstbewußtsein auch schwierige Einwände erfolgreich abwehrt

Es war vor einiger Zeit, als ich den Besten von 80 Stihl-Handelsvertretern auf seiner Tour in Niederbayern begleitete.

Unterwegs fragte ich ihn nach seiner Verkaufsphilosophie. „Was ist der wichtigste Punkt im Verkauf für Sie?" Seine Antwort war ebenso einfach wie verblüffend: „.... daß ich von dem Kunden ins Wohnzimmer zum Kaffeetrinken eingeladen werde." Das klang banal. Aber die Aussage eines Top-Verkäufers ist nie banal, wenn sie seinen Verkaufserfolg betrifft. Auf mein fragendes Gesicht hin erklärte er mir: „Warten Sie's ab, wir fahren jetzt zu einem kleinen Landmaschinenhändler, da können Sie am besten sehen, was ich meine ... obwohl ich mit der Frau keinen sehr guten Kontakt habe. Die mag mich nicht so besonders ..."

Die Begrüßung durch den Händler war freundlich. Man kam gleich zur Sache. Einen guten Verkäufer, den man als kompetent und zuverlässig kennt, läßt man nicht warten.

Die „verblüffende" Präsentation

Ich war auf das Gespräch um so mehr gespannt, als Robert Hiller diesmal eine neue blitzblanke Motorsäge mitgebracht hatte. Klein, handlich, elegant, ein wahres Schmuckstück. Ich freute mich auf eine Superpräsentation mit rhetorischer Brillanz, wie man sie wohl von einer Nr. 1 erwarten konnte.

Doch die Enttäuschung war brutal.

„Da – ich hab dir was mitgebracht", sagte Hiller zu seinem Kunden und legte die neue Säge direkt vor ihn auf den Tisch. Dann folgten noch drei dürre Angaben: „Die neue hier ist ein halbes Kilo leichter ... (Pause), hat ein halbes PS mehr ... (Pause) und hat außerdem noch eine verbesserte Sicherheitseinrichtung – eine Kettenbremse."

Das war sie, die ganze Präsentation – und war dennoch super.

Mittlerweile hatte der Landmaschinenhändler einen Schraubenzieher zu Hilfe genommen, klopfte an der Säge herum und brummte entrüstet:

„Die ist ja aus Plastik?!"

Da kam er bei Hiller gerade an den Rechten. Der legte los:

„Ja, was glaubst du denn? Jahrelang schreit ihr: Macht die Sägen leichter! Und wenn wir sie leichter machen, schreit ihr wieder! Natürlich ist die aus Plastik, und deshalb ist sie ja auch um ein halbes Kilo leichter."

Nicht im geringsten verstört von dieser ebenso groben wie klaren Antwort, klopfte, bohrte und stocherte der Kunde mit seinem Schraubenzieher an der neuen Säge herum, erfragte noch ein paar Details und schloß dann die Untersuchung mit der Frage ab:

„Kannst du sie mir gleich dalassen?"

„Das hätt'st gern", antwortete Hiller mit unverkennbar niederbayerischem Dialekt. „Na! Da wird nichts draus! Die brauche ich noch. Heute möchte ich sie dir nur zeigen. Das nächste Mal nehme ich die Bestellungen auf." (Er sagte „Bestellungen" und nicht Bestellung.)

Angriff auf den Wettbewerber

Soweit schien alles klar zu sein. Aber plötzlich bemerkte ich bei Hiller eine gewisse Unruhe. Er durchquerte den Raum, stellte sich vor einem Rasenmäher auf und rief laut: „Wo kommt der denn her?" Es war ein Wettbewerbsfabrikat, Hiller verkaufte nebenbei auch noch Rasenmäher. Die Frage war ein echter Volltreffer. Dem Kunden wurde sichtlich unwohl. Unbeholfen kratzte er sich am Kopf und druckste herum:

„Ich wollte ihn ja gar nicht, aber meine Frau hat dauernd gedrängt, daß ich mir einen zweiten ..." Weiter kam er nicht.

Wie ein Staatsanwalt, der bei dem Angeklagten schändliche Verhaltensweisen erkannt hat, **warf Hiller nun dem Kunden seine ganzen Servicebemühungen an den Kopf,** genauer gesagt, ins Bewußtsein zurück:

„Sag einmal, repariert dir der andere (so nannte er den Wettbewerber) auch deinen kaputten Rasenmäher? Bringt der dir auch von einem Tag auf den anderen notwendige Ersatzteile? Hilft der dir auch sofort mit Ersatzgeräten aus, wenn es not tut? Kommt der auch" – und bei diesen Worten richtete sich Hiller zur vollen Größe auf – „mit einem Caravan voller Werkzeuge vorbeigefahren, oder kommt der nur mit dem Auftragsblock?"

„Ich weiß ja eh ...", jammerte der bei seinem Fehltritt ertappte Kunde, der in diesem Augenblick sicherlich schwor, seiner Frau wegen diesem Aufruhr noch Zunder zu geben, „aber meine Frau ..."

Ungerührt schloß Hiller mit den Worten: „Daß mir der aber der einzige bleibt! Oder willst du dir ein zweites Ersatzteillager und einen zweiten Werkzeugsatz zulegen ...?"

Das einzige, was der Kunde wollte, war, daß die Strafpredigt möglichst schnell ein Ende hatte.

Danach waren beide – wie nach einem reinigenden Gewitter – wieder gut Freund und gingen gemeinsam mit mir zur Frau: zum Kaffeetrinken! Über das Geschäft, die neue Säge oder den „anderen" Rasenmäher wurde kein Wort mehr gesprochen. Es gab Kaffee mit frisch gebackenem Kuchen. Mit diesem versöhnlichen Abschluß endete eine „Verkaufsszene in Niederbayern", bei der mir eins klar wurde: Es gibt nicht den alleinseligmachenden Weg zum Verkaufserfolg. Jedes Geschäft, jeder Kunde verlangt andere Methoden und andere Vorgehensweisen.

Und nur der Verkäufer wird die Nr. 1, der es durch Instinkt, Beobachtung oder kühle Analyse versteht, genau den Weg zu gehen, der zur Akzeptanz und Überzeugung seiner Kunden führt. Wenn wir diesen Verkaufsvorgang noch einmal Revue passieren lassen, erkennen wir, daß dieser Top-Verkäufer schon damals zukunftsweisende (oder immer schon gültige) Erfolgsmethoden einsetzte:

Die 10 Methoden eines echten Siegers

1. **Er kannte schon damals die wichtigste Voraussetzung für große Verkaufserfolge:** die gute emotionale Beziehung zum Kunden. Er hat es nur nicht so „direkt" ausgedrückt, sondern gesagt: „Ich möchte vom Kunden ins Wohnzimmer zum Kaffeetrinken eingeladen werden!" Genau das ist es!
2. **Er stellte gleichzeitig klar,** daß gute Beziehungen nur dann gute Beziehungen sind, wenn man sie auch belasten kann. Sonst sind sie nur die Hälfte wert.
3. **Er verzichtete auf alle schönen Grafiken,** Zeichnungen und Prospekte und hat seinem Kunden nur das „Objekt der Begierde" in die Hand gedrückt. Er hat ihn die Sache selbst „begreifen" lassen.
4. **Er verwirrte den Kunden nicht mit technischen Details,** sondern hat ihn mit drei griffigen Vorteilen aufgeklärt.

5. **Er hat es abgelehnt, Gelegenheitsgeschäfte zu machen,** also nur diese eine Säge zurückzulassen, sondern machte dem Kunden damit klar, daß er echte Aufträge erwarte.
6. **Er beantwortete die Kundeneinwände nicht in „gedrechseltem Seminardeutsch"** („Herr Kunde, wenn ich Sie recht verstehe, dann fragen Sie, ob ..."), was bei diesem (niederbayerischen) Kunden entweder einen Lachkrampf oder spontanes Mißtrauen ausgelöst hätte.
7. **Er beantwortete die Kundeneinwände** genau in derselben Form und mit genau den gleichen Worten, die dieser Landmaschinenhändler auch im Umgang mit seinen Kunden – Forstmeistern, Waldarbeiter und Bauern – gebrauchte.
8. **Er war bereit, den guten Kontakt zum Kunden bewußt zu belasten,** indem er das Wettbewerberprodukt gezielt angriff und seine Verstimmung darüber deutlich ausdrückte. Er redete absolut nicht um den heißen Brei herum. Ja, er provozierte den Kunden geradezu, indem er ihn an seine exklusiven Servicevorteile erinnerte.
9. **Er machte dem Kunden sein „unfaires Verhalten" bewußt** und machte ihm auf diese Weise klar, daß er Wettbewerberprodukte nicht einfach so hinnehmen werde. Er kämpfte um seinen Kunden und um seine Aufträge.
10. **Er wußte, daß bei einer guten emotionalen Beziehung auch der andere einmal gewinnen will** und verlor deshalb in der „geheiligten Zone" des Wohnzimmers kein Wort mehr über diesen Vorfall.

Spontane Antworten sind enorm wichtig!

Auch bei der Einwandbehandlung gilt die 20:80-Regel, also daß 80 Prozent aller Einwände, die der Verkäufer den ganzen lieben Tag lang zu hören bekommt, auf 20 Prozent der möglichen Einwände entfallen. Deshalb lohnt es sich, sich mit diesen 20 Prozent Einwänden intensiver auseinanderzusetzen. Die Antworten darauf muß der Verkäufer so sicher beherrschen wie das ABC. Da darf es keine unsicheren Gesten geben, wie z. B. das schlagartige Zurücklehnen, das unruhige Verändern der Sitzposition, das leichte Erschrecken, den gesenkten Kopf oder die zu schnelle, hastige Sprechweise. Der Verkäufer muß fähig sein, diese Einwände in derselben Haltung, mit derselben Stimme und derselben ruhigen oder begeisterten Sprechweise zu beantworten, mit der er dem Kunden soeben noch die Vorteile seines Produkts erklärt hat.

Mit einer sicheren Körperhaltung sowie einer ruhigen Stimme, die beide verraten, daß Sie sich nicht im geringsten angegriffen fühlen, entkräften Sie den Einwand bereits erheblich. Wenn Sie den Einwand dann noch mit einem freundlichen Kommentar („Gute Frage, Herr Kunde ...") oder mit einer gezielten Provokation beantworten, dann haben Sie ihn bereits halb entkräftet.

Wenn Sie, statt sich persönlich angegriffen zu fühlen, jetzt auch noch **den Blickwinkel verändern** und diesen Einwand von einer ganz anderen, überraschenden Seite beantworten, z. B. durch Methoden, die Sie gleich kennenlernen werden, dann haben Sie die optimalen Voraussetzungen für die Überzeugung des Kunden geschaffen. Dann wissen Sie: Falls der Kunde trotzdem nicht von seinem Einwand abzubringen ist, dann lag es nicht an Ihnen, sondern an ihm – und das wiederum stärkt Ihr Selbstbewußtsein!

Wir müssen uns aber über eins im klaren sein: Auch das beste Produkt mit der besten Beratung, dem besten Service und der besten Betreuung wird nicht jeden Kunden überzeugen. Selbst der weltbeste Verkäufer, der Autoverkäufer Joe Girards, konnte trotz seines unglaublichen Arsenals an emotionalen Künsten, nützlichen Argumenten, erheblichen Preisnachlässen und eines geradezu spektakulären Kundenbindungssystems – er verschickte pro Monat 15.000 Kartengrüße – von 10 Interessenten nur fünf abschließen.

Hier gilt:

> **Mit guten Argumenten kann man zwar nicht jeden Kunden abschließen, aber man kann damit jeden guten Kunden abschließen!**

Denn mit all den bisher besprochenen Methoden beweisen wir dem Kunden unbewußt zwei Dinge: Zum einen unseren **Glauben** an den Nutzen unseres Produkts für ihn und zum anderen unsere **volle Identifikation** mit dem, was wir tun!

Das ist fast schon die ganze Miete!

Der nächste Schritt heißt, den Streß auszuschalten. Streß entsteht vor allem, wenn wir von etwas überrascht werden. Dann verdoppelt sich die ausgelöste Streßreaktion. Deshalb sagten schon die alten Römer: „**Nil admirari – Man darf sich von nichts überraschen lassen!**"

Mein Vorschlag: Teilen Sie Ihre Einwandbehandlung auf:

- in einen spontanen, unangreifbaren Kommentar, der wie ein Eisbrecher die Wucht des harten Kundeneinwands auffängt, und
- in eine individuelle, kundenspezifische Antwort, die das Bewußtsein des Kunden verändert.

Spontane Einwandkommentare sind zum Beispiel:

Kunde: Ich habe keine Zeit.
Verkäufer: Deshalb fasse ich mich auch kurz!
Kunde: Ich habe kein Interesse.
Verkäufer: Klar! Was man nicht kennt, dafür kann man sich auch nicht interessieren.
Kunde: Ich habe schon einen Lieferanten.
Verkäufer: Das nehme ich doch an. Aber haben Sie auch eine gute Alternative?
Kunde: Ich habe kein Geld!
Verkäufer: Kein Mensch hat Geld für Dinge, die ihn nicht interessieren. Und ich habe etwas Interessantes für Sie.
Kunde: Wie hoch ist der Preis?
Verkäufer: Bevor wir über den Preis reden, wollen Sie doch sicher wissen, was Sie für diesen Preis bekommen?
Kunde: Kommen Sie in einem Monat wieder!
Verkäufer: Wenn Ihnen Ihr Chef sagen würde, Sie bekommen eine Gehaltserhöhung, würden Sie dann auch zu ihm sagen: Kom-

men Sie in einem Monat wieder? Ich habe Ihnen auch etwas sehr Lohnendes mitgebracht!
Kunde: Unser Lager ist voll.
Verkäufer: Genau deshalb möchte ich ja mit Ihnen reden.
Kunde: Ich muß mir das noch überlegen.
Verkäufer: Auch ich lege großen Wert darauf, daß meine Kunden eine überlegte Entscheidung treffen. Was bereitet Ihnen noch Kopfzerbrechen?
Kunde: Ich muß das erst mit dem Geschäftsführer besprechen.
Verkäufer: Warum wollen Sie das für mich tun? Ich übernehme das gerne selbst.

Um nicht mißverstanden zu werden. Mancher könnte jetzt denken, diese flapsigen Antworten reichen an das Niveau der „Strukkis" heran, die gewöhnlich ihre Kunden mit dieser Mischung aus provokativen Antworten und gezielter Einschüchterung vor den Kopf stoßen und mundtot machen wollen.

Doch mir geht es hier um vier Vorteile! Mit diesen spontanen Antworten, die fast auf jeden Kunden zutreffen, können Sie

- dem harten Kundeneinwand, der ja oft weder durchdacht ist noch vom Kunden genau begründet werden kann, den Wind aus den Segeln nehmen;
- die Ernsthaftigkeit des Einwands oder Vorwands testen, denn oft resultieren Einwände allein aus einer momentanen Launenhaftigkeit heraus und haben mit dem eigentlichen Thema nichts zu tun;
- die Zeit für eine vernünftige und durchdachte Antwort gewinnen, die die Situation und Persönlichkeit des Kunden berücksichtigt;
- die Führung des Gesprächs in der Hand behalten, und verlieren durch den Überraschungscoup des Kunden weder Ihre Selbstsicherheit noch die Gesprächsführung.

Wie Top-Verkäufer auch unmöglich erscheinende Einwände überwinden

Es geschieht allerdings recht oft, daß man im Verkauf mit Einwänden konfrontiert wird, die ein weiteres Gespräch zwecklos erscheinen lassen. Dennoch möchte ich Ihnen nun einige Gespräche vorstellen, die alle aussichtslos begannen und zuletzt doch erfolgreich endeten. Dabei werden Sie bemerken: **Oft sind es gerade die härtesten Einwände, hinter denen das größte Potential steckt!**

„Sie brauchen sich gar keine Mühe geben!"

Der Termin hatte geklappt, aber bereits der erste Satz des Kunden schien das Gespräch in eine Sackgasse zu führen.

„Sie brauchen sich keine Mühe zu geben", meinte Herr Wanka zu Versicherungsvertreter Karl Bausewein, „ich bin 65 Jahre alt, habe drei Lebensversicherungen, die demnächst fällig werden, und sollte mir etwas zustoßen, dann verfügen meine Frau und meine Kinder über mehr Geld, als sie je brauchen."

Nach dieser harten Eröffnung wußte Karl Bausewein, daß er hier mit den traditionellen Argumenten keine Chance hatte. Also versuchte er es auf der persönlichen Schiene. Interessiert fragte er nach:

„Herr Kunde, gibt es über die Absicherung Ihrer Familie hinaus etwas, das Ihnen besonders am Herzen liegt? Für das Sie sich persönlich engagieren? Von dem Sie wollen, daß es auch in Zukunft weiterbesteht? Etwa eine Stiftung, ein gemeinnütziger Verein, eine soziale Stiftung oder eine Mission in den Entwicklungsländern?"

Am Gesicht des Kunden konnte Karl Bausewein erkennen, daß er eine empfindliche Stelle von Herrn Wanka berührt hatte. „Ja, mir liegt tatsächlich ein bestimmtes Projekt am Herzen, ein Projekt der Deutschen Welthungerhilfe in Äthiopien, das ich seit Jahren unterstütze."

Karl Bausewein forderte nun seinen Kunden auf, ihm Einzelheiten davon zu erzählen. Interessiert hörte er zu und sagte dann: „Herr Wanka, durch einen speziellen Versicherungsplan kann ich Ihnen das Fortbestehen dieser Unterstützung und damit dieses Projekts absolut garantieren. Es wäre doch eine schöne Sache, wenn Sie bei Ihrem nächsten Besuch in Äthiopien den Leuten mitteilen könnten, daß sie auch in den nächsten Jahrzehnten mit Ihrer Hilfe rechnen können. Wäre es für Sie kein schönes Gefühl, wenn Sie wüßten, daß Ihre Hilfe – Ihre Lebensaufgabe – auch nach Ihrem Tod weiter fortbestehen würde?"

Herr Wanka schien noch nicht völlig mit dieser Idee einverstanden zu sein. Doch immer wenn der Kunde Zweifel an dem Versicherungsplan oder an der Höhe der Prämien zeigte, motivierte ihn Karl Bausewein, über sein Projekt in Äthiopien zu sprechen, das für Herrn Wanka zur Herzensangelegenheit und Sinnaufgabe seines Lebens geworden war.

Und weil der Mensch immer das tut, was sein sehnlichster und tiefster Wunsch ist (in diesem Fall zu helfen und sich ein lebendiges Denkmal zu setzen), schloß der Kunde schließlich einen Versicherungsplan über eine Million DM ab.

Praktische Tips:

- Finden Sie heraus, was den Kunden privat, in seinem Beruf oder in seiner Familie wirklich am Herzen liegt. (Z. B.: „Gibt es neben der Absicherung der Familie nicht noch etwas, das Ihnen persönlich am Herzen liegt?")
- Zeigen Sie dem Kunden eine Lösung, die seinen Herzenswunsch erfüllt. („Mit diesem Plan kann ich Ihnen versprechen, daß Ihr Herzenswunsch garantiert erfüllt wird!") Verwenden Sie die Worte „versprechen" und „garantieren".
- Sprechen Sie sein Gefühl und seine Phantasie an. („Wäre es nicht ein schönes Gefühl, wenn Sie ...?")
- Bringen Sie den Kunden vor allem dazu, über das zu sprechen, was ihm an diesem Projekt besondere Freude macht. („Was erfüllt Sie bei diesem Projekt am meisten mit Stolz?")

„Ich komme jetzt schon nicht mehr dazu, auch nur die wichtigsten Fachzeitschriften zu lesen!"

Hans Schweinsteiger verkauft an Unternehmer, Inhaber, Geschäftsführer und Freiberufler eine Loseblattsammlung zum Thema „Erfolgreiche Unternehmensführung". Nach einem halben Jahr war er nahe daran aufzugeben, denn welchen Kunden er auch anrief, immer wieder hörte er denselben Einwand, der alle weiteren Ausführungen abblockte:

„Mein Gott, ich komme schon jetzt nicht mehr dazu, auch nur die Tageszeitung zu lesen, geschweige denn die wichtigsten Fachzeitschriften. Und da soll ich auch noch eine Loseblattsammlung abonnieren? Nein, danke. Das ist ganz unmöglich!"

Den Schlüssel zum Geschäft fand er erst, als er einmal über den Satz stolperte: **„Die besten Verkaufsargumente kommen immer von den Kunden!"** Er rief ein paar seiner bisherigen Kunden an und mußte feststellen, daß auch sie seine Loseblattsammlung nicht so recht zu nutzen wußten. Bis er plötzlich auf einen Kunden traf, der ganz begeistert davon war. – Warum? – „Weil sie mir hilft, Zeit und Geld zu sparen!"

„Können Sie mir das genauer erklären ... oder mir sogar ein Beispiel nennen?" fragte Hans Schweinsteiger hoffnungsvoll nach. „Gern ...", erwiderte der Kunde, und dann erzählte er, wie er mit diesem Werk arbeitete und wieviel Geld er allein im vorigen Monat an Telefonkosten durch eine gute Vergleichsübersicht über die verschiedenen Telefonfirmen gespart hatte. „Mir macht es geradezu Spaß, jeden Monat nach neuen Spar- und Erfolgstips Ausschau zu halten."

Das war die rettende Idee! Er schaffte es, einen bekannten Unternehmer dazu zu bewegen, ihm eine Referenz zu schreiben, in der er erklärte, warum er dieses Werk so schätzte, und ihm bestätigte, daß es die wichtigsten Informationen und Tips auf die knappste und beste Weise zusammenfasse, so daß man einen echten Gewinn daraus ziehen konnte.

Der zweite Schritt war: Er schrieb auf einer Liste alle die Geschäftsleute auf, die bereits sein Werk abonniert hatten. Wenn er nun zu einem Kunden ging, war das Ganze viel leichter. Er zeigte ihm zuerst den Brief, dann die Liste, so daß jetzt gerade der härteste Kundeneinwand zu seinem besten Argument wurde. Denn er versuchte jetzt, seinen Kunden kein zusätzliches Loseblattabonnement mehr zu verkaufen, sondern er verkaufte ihnen das, was sie am dringendsten gebrauchen konnten: mehr Zeit und gute Ideen, um Kosten zu sparen.

Praktische Tips:

- Überlegen Sie genau, welche „wahre" Idee hinter Ihrem Produktangebot steht.
- Konzentrieren Sie Ihre Argumentation und Einwandbehandlung auf den Nutzen dieser Idee.
- Fragen Sie Ihre bisherigen Kunden, worin sie den größten Vorteil Ihres Produkts bzw. Ihres Angebots sehen (am besten auch im Verhältnis zu eventuellen Wettbewerbsangeboten).
- Fragen Sie diese Kunden auch, auf welche Weise Ihr Angebot zur Lösung bestimmter Probleme beigetragen hat.
- Machen Sie daraus eine Referenzgeschichte.
- Lassen Sie sich diesen Nutzen in einem Referenzschreiben dokumentieren.
- Verändern Sie den Blickwinkel, und überlegen Sie, wie Sie den stärksten Einwand in einen Vorteil umwandeln können.

„Sie verschwenden Ihre Zeit. Ich vergleiche alle Angebote und kaufe dann das beste und billigste!"

Karl Tobler verkaufte vor allem Krankenversicherungen an Privatkunden und hatte mit einiger Mühe einen Termin bei Dr. Herzog bekommen. Doch schon die Begrüßung ließ nichts Gutes ahnen.

„Ich fürchte, Herr Tobler", empfing ihn Dr. Herzog, „daß Sie hier nur Ihre Zeit verlieren!"

Tobler: „Wieso?"

Dr. Herzog: „Ich habe mir die Angebote der verschiedensten Krankenversicherungen zuschicken lassen. Und ich werde bei der Gesellschaft abschließen, die das beste und günstigste Angebot für mich hat und die auch im Capital-Test am besten abschneidet."

Daraufhin zeigte Dr. Herzog unserem Verkäufer eines der Angebote und sagte zu ihm: „Die XY-Versicherung ist doch gut?"

Tobler: „Sie hat einen ausgezeichneten Ruf."

„Nun gut", sagte Dr. Herzog, „dann gebe ich Ihnen jetzt meine Daten, und Sie schicken mir ein schriftliches Angebot. Und wenn Ihr Angebot wirklich das beste und billigste ist, dann bekommen Sie den Auftrag."

Karl Tobler war ein erfahrener Mann, und der Capital-Vergleich brachte ihn nicht aus der Ruhe. Er wußte, daß bei Krankenversicherungen andere Punkte viel entscheidender sind als der Augenblicksvergleich verschiedener Prämien. Und er wußte auch, wie er solchen „Preisvergleichen" am besten begegnen konnte.

„Darf ich Ihnen aufgrund meiner 15jährigen Erfahrung mit Krankenversicherungen einen Rat geben, Herr Dr. Herzog? **Wenn Sie wirklich die beste und billigste Krankenversicherung herausfinden wollen, dann werfen Sie alle diese Angebote in den Papierkorb,** und gehen Sie zu einer Wahrsagerin. Die kann Ihnen wahrscheinlich noch am besten voraussagen, wie sich die einzelnen Krankenversicherungen in den nächsten 30 bis 40 Jahren entwickeln werden. Denn so lange werden Sie bei Ihrem jetzigen Alter die Krankenversicherung wohl benötigen."

Als er das fragende Gesicht von Dr. Herzog sah, fuhr er fort: „Ich will Ihnen nicht nur erklären, warum es die beste und billigste Versicherung nicht gibt, sondern Ihnen auch helfen, zu einem guten Entschluß zu kommen. Dazu aber brauche ich einige Daten von Ihnen. Sind Sie damit einverstanden?"

Praktische Tips:

- Manche Einwände wirken wie Leimruten. Gehen Sie nicht in die Falle. Sie können sie nicht sachlich beantworten. Denn so, wie es nicht das beste und zugleich billigste Auto gibt, so gibt es

auch nicht die beste und billigste Versicherung, wenn man von einer Dauer von 40 Jahren ausgeht.
- Verändern Sie das Bewußtsein bzw. die Denkblockade des Kunden durch eine gezielte Provokation. Sie ist in diesem Fall die ehrlichste Antwort, z.B.: „Herr Kunde, wollen Sie die Krankenversicherung mit der billigsten Prämie oder mit den preisgünstigsten Leistungen?"
- Helfen Sie dem Kunden, durch die richtigen Fragen zu einer vernünftigen und realistischen Entscheidung zu kommen, z.B.: „Worauf legen Sie denn bei einer Krankenversicherung neben günstigen Prämien den größten Wert?" – Dieser Wert ist entscheidend.

„Wenn Sie mit mir über Kapitalanlagen sprechen wollen, habe ich kein Interesse!"

Mit diesen Worten begrüßte Herr Brunner, Inhaber einer Firma, die sich auf den Trockenbau, also auf den Einbau von Unterdecken und Zwischenwänden aus Holz, spezialisiert hatte, seinen Besucher Helmut Schöne, einen Berater für Kapitalanlagen.

„Das ist ganz in Ordnung!" antwortete Helmut Schöne.

Kapitalanlagegeschäfte, das wußte Helmut Schöne, macht man im allgemeinen nur mit Menschen, denen man vertraut. Vertrauen aber erfordert eine menschliche Beziehung, und die wiederum braucht Zeit. Statt auf die Ablehnung einzugehen, fragte daher unser Verkäufer seinen Kunden etwas ganz anderes: „Herr Brunner, als ich vorhin durch Ihre Firma ging, schoß mir ganz spontan eine Frage durch den Kopf: **Wie sind Sie eigentlich auf diese Idee mit dem Trockenbau gekommen?**" Daraufhin lehnte sich Herr Brunner sichtlich entspannt in seinem Sessel zurück und begann zu erzählen. Mehr als zwei Stunden sprach der Kunde nur über sein Geschäft und verwendete dieses Gespräch, um geradezu eine Art von Lebensbilanz zu ziehen.

Helmut Schöne hörte ihm aufmerksam zu, machte sich Notizen und stellte erst am Ende einige genauere Fragen über mögliche

Anlagenwünsche des Kunden. Danach versprach er ihm zunächst einmal nichts anderes, als über seine Situation nachzudenken und ihm dann einen Vorschlag zu machen. Herr Brunner war damit einverstanden. Das Ergebnis: Vier Wochen später unterschrieb Herr Brunner einen Investmentplan, der während der Berufszeit vor allem steuersparende Kurssteigerungen anstrebte und im Alter dann regelmäßige Kapitalausschüttungen vorsah.

Das Ergebnis nach 12 Wochen: Bei einem weiteren Gespräch **erkannte Helmut Schöne, daß Hans Brunner noch ein anderes Problem hatte** als nur die eigene Altersvorsorge. Er wollte auch die besten und wichtigsten Mitarbeiter an sich und die Firma binden. Er wollte nicht plötzlich auf sie verzichten und sich neu orientieren müssen. Helmut Schöne unterbreitete ihm einen Vorschlag, wie er den Prokuristen und seine drei wichtigsten Führungskräfte durch einen langfristigen, steuerlich geförderten Investmentplan an sich und die Firma binden konnte.

Das Gesamtergebnis nach drei Stunden Zuhören: ein Abschlußvolumen von über 800.000 DM.

Praktische Tips:

- Lassen Sie sich auf keinen Fall durch eine negative Gesprächseröffnung einschüchtern!
- Führen Sie in dieser Situation keine Bedarfsanalyse bzw. Qualifizierung durch, denn Sie bekommen in dieser negativen Stimmung des Kunden keine objektiven Antworten.
- Verfolgen Sie lieber die persönliche Schiene!
- Stellen Sie dem Kunden eine oder mehrere „berufliche Fragen", die er gern beantwortet und bei denen er sich „profilieren" kann.
- Hören Sie gut zu, und gehen Sie mit gezielten Nachfragen auf seine Aussagen ein, um Ihr Interesse zu beweisen.
- Bitten Sie erst dann, wenn der Kunde in einer positiven Stimmung ist, um die Erlaubnis für ein paar Fragen zur Bedarfsanalyse bzw. Qualifizierung.

- Überfordern Sie den Kunden nicht sofort mit Angeboten und Lösungsvorschlägen, sondern stellen Sie sie erst für die nächsten Tage – nach Ihren Überlegungen – in Aussicht.
- Gehen Sie davon aus, daß hinter einem ersten guten Geschäft in jedem Fall noch weitere gute Geschäfte stehen, wenn Sie genau den Bedarf erkennen.

„Ich habe nicht die Absicht, irgend etwas zu unternehmen!"

Mit dieser Antwort müssen viele Verkäufer rechnen, die Dienstleistungen anbieten, z. B. Seminare, Trainingsmaßnahmen, Werbeaktivitäten, Unternehmensberatungen. In dem folgenden Beispiel geht es um eine junge Frau, die Werbeartikel verkauft, z. B. an Hoteldirektoren. Ingeborg Riehl ist ganz stolz darauf, daß sie einem ihrer Kunden z. B. ein sehr schönes, vom Meister Colani persönlich gestyltes Schreibgerät anbieten kann, das in origineller Form Hotelwerbung und Kunstgenuß geradezu optimal verbindet.

„Mit diesem wunderschönen Schreibgerät", versucht sie Herrn Kilian, den Hoteldirektor zu begeistern, „können Sie Ihre Gäste in wirklich dezenter Form an Ihr Hotel erinnern. Und wenn Sie neben dieses Schreibgerät noch ein kleines Kärtchen mit dem Hinweis aufstellen, daß man dieses edle Stück zu einem sehr günstigen Preis an der Rezeption beziehen kann, dann können Sie damit auch ein sehr schönes Zusatzgeschäft machen."

„Schön und gut", antwortete Herr Kilian, „aber im Augenblick habe ich nicht die Absicht, irgend etwas in dieser Hinsicht zu unternehmen."

Früher hatte Ingeborg Riehl bei solchen Einwänden feuchte Hände und starkes Herzklopfen bekommen. Mittlerweile aber war sie gewitzter geworden. Vorsichtig fragte sie nach: **„Darf ich fragen, warum Sie im Augenblick nichts unternehmen wollen?"**

„Weil wir unser ganzes Werbebudget für dieses und das nächste Jahr bereits voll verplant haben", antwortete Hoteldirektor Kilian, überzeugt, damit das Gespräch beendet zu haben.

Auch diesen Einwand kannte sie zur Genüge, und so fragte sie nochmals nach, denn sie hielt das für einen Vorwand und wollte den eigentlichen Grund erfahren:

„Herr Direktor, ich verstehe Sie, aber sagen Sie mir bitte: **Gibt es außerdem noch einen Grund, der Sie im Augenblick davon abhält?**"

Nach einer längeren Pause, in der man Direktor Kilian ansah, wie er mit sich selbst rang, faßte er aufgrund der freundlichen und absolut nicht bedrohlich wirkenden jungen Dame den Entschluß, mit der eigentlichen Meinung herauszurücken: „Sie glauben gar nicht, was in unserem Haus alles gestohlen wird. Es ist unglaublich, vom Badetuch bis zum Radiowecker ist alles dabei. Und wenn man mal einen Gast dabei erwischt (bei diesen Worten verzog Herr Kilian das Gesicht, als hätte er soeben in eine Zitrone gebissen), dann handelt es sich natürlich immer nur um Souvenirs. Wenn wir jetzt noch einen wirklich schönen Designerkugelschreiber auf das Zimmer stellen, dann können wir uns vor Diebstählen überhaupt nicht mehr retten!"

„Angenommen", antwortete Frau Riehl, „ich kann Ihnen aufgrund unserer Statistiken beweisen, daß gerade bei solchen Luxus-Schreibgeräten, die auch noch per Karte zum Verkauf an der Rezeption angeboten werden, die Diebstahlrate weitaus geringer ist als bei jedem anderen Gegenstand, wären Sie dann an einer Bestellung interessiert?"

Direktor Kilian nickte, während er bereits den Colani-Stift in die Hand nahm und von allen Seiten betrachtete.

Praktische Tips:

- Gehen Sie auf keinen Einwand ein, bevor Sie nicht geprüft haben, ob es nur ein Vorwand ist. Denn oft wird der erste Einwand nur vorgebracht, weil er gut aussieht, während der eigentliche, der wahre verschwiegen wird.
- Verwenden Sie zur Unterscheidung den Satz: „Gibt es außerdem noch einen Grund, warum Sie sich nicht dafür interessieren (bzw. entscheiden können)?"

- Fragen Sie eventuell noch ein weiteres Mal nach, z.B.: „Abgesehen von dem Preis – gibt es sonst noch einen Grund, warum Sie sich im Augenblick noch nicht entscheiden können?"
- Gehen Sie davon aus: Wenn der Kunde auf seinen ersten Einwand wieder zurückkommt, handelt es sich (meistens) auch um den wahren. Aber auch ein zweiter Einwand könnte immer noch ein Vorwand sein, der durch weitere Fragen geprüft werden sollte (z.B. durch die Frage: Gibt es sonst noch einen Grund?).
- **Verwenden Sie die Technik des Vorabschlusses,** wenn Sie glauben, den wahren Einwand erkannt zu haben. Z.B. in der Form: „Angenommen, Herr Kunde, ich kann dieses Problem zu Ihrer Zufriedenheit lösen, kann ich dann mit Ihrem Auftrag rechnen?"
- Gehen Sie von vornherein davon aus, daß 62 Prozent aller ersten Einwände nicht den wahren Gründen entsprechen und nur 38 Prozent der Kunden gleich beim ersten Mal den wirklichen Grund angeben.
- Sehen Sie diese Vorwände einfach als „Schutzbehauptungen" an. Der berühmte Bankier J.P. Morgan sagte dazu: Man hat gewöhnlich zwei Gründe, etwas zu tun: einen, der gut aussieht, und einen zweiten, der der wahre ist."
- Setzen Sie diese Technik auch dann ein, wenn Kunden plötzlich weniger oder gar nicht mehr bestellen. Bohren Sie hier so lange nach, bis Sie den wahren Grund (z.B. eine starke Verärgerung des Kunden über Ihre Firma) erfahren haben.
- **Appellieren Sie in diesem Fall auch an die „Moral des Kunden",** wenn er auf Ihre bisherigen Fragen nicht mit seiner wahren Meinung herausrücken will. Fragen Sie ihn dann: „Herr Kunde, wir haben doch bisher lange und gut zusammengearbeitet. Wenn Sie sich entschließen könnten, mir den echten Grund zu sagen, warum Sie sich plötzlich von uns zurückgezogen haben, dann können wir die Sache aufklären und aus der Welt schaffen. Glauben Sie nicht, daß es auch für Sie vorteilhaft wäre, uns eine (zweite) Chance zu geben?"
- Sprechen Sie den Kunden noch persönlicher an, wenn er immer noch mauert: „Angenommen, Herr Kunde, es gelingt uns, den

Fehler aus der Welt zu schaffen und bei einem Verschulden unsererseits die Sache wieder in Ordnung zu bringen, wäre das nicht auch für Sie angenehmer?"

„Ich weiß nicht so recht...!"

Das Problem an diesem Einwand ist, daß der Kunde nicht einmal so recht weiß, warum er es nicht weiß, also warum er sich im Augenblick noch nicht entscheiden kann. – **Er weiß es noch nicht, weil sich das „rechte Gefühl" noch nicht eingestellt hat.** Sie erinnern sich vielleicht noch an den Pharmareferenten. Als er den Arzt fragte, ob er sein Präparat schon eingesetzt habe, sagte der: „Nein. Ich habe es noch nicht im Bauch!"

Wie können Sie gerade diesen (gefühlsmäßigen) Einwand, der weder Fisch noch Fleisch ist, aus der Welt schaffen? – Am besten „über Zeugen", denn der ratlose Kunde braucht jetzt einen Dritten, einen Zeugen, einen Neutralen, der ihm seine Erfahrungen mitteilt und ihn bestärken oder ihm abraten kann.

Auch dazu ein Beispiel: Als der Vertriebsdirektor einer größeren Versicherungsgruppe für seine besten Verkäufer eine Incentive-Reise plante, stieß er auf ein Reisebüro, das auf Reisen nach Portugal bzw. die portugiesischen Inseln spezialisiert war. Ursprünglich wollte er mit seiner Truppe ja nach Ägypten fahren, aber die politische Situation war ihm nicht ganz geheuer. So hatte er darauf verzichtet, war aber mit der Buchung der Reise, die über Silvester stattfinden sollte, relativ spät dran. Das Ergebnis: Madeira und die Azoren waren (flugmäßig) ausgebucht. Da bot ihm der Berater des Reisebüros die Kapverdischen Inseln an.

„Wo sind die denn?", fragte Herr Kratzer, der Vertriebschef eher überrascht als neugierig.

„Etwa zwei Flugstunden südlich der Kanarischen Inseln – vor der Küste Afrikas", antwortete Reisebüroberater Horst Langer.

„Gibt es denn da noch etwas anderes außer Sand und kahlen Hügeln?" reagierte Herr Kratzer, der sich dumpf an einen Bericht über die Inseln im Fernsehen erinnerte.

Herr Langer reagierte ruhig und selbstsicher: „Ich nehme an, Sie wollen Ihre Truppe am Strand noch erkennen, statt sie unter Tausenden von Urlaubern wie z.B. auf Gran Canaria aus den Augen zu verlieren. Genau das haben Sie auf diesen Inseln. Außerdem nehme ich an, daß Ihre Leute auch Sport treiben wollen. So sind z.B. die Wintermonate hier für die geübten Windsurfer geradezu phantastisch. Und wer einmal auch als Anfänger die Faszination des Tauchens erleben will, der hat hier die beste Gelegenheit dazu. Natürlich gibt es auch noch die Möglichkeit zum Angeln und zum Tennisspielen, und es gibt ein herrliches Wanderparadies. Sogar Bergsteigen können Sie! Was schätzen Sie, wie hoch der größte Berg auf den Kapverdischen Inseln ist? ... Immerhin 2829 Meter hoch, der Pico do Fogo, von dem aus Sie an klaren Tagen bis nach Afrika hinübersehen können".

Herr Kratzer hatte sich das alles wohlwollend angehört, aber er schien noch nicht völlig überzeugt davon zu sein. Da machte ihm Herr Langer, der Reiseberoberater, einen Vorschlag: „Hier habe ich die Adressen von drei Firmen, die bereits auf diesen Inseln Incentive-Reisen durchgeführt haben. Rufen Sie sie doch einfach an, und fragen Sie sie selbst nach ihren Eindrücken und Erfahrungen."

Herr Kratzer machte gern von diesem Vorschlag Gebrauch. Und genau diese drei Gespräche gaben letztlich den Ausschlag dafür, daß er sich für die Kapverdischen Inseln entschloß. Denn jetzt wußte er auch, welches Hotel auf welcher Insel für ihn und seine Truppe das beste war.

Hier gilt: **Kunden freuen sich in der Regel, mit einem „Zeugen" zu reden!**

Praktische Tips:

- Halten Sie eine Referenzliste der Kunden bereit, die bereits bei Ihnen gekauft haben.
- Bitten Sie besonders bekannte oder prominente Persönlichkeiten, sie in die Liste aufnehmen zu dürfen.
- Stellen Sie eine Spezialliste der Kunden zusammen, die bereit sind, auch telefonisch Auskünfte zu geben.

- Lassen Sie den neuen Interessenten einen Kunden anrufen, den er entweder vielleicht selbst schon kennt oder der seiner Firmengröße bzw. seinen speziellen Wünschen nahekommt.
- Bedanken Sie sich später bei Ihren Kunden für ihre Bereitschaft zur telefonischen Auskunft. Am besten z. B. durch eine VIP-Karte, auf der Sie ihnen fünf Prozent Nachlaß auf alle weiteren Reisebuchungen einräumen.

„Ich brauche nichts. Wir haben erst vor einiger Zeit unsere Jahresbestellungen aufgegeben."

Natürlich kommt es bei so einem Einwand darauf an, blitzschnell zu entscheiden, ob es sich bei dem Kunden um eine „hohle Nuß" handelt oder nicht. Denn wir alle wissen, daß die Lieferantenloyalität immer weiter zurückgeht und daß sich gleichzeitig die Einkaufssituation immer schneller verändert. **Aus diesem Grund kann man es sich heute nicht mehr leisten, jedes Nein einfach hinzunehmen.** Und selbst eine klare Qualifikation des Kunden nach Interesse, Budget und Entscheidungsbefugnis ist nicht immer möglich. Wie aber überwindet man diesen Einwand am besten?

Klaus Schöneich hat erst vor kurzem einen Büroservice eröffnet. Er bietet seinen Kunden von der Übernahme der Schreibarbeiten bis zur Annahme aller eingehenden Telefonate (während ihrer Abwesenheit) eine breite Palette von Serviceleistungen an und ist daran interessiert, mit potentiellen Kunden – vor allem den Selbständigen – in Kontakt zu kommen. Da die meisten Kunden von seinem Angebot zu überrascht sind, um sich sofort darauf einstellen zu können, sagen sie in der Regel spontan: „Das brauche ich nicht!" Darauf sagt Klaus Schöneich:

„Herr Kunde, ob Sie es brauchen oder nicht, kann ich Ihnen ohne ein Gespräch mit Ihnen nicht sagen. Aber eines verspreche ich Ihnen, daß ich wertvolle Informationen für Sie habe. Und ich verspreche Ihnen: Wenn das Gespräch länger als 10 Minuten dauern sollte, wird es nicht meine Schuld sein. Können wir uns am nächsten Dienstag um 9 Uhr für ein paar Minuten sehen?"

Wie Sie die wahren Einwände erkennen

Für alle Verkäufer kommt es gerade bei harten Antworten auf eine entscheidende Fähigkeit an, nämlich die Einwände richtig zu übersetzen, also hinter den Aussagen die wahren Ängste, Bedenken und Einstellungen des Kunden zu erkennen – und dann zu behandeln.

Überlegen Sie also bei den folgenden Einwänden einen Augenblick lang, was der Kunde damit **wirklich** sagen möchte, was ihn also wirklich bewegt. Denn nur dann erkennen Sie Ihre „wahren, positiven Erfolgschancen" und können auch die richtigen Antworten geben. Falls Sie bei den folgenden Beispielen mit meiner Übersetzung der „eigentlichen Meinung" nicht einverstanden sind, überlegen Sie sich bitte **Ihre Definition der „wahren Meinungen".**

- Kundeneinwand: „Ich kann es mir nicht leisten!"
  Eigentliche Kundenmeinung: „Ich möchte es mir sehr wohl leisten, wenn sich die Sache rentiert! Machen Sie mir eine entsprechende Rechnung auf."
- Kundeneinwand: „Ich möchte es mir noch überlegen."
  Eigentliche Kundenmeinung: „Ich möchte es sehr wohl kaufen, wenn Sie mich auf die richtige Überlegung bringen! Geben Sie mir eine echte Entscheidungshilfe!"
- Kundeneinwand: „Der Preis ist mir zu hoch!"
  Eigentliche Kundenmeinung: „Ich würde es gerne kaufen, wenn Sie mir wirklich beweisen können, daß sich das Ganze auch rechnet. Zeigen Sie mir eine solche Vergleichsrechnung!"
- Kundeneinwand: „Ich kann das billiger bekommen!"
  Eigentliche Kundenmeinung: „Nennen Sie mir noch einen zusätzlichen Vorteil, den ich nur bei Ihnen bekommen kann – oder machen Sie mir denselben Preis!"
- Kundeneinwand: „Kommen Sie in einem halben Jahr wieder vorbei!"
  Eigentliche Kundenmeinung: „Sagen Sie mir einen wichtigen Grund, warum ich jetzt kaufen sollte oder warum ich sonst einen Schaden erleiden würde!"

- Kundeneinwand: „Ich habe jetzt keine Zeit dafür!"
Eigentliche Kundenmeinung: „Ich bin für jede gute Idee offen, aber Ihr Angebot klingt mir zu wenig attraktiv, als daß ich dafür meine Zeit verschwende. Geben Sie mir einen stichhaltigen, attraktiven Grund, warum ich Ihnen zuhören sollte."

Motivierende Einstellungen, um Einwände erfolgreich beantworten zu können

Negative Einstellung	Positive, motivierende Einstellung
1. Hartnäckigkeit ist eine Belästigung!	Hartnäckigkeit ist echte Hilfe, weil sie das Bewußtsein des Kunden für neue Chancen aufschließt.
2. Dringlichkeit bewirkt Druck!	Dringlichkeit signalisiert meine Begeisterung für den Kundenkontakt und den Glauben an den Nutzen meines Angebots für den Kunden.
3. Stärkerer Nachdruck ist eine Art von Erpressung!	Stärkerer Nachdruck bedeutet in Wahrheit, dem Kunden zu helfen, über seinen Schatten zu springen.
4. Mehrmalige Abschluß-Versuche signalisieren Aufdringlichkeit!	Mehrmalige Abschlußversuche verhelfen dem Kunden zu einer schnelleren Entscheidung und geben ihm die Chance, sich wieder voll auf sein Geschäft zu konzentrieren.
5. Nachfaßaktionen bedeuten Störungen!	Nachfaßaktionen dienen dazu, den Kunden vor Verlusten zu schützen, die er sonst durch den Nichtkauf erleiden würde.

Lassen Sie mich zum Abschluß noch eine ganz besonders erfolgreiche Strategie vorstellen:

Wie Sie mit überlegten Fragen aus jeder Sackgasse herauskommen

Es war schon vor einiger Zeit, als mich der Geschäftsführer eines großen Einkaufsmarktes für Sanitär- und Heizungsbedarf anrief, um einen Besprechungstermin für mögliche Verkaufsseminare zu vereinbaren. Zwei Tage davor rief mich allerdings seine Sekretärin an, um den Termin abzusagen. Also rief ich ein paar Tage später meinerseits an, um einen neuen Termin zu vereinbaren. Aber Sie werden es nicht glauben, zwei Tage vorher kam wieder die Absage. Erneuter Anruf meinerseits. Diesmal machten wir für Samstag um 10 Uhr einen Termin aus. War es ein gewisses Schuldgefühl? Diesmal erfolgte keine Absage. Der Samstag selbst war ein strahlend schöner Frühlingstag mit dunkelblauem Himmel, Sonne und angenehmen Temperaturen.

Die Fahrt auf der Autobahn München – Salzburg entlang den bayerischen Voralpen war ein Genuß und reizte gerade dazu, aus diesem Tag etwas Besonderes zu machen.

Trotzdem war ich skeptisch. War es mir schon im Grunde genommen nicht recht, an diesem schönen Tag zu einem Kunden fahren zu „müssen", so konnte ich mir gut vorstellen, daß dieser Kunde noch viel weniger von dieser Tatsache begeistert war. **Mich beschlich das untrügliche Gefühl, daß der Kunde mich alles andere als erfreut empfangen würde.** Aber bevor ich diese Fahrt von rund 250 km und diesen wunderschönen Tag vollends in den Sand setzte, überlegte ich mir, was ich machen konnte, um diese beiderseitige „Mißstimmung" zu neutralisieren und in eine positive Stimmung zu verwandeln.

Aus meiner Erfahrung mit der offensiven Akquisition bei BMW, die ich seinerzeit mit der Trainingsabteilung konzipiert und umgesetzt hatte, wußte ich, daß man bei Kaltbesuchen das Eis am leichtesten lockern kann, wenn man dem Kunden eine Frage stellt, die er leicht und problemlos beantworten und bei der er sich positiv darstellen kann. Zum Beispiel Fragen, bei denen er seine „berufliche Kompetenz" unter Beweis stellen kann. Die Formel, mit der man solche Fragen einleitet, lautet: **„Übrigens, Herr Kunde ..."** oder: **„Übrigens, bei dieser Gelegenheit, Herr Kunde, darf ich Sie einmal fragen ..."**

Mit der „Übrigensformel" kann man jedes Gespräch ganz problemlos vom Fachlichen auf das Private umlenken. Dies ist dann sehr erfolgversprechend, wenn der Kunde z. B. sehr einsilbig ist, wenn seine Einwände noch zu hart kommen, wenn er sich hinter einer Abwehrhaltung verschanzt, wenn er in schlechter Stimmung ist usw. Genauso kann man mit der Übrigensformel auch wieder an das vorherige Fachgespräch anknüpfen: „Übrigens, wir waren gerade bei dem Punkt X stehengeblieben ..."

Das Wichtigste bei dieser Übrigensformel ist, daß Sie anfangs keine intimen oder unangenehmen Fragen stellen und daß Sie sich diese Fragen vorher genau überlegen, denn sie müssen so attraktiv sein, daß sie den Kunden zu einer positiven Selbstdarstellung reizen.

An diese Methode erinnerte ich mich also, als ich bei diesem schönen Wetter zu meinem Kunden fuhr. Da ich wußte, daß er auch Heizungsanlagen verkaufte, und ich gerade ein Haus bauen wollte, überlegte ich mir schon vorab drei solcher Übrigensfragen. Gott sei Dank waren es drei, denn die waren auch bitter nötig, um mit diesem Mann in ein (vernünftiges) Gespräch zu kommen.

Die Begrüßung war noch schlimmer, als ich sie mir vorgestellt hatte: Nachdem er mir einen Stuhl angeboten hatte, lehnte er sich in seinem mächtigen Chefsessel weit zurück, verschränkte die Hände hinter dem Kopf und „schoß" seine erste Frage ab: „Ich möchte nur wissen, wie Sie uns noch helfen können. Wir haben die größte Ausstellungsfläche in Südostbayern. Wir rufen unsere Kunden jeden Tag an. Wir liefern in der Regel noch am selben Tag aus, und wir haben mit Abstand die besten Preise." Nach diesem „Salutschuß" schaute er mich ebenso prüfend an, wie ein Artillerist den Einschlag seiner Granaten begutachtet. Wahrscheinlich dachte er, daß ich aufgrund dieser Vorteile gleich ohnmächtig vom Stuhl fallen würde. Ich blieb aber Herr meiner Sinne und sagte nur kurz:

„Was ich für Sie tun kann, kann ich Ihnen erst sagen, wenn Sie mir zuvor noch einige Fragen beantworten, z. B. über die Stärken und Schwächen Ihrer Verkäufer, Ihre Quoten, Ihre Motivation usw." Danach aber setzte ich meine erste Übrigensfrage ein, denn in einer solchen Situation gelten ganz klare Regeln:

- **Man kann niemals in ein Antipathie-Feld hinein überzeugen.** Auf deutsch: Man kann keinen Kunden überzeugen, der einem mit starker Antipathie oder erheblichem Mißtrauen gegenübersitzt.
- Ein Kunde, der in (sehr) schlechter Stimmung ist, hört aus allen Aussagen des Verkäufers nur das Negative heraus. Er hört außerdem auch viel schlechter zu und mißtraut in der Regel allen Antworten. Alle Produktargumente sind in dieser Phase sinnlos.
- Je negativer ein Kunde eingestellt ist, um so geringer ist auch seine Kauf- und Entscheidungsbereitschaft. Er wird trotz bewußter Vorteile nicht unterschreiben.

Hier hilft nur eins: Entweder es gelingt Ihnen, den Kunden durch einige „Übrigensfragen" in eine positivere Stimmung zu bekommen, oder Sie vertagen das Gespräch auf einen anderen Termin! Der Grund:

> **Negativ gestimmte Kunden überzeugen zu wollen ist in der Regel aussichtslos!**

Zurück zu meiner ersten Übrigensfrage. Sie lautete: „Herr Kunde, bevor ich auf die Verkaufsseminare zu sprechen komme, möchte ich an Sie als Fachmann eine Frage richten. Ich beschäftige mich gerade mit dem Bauen. Und da hört man heute soviel von den positiven Effekten eines Kachelofens. Was halten Sie als Fachmann wirklich davon?"

Im nächsten Augenblick gab der Kunde seine distanzierte, zurückgelehnte Haltung auf, legte die Hände auf den Schreibtisch und begann – sichtlich entspannter –, nach einem fundierten (positiven) Urteil zu suchen.

Aber er nannte mich nicht beim Namen, sein Blick ging mehr zum Fenster hinaus als zu mir, sein Oberkörper war des öfteren halb abgewendet, so als ob er mir die „kalte Schulter" zeigen wollte, und seine Sprache klang viel zu nüchtern, als daß ich auf ein Interesse an meiner Person schließen konnte.

Machen wir es kurz: **Ich brauchte noch zwei weitere Übrigensfragen, um den Kunden aufzutauen** und dann zu einem akzeptablen Gespräch zu bewegen. Diese Fragen lauteten: „Übrigens, Herr Kunde, man hört heute über die Fußbodenheizung so viel Unterschiedliches. Die einen sind von ihr begeistert, die anderen wollen davon nichts wissen. Was sagen Sie als Fachmann dazu?" (Diese Aufwertung als Fachmann ist sehr wichtig.)

Und die dritte Frage, die endgültig das Eis brach, lautete: „Übrigens, Herr Kunde, als ich vorhin durch Ihren Schauraum ging und mir einige Heizkessel ansah, bemerkte ich auch einen Zweistoffbrennkessel, den man sowohl mit Öl als auch mit Kohle bzw. Holz heizen kann. Was sagen Sie als Fachmann dazu? Ist das wirklich eine zukunftsweisende Lösung?" Danach begann unser „Fachgespräch", und zwei Stunden später hatte ich einen Auftrag über 50.000 DM in der Tasche.

Ohne diese drei Übrigensfragen hätte ich an diesem Tag nicht die geringste Chance dazu gehabt. Deshalb sind für mich gute Übrigensfragen nicht nur der beste Rettungsanker in schwierigen Situationen, sondern auch das beste Motivationsinstrument, um den Kunden in eine bessere Stimmung zu bringen. Denn wer möchte sich nicht gerne selbst in bestem Licht darstellen? Und wer findet nicht jemanden sympathisch, der ihm dazu die beste Gelegenheit bietet?

Setzen Sie diese Methode ein! Sie funktioniert – richtig angewandt – hundertprozentig.

Übersicht über die einzelnen Einwandbehandlungsmethoden

Einwände	Methoden	Beispiele
1. „Was wollen Sie uns im Seminar schon bieten?"	Übrigensmethode zur Stimmungsauflockerung	„Übrigens, was halten Sie als Fachmann von der Fußbodenheizung?"
2. „Ich kann mich jetzt noch nicht entscheiden."	Frage nach den eigentlichen Entscheidungskriterien	„Herr Kunde, was bereitet Ihnen noch Kopfschmerzen? Wovon hängt Ihre Entscheidung ab?
3. „Meine Frau wollte ein Konkurrenzmodell." (Rasenmäher)	Provokation durch die Erinnerung an die eigenen Serviceleistungen	„Sag einmal, kommt der andere nur mit dem Auftragsblock oder auch mit einem ganzen Wagen voller Werkzeug?"
4. „Ich habe keine Zeit."	Vorbereitete Spontanantworten	„Deshalb fasse ich mich auch kurz!"
5. „Sie brauchen sich gar keine Mühe machen!" (Z. B. für neue Versicherungen)	Nach dem geheimen Wunsch, dem wunden Punkt (Angst) suchen	„Gibt es etwas, das Ihnen besonders am Herzen liegt?" (Z. B. das Projekt der Deutschen Welthungerhilfe in Äthiopien)
6. „Ich komme jetzt schon nicht dazu, die wichtigsten Fachzeitschriften durchzulesen."	Bisherige Kunden nach dem Nutzen des eigenen Angebotes fragen	„Herr Kunde, ich biete Ihnen keine Loseblattsammlung an, sondern Zeitersparnis, Gewinn- und Kostentips."
7. „Ich vergleiche alle Angebote und kaufe dann das billigste."	Provokation zur Bewußtseinsveränderung einsetzen	„Mein Tip, Herr Kunde, werfen Sie alle Angebote in den Papierkorb und befragen Sie eine Wahrsagerin."

Einwände	Methoden	Beispiele
8. „Wenn Sie mit mir persönlich über Kapitalanlagen sprechen wollen, ich habe kein Interesse!"	Interesse am Kunden zeigen	„Herr Kunde, wie sind Sie eigentlich auf die Idee mit dem Trockenbau gekommen?"
9. „Wir haben nicht die Absicht, irgend etwas zu unternehmen." (Werbeartikel)	Wahren Grund herausfinden	„Abgesehen von dem Budget, gibt es noch einen anderen Grund, Herr Kunde?"
10. „Ich weiß nicht so recht, ob eine Incentive-Reise auf die Kapverdischen Inseln das Richtige ist!"	Angebot von Referenzen mit Telefon-Nr. anbieten	„Hier habe ich die Adresse von drei Firmen, die bereits solche Incentive-Reisen in ... durchgeführt haben. ... Rufen Sie sie doch einmal an."
11. „Ich muß erst sehen, wie das ausschaut!" (Z. B. ein Fertighaus)	Angebot, sich selbst zu überzeugen	„Fahren Sie nach Schrobenhausen und suchen Sie in dem Neubaugebiet nach dem schönsten Haus. ... Und wenn es von uns ist, kommen Sie, und wir bauen es für Sie!"
12. „Ich habe es noch nicht im Bauch!" (Arzt gegenüber Pharmavertreter)	Gefühlsansprache	„Was bereitet Ihnen noch Kopfzerbrechen? Wobei haben Sie noch ein schlechtes Gefühl? Gibt es etwas, was Ihnen ein besseres Gefühl geben würde?"

*„Nur wenn man das Unerreichbare anstrebt,
gelingt das Erreichbare."*
Miguel de Unamuno

14. Kapitel

Der Abschluß als Finale

Der Abschluß beginnt vor dem Gespräch

So wie eine Oper erst mit dem Finale richtig ausklingt, so stellt auch im Verkaufsgespräch der Abschluß den eigentlichen Höhepunkt dar, was bedeutet: **Wer gut abschließen kann, kann auch gut verkaufen!**

Nach über 20 Jahren Erfahrung in der Weiterbildung habe ich folgende Erkenntnis gewonnen: **Jedesmal, wenn sich mein Verkaufsseminar vor allem mit dem Thema „Abschluß" befaßte, war der direkt meßbare Erfolg am höchsten!**

Der Grund dafür ist relativ einleuchtend: Wenn man in einem normalen Verkaufsseminar über die Bedarfsanalyse oder über gute Nutzenargumente spricht, dann ist das alles relativ unverbindlich.

Wenn aber jeder Verkäufer die Adressen der „Kunden" dabei hat, die kurz vor dem Abschluß stehen, bei denen aber noch Hindernisse zu überwinden sind, dann geht es für die Verkäufer um „bares Geld", um „Erfolg oder Mißerfolg". Allein die Vorgabe, sich jetzt voll auf den Abschluß zu konzentrieren und ihn als die entscheidende Phase anzusehen, auf die man sich konsequent vorbereiten muß, löst eine ungeahnte Motivation aus.

So schrieb mir der Geschäftsführer einer Computerfirma nach einem dreitägigen Verkaufsseminar, das jeweils im Abstand einer Woche stattfand: „Nach Ende Ihres Verkaufsseminars ‚Praktisches

Abschlußtraining' möchte ich Ihnen sagen, welch durchschlagende Resonanz Ihr Training bei unseren Mitarbeitern hatte. Das zeigt nicht allein die außergewöhnlich gute Beurteilung des praktischen Nutzens mit 1,3 (!), sondern vor allem die Tatsache, daß noch während der Trainingstage vier neue Computersysteme verkauft werden konnten."

Wissen Sie, wie Sie am schnellsten Ihre Motivation, Ihr Selbstvertrauen und Ihre Umsätze in die Höhe bringen könnten? Trainieren Sie den Abschluß, den Abschluß und nochmals den Abschluß!

Prüfen sie anhand der folgenden Checkliste vor dem nächsten Verkaufsgespräch Ihre Abschlußchancen:

Checkliste: Wie Sie sich auf Abschlußverhandlungen erfolgreich vorbereiten können

	ja	teilweise	nein
1. Haben Sie für den Kunden ein **"einzigartiges"** Angebot (z. B. durch Ihre Beratung, Ihren Service und Ihre Betreuung)?			
2. Welche **"marginalen Vorteile"** gegenüber dem Wettbewerb können Sie Ihrem Kunden bewußtmachen? Worin ist Ihr Angebot in puncto Preis, Qualität, Service, Ausstattung ... ein bißchen besser als das der Konkurrenz?			
3. Welche besonderen **USPs**, also welche **"Alleinstellungsmerkmale"**, können Sie dem Kunden anbieten?			
4. Welche **Versprechungen** können Sie Ihrem Kunden machen?			

	ja	teilweise	nein
5. Was können Sie dem Kunden für seine **Plusmotive**, also für sein Streben nach mehr Anerkennung, mehr Gewinn, mehr Sicherheit und mehr Bequemlichkeit, bieten?			
6. Welche glaubwürdigen Zusagen können Sie dem Kunden geben, um seine **Minusmotive** zu neutralisieren, also ihm zu beweisen, daß er durch Ihr Angebot sonst drohende Nachteile wie Kritik, Verlust und Streß vermeidet?			
7. Mit welchen Argumenten können Sie Ihrem Kunden die **Dringlichkeit** des Abschlusses bewußtmachen, also Ihrem Produkt die oberste Priorität verleihen?			
8. Welche sachlichen und persönlichen **Bedürfnisse** hat der Kunde? Wissen Sie, worauf er bei der Zusammenarbeit vor allem Wert legt? Was ihm besonders am Herzen liegt?			
9. Womit können Sie die Angst des Kunden vor der Entscheidung **minimieren** und ihm gleichzeitig mehr Sicherheit geben? (Z. B. durch Garantien, Referenzen, Beweise, Proben etc.)			
10. Haben Sie aufgrund Ihrer guten Vorbereitung eine **positive Erwartungshaltung**			
11. Freuen Sie sich auf die **Herausforderung,** wenn es gilt, in der Abschlußphase um den Auftrag zu kämpfen?			

	ja	teilweise	nein
12. Können Sie mit Ihrer **Begeisterung** für Ihr Angebot Ihre Kunden anstecken?			
13. **Glauben** Sie an sich, an Ihr Angebot und an den Nutzen Ihres Angebots für den Kunden?			
14. Sind Sie auf die „**kritischen Situationen**" (wie Kundeneinwände, Verzögerungen, Ablehnungen und Reklamationen) vorbereitet und bereit, sich weiter voll auf den Kunden zu konzentrieren, ohne Ihr Ego zu verteidigen?			
15. Haben Sie bewußt verschiedene **Abschlußinitiativen** geplant und ausgearbeitet?			
16. Haben Sie sich ein **Zeitlimit** gesetzt, bis zu dem Sie den Abschluß erreichen wollen?			
17. Haben sie konkrete **Entscheidungshilfen** vorbereitet, um dem Kunden den Abschluß zu erleichtern, z. B. Referenzen?			
18. Haben Sie auch einen **guten Abgang**, z. B. für eine spätere Neuansprache, vorbereitet?			
19. Haben Sie ein **klares Ziel** festgelegt, das Sie bei diesem Abschluß erreichen wollen? Haben Sie Ihre „**Ideallösung**" definiert?			
20. Haben Sie auch ein **Kompromißziel** festgelegt bzw. sich mögliche Preisnachlässe oder Leistungsreduktionen überlegt?			
Summe			

Gehen Sie diese Checkliste vor jedem wichtigen Verkaufsgespräch durch.

Auswertung: Sie können Ihre Abschlußchancen ganz einfach berechnen, indem jede Ja-Antwort sie um fünf Prozent erhöht. Haben Sie also 14 Ja-Antworten angekreuzt, dann haben Sie eine Abschlußchance von 70 Prozent. Dabei ist es relativ egal, welche Fragen Sie mit Ja beantwortet haben, denn ein einziges Nein, z.B. der fehlende „marginale Vorteil" oder die fehlende „innere Begeisterung" können den ganzen Abschluß gefährden.

Deshalb sollte Ihr Ziel sein, so lange an Ihrem Abschlußkonzept zu feilen, bis Sie alle 20 Fragen mit einem Ja beantworten können. Erst dann haben Sie das Gefühl, alles für den Abschluß getan zu haben – und das ist ein sehr starkes, motivierendes Gefühl!

Sehen wir uns nun ein ganz konkretes **Abschlußtraining** an:

Vier Testfragen, die über Ihren Abschlußerfolg entscheiden

Ärzte sind für viele Verkäufer eine beliebte Zielgruppe. Zum einen, weil sie in der Regel wesentlich freundlicher sind als viele (hartgesottene) Einkäufer, zum anderen, weil sie die Unwägbarkeiten des Lebens und damit den Wert jeglicher Vorsorge kennen, und zum dritten, weil sie trotz teilweise erheblicher Einkommensrückgänge immer noch eine sehr potente Zielgruppe darstellen.

Aus diesem Grund möchte ich Ihnen **die wichtigsten Ergebnisse eines Abschlußtrainings** von Beratern vorstellen, deren Versicherung sich auf Angebote für Ärzte spezialisiert hat.

Das Besondere an diesem Abschlußtraining war die Tatsache, daß die 12 Berater zu den einzelnen Themen jeweils ihre persönlichen Methoden vorstellten. Das hatte einen Vorteil! Denn schon nach der ersten Präsentationsrunde konnte ich dem damaligen Verkaufsleiter und heutigen Trainer Frank Berger, der das Training leitete, sagen, wer von diesen 12 Beratern der Beste war! Warum? Weil alle Top-Verkäufer, die ich bisher beobachtet und begleitet habe, mir durch irgendeine außergewöhnliche Denkweise oder Methode aufgefallen sind. **Top-Verkäufer denken und handeln immer anders als Durchschnittsverkäufer!**

Dadurch fallen sie sofort auf! Dadurch machen sie Eindruck! Dadurch bleiben sie im Gedächtnis haften! Und dadurch erreichen sie auch eine überdurchschnittlich hohe Abschlußquote.

Beginnen wir aber zunächst mit vier Testfragen, die das Abschlußtraining einleiten:

Testfrage 1: Wie viele Verkaufsgespräche beenden Sie ohne einen konkreten Abschlußversuch?

Kreuzen Sie bitte die entsprechende Prozentzahl an:

- ☐ 20 Prozent
- ☐ 40 Prozent
- ☐ 60 Prozent
- ☐ 80 Prozent
- ☐ 100 Prozent

Das Ergebnis der Berater: 35 Prozent der Verkaufsgespräche werden ohne konkreten Abschlußversuch beendet. Diese Quote ist noch „relativ gut", wenn man berücksichtigt, daß eine amerikanische Untersuchung zu dem Ergebnis kam, daß von 100 Verkaufsgesprächen 69 Prozent (!) ohne konkreten Abschlußversuch geführt werden!

Der Grund dafür: Die Verkäufer haben unbewußt Angst vor dem endgültigen Nein des Kunden. Indem sie auf die klare Abschlußfrage verzichten, bewahren sie sich die Illusion, noch weiter im Geschäft zu sein.

Das erste Fazit: Sie können Ihren Umsatz am schnellsten steigern, wenn Sie sich vor jedem Verkaufsgespräch eine ganz klare „Ideallösung" vorstellen und dafür mindestens einen gezielten Abschlußversuch machen.

Testfrage 2: Wie entscheidet sich der Kunde: rational oder emotional?

Kreuzen Sie bitte die entsprechende prozentuale Aufteilung an, bzw. schreiben Sie Ihre eigene Einschätzung hin:

- ☐ 100 Prozent emotional
- ☐ 90 Prozent emotional
- ☐ 50 Prozent emotional
- ☐ 20 Prozent emotional
- ☐ 0 Prozent emotional

- ☐ 0 Prozent rational
- ☐ 20 Prozent rational
- ☐ 50 Prozent rational
- ☐ 80 Prozent rational
- ☐ 100 Prozent rational

Das Ergebnis der Berater: 70 Prozent entschieden sich für emotional und 30 Prozent rational!

Meine Erklärung: Der Kunde entscheidet zu 100 Prozent emotional. Denn er entscheidet sich erst dann für oder gegen eine Sache, wenn er „ein gutes Gefühl" dabei hat. Und allein die Tatsache, daß er den Worten des Verkäufers traut oder mißtraut, ist schon eine erste, absolut wegweisende Gefühlsentscheidung.

Testfrage 3: Wie sicher fühlen Sie sich beim Abschluß?

Kreuzen Sie bitte eine der drei Antworten an:

- ☐ sehr sicher
- ☐ sicher
- ☐ wenig sicher

Das Ergebnis der Berater: Von den 12 Teilnehmern kreuzten zwei „sehr sicher", neun „sicher" und einer „wenig sicher" an.

Die Erklärung: Die zwei Spitzenverkäufer waren sich ihrer Sache „sehr sicher", die neun Durchschnittsverkäufer fühlten sich „sicher", und ein Anfänger fühlte sich „wenig sicher".

Hier gilt:

> **Sage mir, wie sicher du dich beim Abschluß fühlst, und ich sage dir, wie gut deine Verkaufschancen sind!**

Der schnellste Weg, seine Verkaufserfolge dramatisch zu steigern, besteht deshalb darin, sich hundertprozentig auf den Abschluß zu konzentrieren und ihn zu perfektionieren.

Denn in dem Augenblick, in dem Sie sich beim Abschluß sehr sicher fühlen, fühlen Sie sich auch als sehr guter Verkäufer. Das strahlen Sie auf Ihre Kunden aus, und genau das zieht die Aufträge an!

Warum?

Es sind nicht die Worte (Argumente), die verkaufen; sie sind nur die Kommunikationsbrücken für Ihre eigentliche Botschaft. Womit Sie wirklich überzeugen, ist Ihre Begeisterung, Ihre Dringlichkeit und Ihr felsenfester Glaube an sich und an den Nutzen Ihres Angebots für den Kunden!

Testfrage 4: Wann beginnt die Abschlußphase?

Da die Verkäufer dieser Ärzteversicherung gewöhnlich in vier Stufen vorgingen, ergaben sich also fünf Stufen, in denen der Abschluß beginnen konnte. Deshalb hieß die Aufforderung: Kreuzen Sie bitte die entsprechende Stufe an:

☐ vor Stufe 1, vor dem ersten Kontakt mit dem Arzt
☐ bei Stufe 1, der Ansprache des Arztes
☐ bei Stufe 2, der Bedarfsanalyse
☒ bei Stufe 3, der Präsentation
☐ bei Stufe 4, dem Abschluß

Das Ergebnis der Berater: Einer machte sein Kreuz bei „vor Stufe 1", acht machten ihr Kreuz bei „Stufe 1", und drei kreuzten „Stufe 2" an.

Meine Antwort: Der Abschluß fängt vor dem ersten Kontakt – also in der Vorbereitungsphase – an! Hier gilt die unveränderliche Regel des alten chinesischen Weisen Sun Tsi, der 500 v. Chr. das berühmteste Buch seiner Zeit, **„Die Kunst des Krieges",** schrieb. Seine wichtigste Erkenntnis lautete: **Eine Schlacht wird vorher gewonnen und vorher verloren!** Genau dasselbe gilt im Verkauf.

> **Das Verkaufsgespräch wird schon vorher gewonnen oder verloren!**

Das heißt also: bevor ich den ersten Abschlußversuch mache! Denn meine Abschlußchancen hängen davon ab,

- ob ich an mein Produkt und an den Nutzen meines Produkts für den Kunden glaube
- ob ich das Gefühl habe, für den Kunden ein einzigartiges Angebot zu haben
- ob ich mich für einen kompetenten und erfolgreichen Verkäufer halte
- ob ich eine absolut positive Erwartungshaltung habe
- ob ich den festen Willen habe, zu einem Ergebnis zu kommen
- ob ich mich voll auf den Kunden und das Verkaufsgespräch konzentrieren kann und nicht von meinem Ego blockiert werde (z. B. durch meine Angst, meine Abwehrhaltung oder meine Selbstbehauptung) – Hier gilt:

> **Der Abschlußerfolg erfolgt nicht aufgrund von Zufällen, sondern aufgrund von Gesetzmäßigkeiten!**

Kommen wir nun zu den wichtigsten Inhalten dieses Abschlußtrainings zurück, das in 10 Fragen aufgeteilt wurde, die von jedem Verkäufer sowohl durch ein Stichwort an der Pinnwand als auch durch eine kurze mündliche Erklärung beantwortet wurden. Dabei habe ich mich vor allem auf die Antworten des besten Verkäufers, Dieter Cziczek, konzentriert, unter dessen Aussagen ich auch die Vorschläge seiner Kollegen, des Trainers und meine eigenen aufgenommen habe.

Die 10 wichtigsten Fragen eines erfolgreichen Abschlußtrainings

Frage 1: Wie bereiten Sie sich auf den Abschluß vor?

Cziczek: „Am wichtigsten ist für mich zunächst, eine ganz bestimmte Einstellung und ein ganz bestimmtes Bewußtsein zu gewinnen. Das heißt: **Ich möchte anders als alle anderen sein!** Ich möchte mich von dem Heer der anderen Vermittler abheben!"
„Wie erreichen Sie das?"
„Durch einen einzigartigen Service. Das heißt durch die Bandbreite meines Service. Da ich weiß, daß der Arzt wenig Zeit hat und sich nur ungern mit Versicherungen beschäftigt, nehme ich ihm genau das komplett ab. Aus diesem Grund biete ich meinem Kunden auch so viele Produkt- und Servicevorteile an, daß er geradezu süchtig nach mir wird und mich Tag und Nacht anrufen will."
„Lohnt sich denn dieser Serviceaufwand?"
„Aus diesem Grund konzentriere ich mich vor allem auf die Ärzte, die durch ihren Komfort- bzw. Serviceanspruch auf mich angewiesen sind. Das bedeutet, ich engagiere mich in erster Linie entsprechend der Auftragssumme oder aufgrund der vom Kunden bezahlten Serviceleistungen. Deshalb frage ich den Kunden auch zuvor, ob mein Service gewünscht wird. Die meisten Kunden sind dankbar dafür und übergeben mir zum Schluß sogar Verträge, die sie schon vorher blanko unterschrieben haben."

„Bereiten Sie sich auf die Abschlußverhandlungen speziell vor?"
„Ja, meine mentale Vorbereitung besteht darin, daß ich schon im voraus davon ausgehe, daß ich in 60 bis 70 Prozent aller Fälle um den Auftrag kämpfen muß, weil der Kunde es sich noch überlegen will oder weil er auf den entscheidenden Anstoß angewiesen ist."

Frage 2: Was wollen Sie von dem Kunden alles wissen?

- **Ich frage den Kunden nach möglichen Wettbewerbern**, z.B.: „Haben Sie bereits Offerten von anderen Versicherungen eingeholt? Verhandeln Sie auch noch mit anderen Beratern?"
- **Ich möchte das Kundenprofil erkennen** und frage daher sehr viel – bis hin zur Kirchensteuer, zu Hobbys, zu Neigungen (z.B. ob er Weinkenner oder Hobbykoch ist etc.). Diese Informationen brauche ich, um z.B. später das passende Geschenk für sein Berufsjubiläum zu finden.
- **Ich forsche nach seinen Motiven:** Ich möchte erkennen, was ihn bewegt, wo ich ankern kann oder wo der wunde Punkt ist.
- **Ich möchte die Ist-Situation und den Soll-Bedarf kennen.** Deshalb erfrage ich nicht nur seine Versicherungs- und Versorgungswünsche, sondern lasse mir auch alle bestehenden Versicherungsverträge und Kapitalanlagen aushändigen, um sie zu Hause in Ruhe durchzustudieren und gegebenenfalls mit einem neuen Angebot nachfassen zu können.
- **Ich setze darüber hinaus auch Verunsicherungstaktiken ein.** Das mache ich vor allem bei den „wettbewerbsgeschädigten Kunden", die glauben, mit ihren bisherigen Verträgen zufrieden sein zu können, und gar nicht wissen, was sie eigentlich unterschrieben haben.

(Hinweis: An dieser Aussage erkannte ich bereits nach der ersten Fragerunde, daß Herr Cziczek der Beste war. Denn um solche Verunsicherungstaktiken einzusetzen, muß man Mut, Selbstvertrauen, Angriffsgeist und Einfühlungsvermögen haben – alles Eigenschaften, die bei den anderen Teilnehmern nicht so ausgeprägt waren.)

Frage 3: Wie stellen Sie sicher, daß während der einzelnen Stufen der Arzt noch an einem Abschluß interessiert ist und Sie sich nicht umsonst die Mühe machen?

- **Ich spreche den Arzt ebenso provokativ wie emotional an,** wenn ich glaube, daß er nicht mehr voll bei der Sache ist, z. B.: „Herr Doktor, ich habe den Einruck, Sie haben mir den Termin nur aus Höflichkeit gegeben, aber Sie sind nicht mit dem Herzen dabei! Stimmt das?"
- **Ich gebe dem Arzt immer wieder neue Hausaufgaben auf, z. B.:** „Herr Doktor, ich bereite alle meine Termine gründlich vor. Ich wäre Ihnen deshalb sehr dankbar, wenn Sie bis zum nächsten Termin auch alle Ihre Unterlagen zusammenstellen würden!"

Frage 4: Mit welchen Fragen testen Sie die Abschlußbereitschaft des Kunden?

Am liebsten mit folgenden Fragen:

- Herr Doktor, wären Sie bei dem Preis bereit abzuschließen?
- Treffen Sie allein die Entscheidung?
- Bis wann fällt die Entscheidung?
- Von welchen Kriterien hängt die Entscheidung ab?
- Gibt es noch eine Frage?
- Angenommen, unser Angebot bietet Ihnen echte Vorteile: Wann wollen Sie diese Vorteile nutzen? Erst nach einem Monat, nach sechs Monaten oder nicht lieber sofort?
- Sagt es Ihnen Ihr Bauch oder Ihr Kopf, daß Sie es machen?

- Sind Sie von mir überzeugt? Denn ich will keine Kunden, die nicht von mir überzeugt sind. Dann sollten wir es lieber gleich bleiben lassen.

Gerade der letzte Satz zeigt seinen Mut zur klaren Qualifikation durch eine bewußte Provokation.

Frage 5: Wie sprechen Sie die Motive des Kunden an?

- Um meine Angebotsvorteile so überzeugend wie möglich zu machen, verbinde ich sie nach Möglichkeit mit den folgenden vier Plusmotiven: Sicherheit, Gewinn, Anerkennung und Bequemlichkeit.
- Dabei gehe ich davon aus, daß die gegensätzlichen Minusmotive wie Angst, Verlust, Kritik oder Streß den Kunden oft noch viel stärker motivieren als die Plusmotive.
- Ich verwende dabei die klassische Dreier-Formel: Ich spreche zuerst ein Negativmotiv an! Dann bringe ich den Produktvorteil! Und am Schluß füge ich noch ein Plusmotiv an.

„Wie hört sich das in der Praxis an?"

„Angenommen, ich will die **Motive Angst** (Problemverdrängung) **und Sicherheit** (Verantwortungsbewußtsein) ansprechen, dann sage ich zu dem Kunden: ‚Herr Doktor, wenn ich mir die meisten jungen Ärzte anschaue, dann habe ich die starke **Befürchtung**, daß sie aufgrund der täglichen Erlebnisse im Krankenhaus ihre eigenen Risiken am liebsten verdrängen würden (Angstmotiv). Dabei hat gerade unsere Berufsunfähigkeitsversicherung schon so vielen Ärzten unschätzbare Dienste geleistet (Produktvorteil). Ich bin mir daher sicher, daß ein kluger Mann wie Sie diese Risiken genau einzuschätzen weiß und erkennt, welche **Sicherheit** sie Ihnen und Ihrer Familie bietet (Sicherheitsmotiv).'

Frage 6: Woran erkennen Sie die Abschlußbereitschaft des Kunden, und wie reagieren Sie darauf?

Ich höre auf seine Kaufsignale. Kaufsignale, die einen echten Bedarf signalisieren, sind für mich Fragen, die sich auf konkrete Einzelheiten des Angebots oder auf die Umstände nach dem Kauf beziehen, z. B.:

- Kann ich auch jährlich zahlen?
- Was passiert, wenn ich arbeitslos werde?
- Wie läuft es ab, wenn ich berufsunfähig werde?
- Kann ich später aufstocken?
- Kann ich per Dauerauftrag zahlen?
- Ist die Infektionsklausel mit drin?
- Was passiert, wenn ich mich niederlasse?
- Wie hoch ist die Ablaufleistung?
- Welchen Einfluß haben meine Vorerkrankungen?
- Wann bekomme ich meine Rente?

Jetzt kommt es darauf an, diese Kaufsignale des Kunden aufzunehmen und direkt für den Abschluß zu verwenden.

Beispiel 1:
    Der Arzt fragt: „Kann ich auch jährlich zahlen?"
    Cziczek: „Möchten Sie das? Ist das für Sie wichtig? ... Dann nehme ich das gleich in den Antrag mit auf."

Beispiel 2:
    Der Arzt fragt: „Was passiert, wenn ich mich niederlasse?"
    Cziczek: „Was meinen Sie damit genau?"
    Arzt: „Ja, wie steht es dann mit der Absicherung meiner Berufsunfähigkeit?"
    Cziczek: „Gut, daß Sie das ansprechen. Dann nehmen wir am besten diesen Punkt gleich in den Vertrag auf, daß Sie also bei einer Niederlassung als Arzt ebenfalls in den Genuß der Berufsunfähigkeitsrente kommen."

Frage 7: Wie halten Sie zwischen den einzelnen Gesprächen den Kontakt mit dem Kunden aufrecht?

- Ich gehe grundsätzlich davon aus, daß ich bis zum nächsten Kontakt nicht zuviel Zeit verstreichen lassen darf.
- Ich darf auch die Stimmung nicht abfallen lassen. Das heißt, der Kunde muß auch in der Zwischenzeit interessiert bleiben.
- Ich halte den Kontakt vor allem durch telefonische Vorankündigungen aufrecht, z.B.: „Herr Doktor, ich habe ein Superangebot für Sie ... Sie dürfen sich freuen ... Wußten Sie, daß Sie in Ihren Unterlagen die ‚schlimmsten' Sachen haben? ... Und daß ich Ihnen echte Einsparmöglichkeiten aufzeigen kann?"
- Ich will den Kunden vor meinem nächsten Termin unbedingt in eine positive Erwartungshaltung bringen, also ihn auf das nächste Gespräch neugierig machen.
- Ich rufe deshalb den Kunden in der Zwischenzeit auch ganz spontan an und provoziere ihn mit Fragen wie: „Warum hat Ihnen Ihr bisheriger Berater nicht gesagt, daß ... ?
- Ich bestätige bzw. festige kurz zuvor noch einmal den nächsten Termin, um nicht umsonst zum Kunden zu fahren.

Frage 8: Welche Einwände dürfen in der Abschlußphase nicht mehr vom Kunden gestellt werden?

Einwände wie z.B.:

- Ich habe keinen Bedarf.
- Ich habe kein Interesse.
- Ich habe kein Geld.
- Ich kann mich jetzt aus verschiedenen Gründen nicht entscheiden.
- Ich muß zuerst noch meinen Schwager, Steuerberater ... fragen.
- Ich möchte zuvor noch mit meiner Frau darüber sprechen.

- Ich weiß nicht, ob die Versicherungssumme nicht zu hoch für mich ist.

Sie müssen alle schon vorher geklärt sein.

Frage 9: Wie erreichen Sie die Unterschrift des Arztes?

Ich setze die verschiedensten Methoden ein:

- **Ich verringere das Risiko für den Kunden.** Ich zeichne dem Kunden einen Zeitplan für den endgültigen Abschluß seines Lebensversicherungsvertrages auf und sage dann zu ihm: „Herr Doktor, wieviel Zeit brauchen Sie noch zum Überlegen? Vier Wochen? ... Dann trifft es sich ja ausgezeichnet, daß die Auswertung der Untersuchung vier Wochen dauert. Solange haben Sie mindestens noch Zeit zum Überlegen bzw. zum Rücktritt ... Und dann vergehen nochmals zwei Wochen, bis die Police eintrifft. ... Auch in dieser Zeit können Sie noch überlegen und zurücktreten. ... Was riskieren Sie also, wenn Sie heute unterschreiben? Nichts! Sie gewinnen nur, denn Sie haben damit ab sofort einen Versicherungsschutz, wenn Ihnen etwas zustoßen sollte."

    Ich nehme also dem Kunden die Angst vor der ersten Unterschrift, indem ich ihm sage, daß der Antrag keine verbindliche Unterschrift darstellt, sondern nur der Gesundheitsüberprüfung dient.
- **Ich schlage drei Varianten vor.** Ich schlage dem Kunden eine große, eine mittlere und eine kleine Variante vor. Er soll dadurch das Gefühl haben, selbst entscheiden zu können, welche ihm gefällt und wobei er sich am wohlsten fühlt.
- **Ich stelle eine Entscheidungsfrage:** „Herr Doktor, das einzige, was Sie jetzt entscheiden müssen, ist folgendes: Wollen Sie Ihre kostbare Freizeit mit der Suche nach dem ‚weißen Hirschen', dem billigsten Versicherungsangebot verbringen, dann sollten

Sie wirklich weiter suchen ... Oder wollen Sie Ihre kostbare Freizeit für Ihre Familie und Ihre Erholung verwenden und sich auf ein seriöses Unternehmen und einen kompetenten Berater stützen? Dann sind wir der richtige Partner für Sie!"
- **Ich provoziere den Kunden:** „Herr Doktor, ich habe Sie bisher als einen Mann kennengelernt, der genau weiß, was er will, und der auch zu seinem Wort steht. Sollte das jetzt nicht mehr stimmen? Kann ich mich nicht mehr auf Ihre Aussagen verlassen? Das kann ich nicht glauben! ... Hier ist der Vertrag, genauso wie wir ihn besprochen haben. Bitte bestätigen Sie ihn hier ... mit Ihrer Unterschrift." (Solche Provokationen sind natürlich nur nach vorherigen Gemeinsamkeiten erlaubt und erfolgversprechend!)
- **Ich demonstriere die Einzigartigkeit** meines Angebotes: „Kennen Sie Herrn Prof. Dr. Pfingstl? Er ist ein Pionier auf dem Gebiet der Lebertransplantation. Wir von der ABC-Versicherung sind Pioniere auf dem Gebiet der Ärzteversicherungen, und deshalb können wir Ihnen als einzige Versicherung auch folgende Vorteile anbieten ... Wenn Ihnen diese Vorteile zusagen, Herr Doktor, dann bitte ich Sie hier um Ihre Unterschrift."
- **Ich schildere einen dramatischen Praxisfall:** Ich erzähle dem Kunden (wahrheitsgemäß!) von einem Arzt, der im Alter von 50 Jahren plötzlich aufgrund der Parkinsonschen Krankheit seinen Beruf aufgeben mußte und jetzt von den Vorteilen seiner Berufsunfähigkeitsversicherung profitiert. Ich sage ihm, daß auch dieser Arzt vor 5 Jahren nicht im Traum daran dachte, mit 50 Jahren seinen Beruf aufgeben zu müssen, und damals nur durch den sanften Druck eines Kollegen zu dem Abschluß einer Berufsunfähigkeitsversicherung gebracht werden konnte ... Heute dankt er Gott auf den Knien dafür ...

  „Aus diesem Grund sollten Sie nicht länger zögern. Ich habe bereits alles vorbereitet. Wenn Sie die Richtigkeit der Angaben bitte hier bestätigen würden."
- **Ich spreche das Gefühl an:** „Herr Doktor, wie oft kommt es vor, daß Sie im nachhinein einen Vertrag storniert haben? Lassen Sie doch einmal Ihr Gefühl sprechen, und es wird Ihnen sagen, daß diese Entscheidung für Sie und Ihre Familie richtig ist.

Hat Ihr Gefühl Sie jemals getrogen? Lassen Sie Ihr Gefühl sprechen, und Sie kommen zu der einzig richtigen Entscheidung!"
- **Ich biete dem Kunden Referenzen an:** „Herr Doktor, darf ich ihnen das folgende Schreiben vorlegen, das mir Ihr Kollege, Herr Dr. Erhard, vor kurzem zugesandt hat? Darf ich es Ihnen kurz vorlesen? Hier steht:
‚Ich habe bei Herrn Cziczek von der ABC-Versicherung eine Berufsunfähigkeitsversicherung abgeschlossen, und als ich fünf Jahre später krank wurde, da wußte ich, daß der Abschluß dieser Versicherung eine der besten Entscheidungen meines Lebens war.'"
- **Ich zeige dem Kunden einige Testberichte:** „Herr Doktor, ich lege Ihnen hier einige Testberichte vor, aus denen Sie selbst ersehen können, wie unabhängige Zeitschriften, z. B. Capital oder Finanztest, unsere Leistungen im Vergleich zu den Wettbewerbern einschätzen und beurteilen. Aus diesem Grund haben sich bisher Tausende von Ärzten für die ABC-Versicherung entschieden. Wenn Sie einverstanden sind, dann halte ich jetzt die wichtigsten Punkte gleich fest."
- **Ich beginne mit der kleinsten Abschlußmöglichkeit.** Ich schlage dem Kunden z. B. als erstes die günstigste Kfz-Versicherung vor, bei der er auf jeden Fall x Mark spart. Dadurch wird das Eis gebrochen, und er kommt in Bewegung.
- **Ich bereite die Kündigungen bisheriger Versicherungen vor.** Nach der Finanz- und Wirtschaftsanalyse bereite ich den Kunden schon vorsichtig auf seine Versorgungsdefizite und seine ungenügenden Verträge vor. Durch einen Vergleich der Prämien und Leistungen der verschiedenen Anbieter beweise ich dem Kunden, daß er bestimmte Verträge kündigen sollte. Diese Kündigungen habe ich bereits fix und fertig vorbereitet. Je nach Stimmung lege ich sie ihm dann auch vor.

Durch diesen Vergleich mache ich ihm außerdem bewußt, daß mein Angebot, also meine Lösung, für ihn optimal ist.

Frage 10: Wie erreichen Sie neue Empfehlungen?

- **Ich kündige gleich zu Beginn Empfehlungswünsche an.** Ich sage dem Arzt von vornherein, daß ich bei seiner Zufriedenheit mit Empfehlungskunden rechne.
- **Ich frage den Kunden nach seiner Zufriedenheit.** Ich sage zu dem Kunden: „Wenn Sie zufrieden sind, sagen Sie es bitte anderen. Wenn Sie unzufrieden sind, sagen Sie es bitte mir! Habe ich Ihre Erwartungen erfüllt? Sind Sie mit meiner Beratung zufrieden? Habe ich mein Wort gehalten, daß Sie durch meine Beratung Geld sparen bzw. bessere Versicherungsleistungen erreichen? Sind auch die Unterlagen wie vereinbart angekommen und richtig ausgefüllt worden?"
- **Ich achte auf den richtigen Moment.** Ich gehe mit dem Kunden zum Essen und spreche ihn dabei auf Empfehlungen an.
- **Ich mache dem Kunden die Notwendigkeit einer Empfehlung bewußt.** Ich frage den Arzt zum Beispiel: „Herr Doktor, was glauben Sie, was ich bei dieser Versicherung, die Sie soeben abgeschlossen haben, verdient habe?" Arzt: „Keine Ahnung?" Ich: „Es sind genau 72 DM." Arzt: „Das ist ja nicht einmal das Benzingeld!" Ich: „Deshalb erhoffe ich mir ja auch von Ihnen, wenn Sie zufrieden sind, daß Sie mich weiterempfehlen. Denn erst das Folgegeschäft rentiert sich für mich."
- **Ich mache dem Kunden seine Situation bewußt!** Ich sage deshalb zu dem Arzt: „Herr Doktor, Sie dürfen nicht werben und sind deshalb auf die Mundpropaganda angewiesen. Das heißt: Sie sind auf die Weiterempfehlungen Ihrer Patienten angewiesen. Auch ich lebe von Empfehlungen. Auch ich bin auf Ihre Weiterempfehlung angewiesen. Deshalb würde ich mich freuen, wenn Sie mich an Ihre Kollegen weiterempfehlen würden."
- **Ich erinnere den Arzt an ein Beispiel aus der Praxis.** Ich sage zu dem Arzt: „Herr Doktor, angenommen, ein Patient würde bei Ihnen erscheinen und zu Ihnen sagen: ‚Mich hat der Dr. Müller zu Ihnen geschickt!' Wie würden Sie sich da fühlen? Gut wahrscheinlich! Sehen Sie, genauso geht es mir. Auch ich freue mich über Empfehlungen, denn auch ich lebe von Empfehlungen."

- **Ich bitte gute Kunden, mir eine Referenz zu schreiben.** Am schnellsten geht es, wenn ich dem Arzt einen Text als Anhaltspunkt vorlege, z.B.: „Ich habe bei Herrn Cziczek von der ABC-Versicherung eine Berufsunfähigkeitsversicherung abgeschlossen, und als ich fünf Jahre später krank wurde, da hatte ich den unschätzbaren Vorteil, daß ..."
- **Ich bitte den Kunden, auch über ganz bestimmte Vorteile eine Referenz zu schreiben.** Der Einfachheit halber zeige ich dem Arzt eine Textvorlage. Zum Beispiel: „Im Dezember vergangenen Jahres habe ich eine Veranstaltung der XY-Versicherung besucht, worauf ich alle meine Versicherungen bei dieser Gesellschaft abgeschlossen habe. Kurze Zeit später habe ich Herrn Cziczek von der ABC-Versicherung kennengelernt. Er beriet mich sehr ausführlich, und dabei mußte ich feststellen, daß die Verträge meiner Versicherung sogar noch Versorgungslücken enthielten."
- **Ich habe den Mut zu einer Top-Empfehlungsmethode!** Ich bitte einen zufriedenen Arzt, auf seinem Briefpapier folgenden Text zu schreiben:

Referenz

Ich war der Meinung, daß die XY-Versicherung die beste Berufsunfähigkeitsversicherung anbietet. Das war, bevor ich mit Herrn Cziczek von der ABC-Versicherung gesprochen habe. Heute weiß ich, daß die Berufsunfähigkeitsversicherung der ABC-Versicherung in puncto Preis-Leistungs-Verhältnis die beste ist, und habe mich dafür entschieden.

Stempel/Dr. Müller

München, den ...

Mit diesem Brief gehe ich dann zu anderen Kollegen von Herrn Dr. Müller und bitte sie, wenn sie mit meiner Leistung zufrieden waren, diese Referenz mit ihrem Stempel und ihrer Unterschrift zu

„beglaubigen". So habe ich zum Schluß eine Referenz mitzusätzlichen Unterschriften:

Stempel/Dr. Balthasar	Stempel/Dr. Mair...
Burghausen, den ...	Altötting, den...
Stempel/Dr. Dr. Kastenbauer	Stempel/Dr. Schmidtler
Ältötting, den ...	Burghausen, den...

Letzte Frage an alle Teilnehmer des Abschlußtrainings:

Welche Fehler lassen Abschlußgespräche scheitern?

Nach den Meinungen dieser Berater gehen die meisten Abschlüsse aufgrund der folgenden 10 Fehler verloren:

1. **Der Kunde wird zuvor nicht richtig qualifiziert.** Der Kunde wird vorher nicht genau nach Bedarf, Interesse, Geld und Entscheidungsbefugnis (z. B. allein oder mit Ehepartner) sowie Priorität qualifiziert. Deshalb wird viel zu lange über das Produkt gesprochen, ohne daß die Voraussetzungen für einen Abschluß gegeben sind.
2. **Die Vorteile des Angebots werden zu schnell angepriesen.** Der Verkäufer lobt und preist bestimmte Vorteile seines Angebots an, ohne vorher festgestellt zu haben, ob sie wirklich für diesen Kunden interessant sind, also ob es sich wirklich um kundenspezifische Vorteile handelt.
3. **Der Kundenwunsch wird nicht ernst genommen.** Der Kunde hat z.B. den Verkäufer extra um ein schriftliches Angebot gebeten. Als der Verkäufer ihm das nicht vorlegte, hat er das Konkurrenzangebot angenommen, obwohl es teurer war.

4. **Es wird zuviel geredet.** Viele Verkäufer „labern" zu lange. Sie zerreden so die positive Stimmung des Kunden und seine anfängliche Neugierde. So werden sie in den Augen des Kunden zu Zeitverschwendern und Dauer-Quasslern, denen er nicht vertraut.
5. **Der Verkäufer macht strategische Fehler.** Der Verkäufer überzeugt den Kunden mit viel Geschick von einer Krankenversicherung, so daß er zum Abschluß bereit ist, stellt aber erst danach die Gesundheitsfragen.
6. **Der Verkäufer verkauft per Hochdruck.** Der Verkäufer versucht, den Kunden schon beim ersten oder zweiten Termin zu einer Unterschrift zu drängen, obwohl der Kunde noch keinerlei Kaufsignale gezeigt hat.
7. **Der Kunde hat kein Vertrauen.** Dem Kunden fehlt das Vertrauen in den Verkäufer und sein Angebot. Der Verkäufer hat vergessen, daß das Vertrauen erst durch Beweise bzw. Leistungen verdient werden muß. Dadurch fehlt auch die emotionale Beziehung.
8. **Der Verkäufer ist nicht authentisch.** Er übernimmt irgendein Konzept (z.B. das eines Kollegen), ohne daß er wirklich dahintersteht.
9. **Der Kunde hat kein Problembewußtsein.** Der Verkäufer hat es unterlassen, bei dem Kunden das Bewußtsein zu schaffen, daß seine bestehenden Verträge ungenügend sind, also erhebliche Versorgungslücken aufweisen. Ohne dieses Problembewußtsein kann er aber dem Kunden nichts verkaufen.
10. **Es fehlt die Begeisterung und die Dringlichkeit.** Der Verkäufer geht davon aus, daß sein Angebot so gut ist, daß es den Kunden von allein überzeugt. Er berücksichtigt dabei nicht, daß die besonderen Vorteile seines Angebots, vom Kunden nicht von selbst wahrgenommen werden, sondern ihm mit Begeisterung und Dringlichkeit als einzigartige Vorteile bewußtgemacht werden müssen.

Das folgende Beispiel stammt aus einer ganz anderen Branche und zeigt, mit welch unglaublicher Ruhe, Sicherheit und Gelassenheit ein Top-Verkäufer einen scheinbar unüberwindbaren Abschlußeinwand entkräftete und sich so den Abschluß sicherte.

Wie sich ein Top-Verkäufer beim Abschluß mit Erfolg durchsetzte

Jeder Sieger hat eine andere besondere Eigenschaft, die ihn auszeichnet. Heinz Scheele, Fachberater für Heizkörperverkleidungen, die er im Direktvertrieb verkauft, und die Nr. 1 von rund 80 Vertretern, gilt als Spezialgebiet die Behandlung von Abschlußeinwänden.

Wie man die Gesprächsführung in der Hand behält

Schon im dritten Satz des Interviews sagt er: „Der Verkauf beginnt für mich, wenn der Kunde nein sagt. Deshalb ist die gute Einwandbehandlung für mich auch eine echte Profiherausforderung." Das ist die Einstellung eines Siegers. Doch was heißt das genau?

Auf meinen fragenden Blick hin ergänzt er seine Aussage: „Die gute Einwandbehandlung beginnt bereits bei der Frage: **Wer führt das Verkaufsgespräch? Ist es der Verkäufer oder der Kunde?** Denn wenn der Verkäufer schwach ist, sagt der Kunde, wo es langgeht. Und das bedeutet: Der Verkäufer verliert sofort die Autorität, die er so dringend braucht."

„Und wie behaupten Sie im Verkaufsgespräch die Führung?" frage ich nach.

„Wenn ich einen Kunden besuche", erklärt Scheele überzeugt, „versuche ich von Anfang an, das Heft in der Hand zu behalten, z.B. indem ich immer in Aktion bin.

Schon in den ersten Minuten ziehe ich alle Register, um dem Kunden ein gutes Bild von mir zu geben. Ich bin höflich, strahle Freundlichkeit aus und versuche, ihn durch einen Scherz oder eine lustige Anspielung zum Lachen zu bringen!

Zur gleichen Zeit halte ich schon nach einem Anknüpfungspunkt Ausschau, über den ich mit dem Kunden reden kann. Denn man muß sich mit ihm unterhalten, um das Eis zu brechen. Irgend etwas findet sich immer, und sei es ein handgeknüpfter Teppich ...

Dabei gibt es zwei Arten von Kunden: die einen, die selbst gerne erzählen, und die anderen, die sich gerne etwas erzählen lassen."

Wie man beim Kunden Vertrauen schafft

Scheele macht einen Augenblick Pause, als müßte er über etwas nachdenken, dann fährt er fort:

„Dann kommt der Teil, wo ich Vertrauen aufbaue. Das schaffe ich am schnellsten, indem ich in meinen Monteurkittel schlüpfe, den ich immer dabeihabe. Monteuren glauben die Kunden eher als Verkäufern. Und schon fange ich an, die Heizkörper auszumessen, was für die spätere Preisermittlung sehr wichtig ist.

Natürlich weiß ich, wie groß die meisten Standardheizkörper sind. Aber ich vermesse bewußt jeden einzelnen. Denn diese Art von Handarbeit bedeutet für den Kunden ein Stück Solidität und stärkt sein Vertrauen. Außerdem signalisiert sie dem Kunden eine individuelle, geradezu maßgeschneiderte Arbeit. Schon hier beginnt die richtige Einwandbehandlung und nicht beim ersten Einwand!"

„Inwiefern?" frage ich.

„Wenn ich die Heizkörper ausmesse, sehe ich mir nebenbei auch den Kunden ganz genau an. Denn meistens hat er schon die erste Frage auf den Lippen, und zwar: ‚Verliere ich durch die Heizkörperverkleidung nicht an Wärme?' **Genau diesen Einwand sage ich dem Kunden auf den Kopf zu und gehe auch sofort darauf ein.** Ja, ich bestätige ihn bewußt in seiner Annahme, daß Holz, Metall und Kunststoff Wärme wegnehmen, zeige ihm aber gleichzeitig auf, auf welche Weise unsere Heizkörperverkleidung sogar einen Kachelofeneffekt erzielt.

Durch diese Offenheit und die Ansprache seines Einwandes fühlt sich der Kunde ernst genommen und verstanden. Auch das stärkt sein Vertrauen."

Wie man ein hohes Wertbewußtsein aufbaut

„Gleichzeitig beginne ich mit dem Aufbau eines hohen Wertbewußtseins. Das mache ich jetzt und nicht erst, wenn der erste Preiseinwand kommt. Dann ist es meistens schon zu spät!"

„Wie gehen Sie dabei vor?"

„Ich präsentiere zuerst meine Firma, stelle sie als alteingesessene Firma vor, zeige ihren Werdegang auf und erläutere die stetige Verbesserung der Wärmespeicherung und der Verkleidungen. Dazwischen spreche ich den Kunden immer wieder persönlich an, z.B. ob er tagsüber viel zu Hause ist, was er zu Hause tut, ob er viel Besuch bekommt ... Denn je mehr er zu Hause ist und je mehr Besuch er bekommt, um so lohnender ist die Sache für ihn. Sei es wegen der Schönheit oder wegen dem Prestige.

Danach kommt der wichtigste Teil: **Ich erkläre dem Kunden ganz genau die künftige Montage.** Dabei gehe ich Schritt für Schritt vor, denn ich will, daß er alles ganz genau versteht. Ich erkläre ihm auch bis ins Detail, wie die Kacheln hergestellt werden und welche Wärmevorteile sie haben. Daneben versuche ich, den Kunden immer wieder durch kleine Gags aufzumuntern."

„Warum klären Sie den Kunden so genau auf? Langweilt ihn das nicht?"

„Wenn Sie ihm diese Vorgänge interessant und spannend erklären, langweilt es ihn keineswegs. Andererseits wächst durch diese genaue Erklärung unbewußt auch seine eigene Preisvorstellung mit. Das ist für mich entscheidend. Denn wenn ich den Kunden später frage, was das Ganze wohl kostet, dann sagt er spontan, daß er keine Preisvorstellung hat. Aber das stimmt natürlich nicht. Er hat sehr wohl eine Preisvorstellung. Aber er will sich keine Blöße geben.

Wenn er jedoch über den ganzen Herstellungs- und Montagevorgang genau Bescheid weiß, dann rückt er unbewußt auch von seiner zu niedrigen Preisvorstellung ab. **Denn jeder Handgriff, jede Produktionsstufe erhöht sein Wertbewußtsein.** Um den Kunden ins Gespräch mit einzubeziehen, packe ich jetzt einzelne Kacheln aus, gebe sie ihm in die Hand, stelle ihm die verschiedenen Motive vor und zeige ihm auch schon – immer noch am Boden als Monteur kniend – die ersten Vorher- und Nachher-Bilder. Also wie die Heizkörper ohne und mit Verkleidung wirken."

Wie man sich an den richtigen Preis herantastet

„Erst wenn ich durch meinen Status als Fachmann und als Monteur mit dem Kittel Vertrauen und Glaubwürdigkeit aufgebaut habe und den Kunden ganz nebenbei auch schon auf bestimmte Gefahren und Nachteile der Billiganbieter aufmerksam gemacht habe, komme ich auf den Preis zu sprechen. ‚Na, was meinen Sie, was darf das Ihrer Meinung nach kosten?' frage ich den Kunden. Nachdem er einen Preis genannt hat, nenne ich den Maximalpreis inklusive der wichtigsten Vorteile.

Dabei beobachte ich den Kunden ganz genau. Zuckt er bei der höchsten Preisvorstellung leicht zusammen, bringe ich eine preiswertere Variante ins Spiel. Ist der Preis immer noch zu hoch für ihn, erkläre ich ihm, daß wir bestimmte Brennmonate haben, in denen er z.B. bei einer Bestellung von 3.300 DM ganz schnell 700 DM sparen kann. Natürlich muß er dann mit einer bestimmten Lieferverzögerung rechnen.

Je nach Situation erwähne ich noch zwei weitere Preisnachlässe: zum einen die Möglichkeit von Sammelbestellungen, zum anderen einen bestimmten Werbenachlaß, wenn ich die spätere Verkleidung als Referenz fotografieren darf. Das heißt: Ich verlange von dem Kunden bei jedem Preiszugeständnis auch ein (kleines) Opfer. Nur so kann ich bei meiner Preisverteidigung auch glaubwürdig bleiben."

Wie man die Billigkonkurrenz ausschaltet

„Dazwischen flechte ich immer wieder nachdenklich machende Sprüche ein wie z.B.: ‚Wer billig kauft, kauft oft am teuersten!' oder ich erzähle ihm von den Kunden, die auf Billighersteller hereingefallen sind, und was die alles durchmachen mußten: angefangen von dem Kopfschütteln ihrer Bekannten bis hin zu dem Ärger und Schaden durch den unsachgemäßen Einbau. Dabei habe ich keine Berührungsängste vor dieser Billigkonkurrenz und zeige ganz genau ihre Schwächen auf. Das sehe ich auch als Service an, denn diese Schwächen würde der Kunde nie von alleine bemerken. Für diese Informationen ist er mir in der Regel sehr dankbar."

„Und wie gehen Sie vor, wenn der Kunde absagen will, z. B. weil ihm der Preis noch immer zu hoch ist oder weil er das Ganze doch nicht braucht?"

„Ich komme gleich darauf zu sprechen. Vorher aber noch eins: Ich habe die Erfahrung gemacht, daß die meisten Einwände gar nicht vom Kunden kommen, sondern in den meisten Fällen von den schwächeren Verkäufern geradezu provoziert werden.

Es fängt schon damit an, daß sie nicht verstehen, das Vertrauen des Kunden zu gewinnen, und es setzt sich fort, daß sie bei der Präsentation einfach zu langweilig sind. **Es fehlt ihnen die Dynamik und der Biß. Noch schlimmer: Sie sind nicht mit dem Herzen dabei!**

Statt dessen haben sie Angst um den Auftrag, und das führt dazu, daß sie oft viel zu früh den Preis ansprechen. Nur damit sie erfahren, ob der Kunde ihre Produkte überhaupt kaufen kann oder will. Aber ohne den Aufbau eines Wertbewußtseins funktioniert das Spiel nicht. Darüber hinaus machen sie – wahrscheinlich aus Nervosität – den Fehler, daß sie alle Erklärungen und Beispiele nur kurz anreißen, so daß sie der Kunde oft gar nicht richtig mitbekommt. Statt Geduld und Ruhe strahlen solche Verkäufer genau das Gegenteil aus, nämlich Streß und Unsicherheit, und stecken damit den Kunden an."

Wie man mit Ruhe und Gelassenheit den Abschluß schafft

„Und was ist, wenn der Kunde nein sagt?" komme ich auf meine Frage zurück. „Dann beginnt der eigentliche Verkauf! Aber genau in diesem Augenblick werden die schwächeren Verkäufer nervös und unruhig. Sie fangen an zu drücken und zu drängen, zu bitten oder gar zu betteln ... Und warum? Weil sie einfach keine Argumente mehr haben, weil sie nicht wissen, was sie jetzt sagen sollen."

„Und wie gehen Sie vor?" bringe ich ihn auf den entscheidenden Punkt zurück.

„Wenn der Kunde zu mir sagt: ‚Das ist an sich ganz schön, aber es kommt für mich nicht in Frage', dann bleibe ich in aller Ruhe beim Kunden sitzen. Und das tue ich, solange er nicht ganz deutlich nein gesagt hat. Denn ich weiß: **Solange der Kunde nur herumdruckst, hat er noch Interesse!**

In diesem Fall brauche ich als erstes Geduld und eine neue Strategie. Dann teste ich einfach alles aus, um den Abschluß zu erreichen. Denn wenn ich jetzt nicht alle Register ziehe, muß ich mir später Vorwürfe machen, nicht mein Bestes gegeben zu haben. Ich versuche also eine Alternative nach der anderen! Zum Beispiel: Wie sieht es mit Ratenverträgen aus? ... Wie sieht es mit einer verlängerten Lieferfrist aus? ... Wie sieht es mit der Inanspruchnahme des Brennmonats ... aus? ... Egal, was der Kunde sagt, ich habe stets ein Argument mehr, als er Einwände hat."

„Ist das nicht Hochdruckverkauf?"

„Nein, denn hier kommt es nicht auf den Druck, sondern auf die Flexibilität an! Die 08/15-Lösungen funktionieren heute nicht mehr. **Deshalb arbeite ich heute auch ganz individuelle (Finanzierungs-)Lösungen für und mit dem Kunden aus.** Oft sind es wirklich außergewöhnliche Lösungen. Aber die wichtigste Voraussetzung ist, daß ich die Geduld und die Nerven bewahre und in dieser Streßsituation in aller Ruhe nach einer neuen, praktikablen Lösung suche.

Das Problem vieler Verkäufer in dieser Situation besteht doch darin, daß ihr Horizont zu klein ist. Sie sind zu sehr auf den (schnellen) Auftrag fixiert. Dadurch sind sie zu inflexibel. Statt stillezuhalten und neue Lösungen zu suchen, denken sie schon an den möglichen Auftragsverlust. Und statt die Ruhe zu bewahren und gelassen auf Kundeneinwände einzugehen, geraten sie in Streß und blockieren so ihre eigene Kreativität."

Ein absolut „provozierender" Abschluß

Ein paar Tage später begleite ich Herrn Scheele bei einem Verkaufsgespräch und kann mich nun selbst von seiner unglaublichen Gelassenheit und Selbstsicherheit überzeugen.

Das Gespräch findet in einem Villenvorort von Hamburg statt. Als die Hausfrau uns ins Wohnzimmer bittet, fällt mir bei einem Blick in den Garten auf, daß ihr Mann sich geradezu demonstrativ mit der Anlage eines neuen Blumenbeetes beschäftigt und nicht die geringsten Anstalten macht, seine Gartenschürze abzulegen und zu seiner Frau ins Wohnzimmer zu kommen. Ein Blick auf den Verkäufer zeigt mir, daß auch er das sofort wahrgenommen hat.

Heinz Scheele beginnt trotzdem mit seinem Gespräch, fragt die Frau nach ihren Vorstellungen, mißt einzelne Heizkörper aus und berechnet dann mit seinem Taschencomputer die notwendige Größe der Verkleidungen. Die Frau, die von den Bildern in seinem Katalog recht angetan ist und interessiert wirkt, fragt schon ganz neugierig: „Und was kostet mich der ganze Spaß?"

Daraufhin zieht Heinz Scheele den Schlußstrich unter seine Berechnungen und sagte: „Wenn wir für die Räume A, B und C die Verkleidungen X und Y nehmen, die diesen Räumen wirklich eine neue, attraktive und ungewöhnlich schöne Note geben, dann investieren Sie dafür 6.800 DM."

Es ist direkt zu sehen, wie die Frau bei diesem Preis innerlich zusammenzuckt. Wohl hat ihr die schöne Verkleidung ausnehmend gut gefallen, aber dieser Betrag übersteigt anscheinend doch ganz beträchtlich ihre Vorstellung.

„Also, da muß ich zuerst noch mit meinem Mann und meiner Tochter reden!" reagiert sie geradezu erschrocken. Was nun folgt, war eines der Schlüsselerlebnisse meiner Trainerlaufbahn. Heinz Scheele wartet einige Sekunden, so als wolle er ihre Absichten ins Leere laufen lassen, dann sagt er zu ihr ganz ruhig – und ich glaube, nicht recht zu hören: **„Nein, das werden Sie nicht tun!"** Nach einem Augenblick ungläubigen Erstaunens fragt die Frau entrüstet zurück: „Und warum nicht?" – „Weil Sie die Antwort bereits kennen! Wenn Sie jetzt Ihren Mann, der da draußen im Garten so emsig arbeitet und von unserem Gespräch und Ihren Wünschen anscheinend nichts wissen will, fragen, dann wissen Sie ganz genau, was er antworten wird. Er wird nein sagen! Und Ihre Tochter, die anscheinend auch kein besonderes Interesse hat, wird ebenfalls nein sagen. Stimmt's?"

"Sie haben Recht", sagt die Frau und senkt leicht betroffen den Blick. – „Sie, gnädige Frau, entscheiden alleine, und Ihnen haben diese wunderschönen Verkleidungen doch ausnehmend gut gefallen, nicht wahr? Und Sie wissen so gut wie ich, daß diese Verkleidungen für diese Räume geradezu ideal sind, daß sie ihnen eine warme und attraktive Note verleihen ... Und nun stellen Sie sich vor, wie Sie sich jeden Tag freuen, wenn Sie am Morgen die Rollos hochziehen und diese wunderschönen Verkleidungen sehen ... und wie stolz Sie sein werden, wenn Sie Ihre Freundinnen zum Kaffee einladen und sie die anheimelndere Atmosphäre bewundern.

Sagen Sie mir," – und dabei sieht er der Frau direkt in die Augen – „**haben Sie nicht das Recht dazu, sich einmal selbst Ihren Herzenswunsch zu erfüllen** – nach dem, was Sie alles für Ihre Familie tun?" – „Sie haben Recht", sagt die Frau, nachdenklich geworden, wobei sie einen kurzen Blick auf ihren Mann im Garten wirft.

Suche nach der optimalen Finanzierungslösung

Ist damit der Verkauf gebongt? Keineswegs. Denn die 6.800 DM sind nach wie vor für die Frau zuviel. Aber anstatt jetzt sofort nachzugeben und den Höchstrabatt zu gewähren, nur um das Geschäft so schnell wie möglich unter Dach und Fach zu bringen und dann zu verschwinden, verhandelt Heinz Scheele in aller Ruhe noch eine halbe Stunde lang, um eine optimale und individuelle Finanzierungslösung zu erreichen, wobei er sogar in Kauf nimmt, daß die Auslieferung erst ein Jahr später erfolgen soll. Erst jetzt ist der Handel unter Dach und Fach, und beide – Verkäufer und Kundin – sind zufrieden.

Wenn wir diesen Verkaufserfolg nochmals kurz analysieren, erkennen wir, daß weder das Fachwissen noch die Verkaufstechnik dieses Verkäufers für den Erfolg ausschlaggebend waren, **sondern allein seine Persönlichkeit und damit ganz bestimmte Siegereigenschaften.** Zum Beispiel seine gute Beobachtungsgabe (das Desinteresse des Mannes im Garten zu erkennen), sein Einfühlungsvermögen (das richtige Angebot zu machen), sein starkes Selbstvertrauen (nein sagen zu können), seine Gelassenheit (in Ruhe nach der besten Lösung zu suchen) und seine Zuversicht (die Lieferung auf ein Jahr später zu verschieben, ohne einen Auftragsverlust zu befürchten).

Nach meinen persönlichen Beobachtungen unterscheiden sich die Top-Verkäufer und Durchschnittsverkäufer beim Abschluß durch folgende 12 Merkmale:

Wie sich Top-Verkäufer und Durchschnittsverkäufer beim Abschluß unterscheiden

Top-Verkäufer	Durchschnittsverkäufer
1. Besondere mentale Vorbereitung (Zielvisualisierung)	Keine besondere mentale Vorbereitung (eher Angst und Streß)
2. Vorbereitung guter Argumente (Entscheidungshilfen)	Keine besondere Vorbereitung der Argumente
3. Hohe positive Erwartungshaltung	Oft unbewußt negative Erwartungshaltung
4. Starke, positive Erfolgsausstrahlung	Teilweise negative Ausstrahlung
5. Volle Konzentration auf das Abschlußgespräch (also auf den Kunden und seine Wünsche)	Konzentration auf den Abschlußerfolg (und nicht auf den Kunden)

Top-Verkäufer	Durchschnittsverkäufer
6. Sicherheit und Gelassenheit bei Kundeneinwänden bzw. bei kritischen Situationen	Unsicherheit und Streß bei Kundeneinwänden bzw. bei kritischen Situationen
7. Hohe Sicherheit und Überzeugungskraft bei Preisfragen des Kunden und eigenen Abschlußinitiativen	Unsicherheit und Nervosität bei Preisfragen und Abschlußversuchen
8. Starkes Streben nach Resultaten (Abschlußerfolgen)	Streben nach Mißerfolgsvermeidung bzw. nach Sympathie und Mitleid des Kunden
9. Mobilisierung von Kampfgeist und Ausdauer	Frühe Resignation und Aufgabe bei harten Kundenwiderständen
10. Freude und Spaß an der Überzeugung von Kunden	Unangenehmes Gefühl bei schwierigen Kunden
11. Positive Stimmung auch nach Kundenabsagen – ohne Minderung des Selbstwertgefühls	Deutlich schlechtere Stimmung und Abwertung des Selbstwertgefühls bei Mißerfolgen
12. Mut zu selbstbewußten Äußerungen und Provokationen	Angepaßte Äußerungen, um nicht Wohlwollen und Akzeptanz des Kunden zu verlieren

„Das große Ziel der Bildung ist nicht Wissen, sondern Handeln."
Aldous Huxley

Schlußwort

Liebe Leserin, lieber Leser!

Vor einiger Zeit hörte ich per Zufall folgendes Gespräch mit an: Da fragte ein Verkaufsleiter einen seiner Verkäufer:
„Sagen Sie mal, Sie verkaufen pro Jahr immer rund 120 Türen. Warum verkaufen Sie nicht mal 180 Türen?"
„Wieso, ist das denn überhaupt möglich?" fragte der Verkäufer erstaunt zurück.
„Natürlich!" antwortete der Verkaufsleiter, „unser bester Mann verkauft über 360 Türen pro Jahr!"
Was sagt uns das?
Wenn wir echte Sieger werden wollen, müssen wir als erstes unser Bewußtsein erweitern, also daran glauben, daß wir viel erfolgreicher werden können, als wir es im Augenblick sind.
Das ist die erste und wichtigste Voraussetzung. Die zweite ist die richtige Motivation! Sie erreichen Sie mit drei einfachen Schritten:

1. Lassen Sie Ihre Phantasie spielen, und malen Sie sich einmal in den schönsten Farben aus, wie Sie sich Ihre Zukunft als Sieger vorstellen.
2. Stellen Sie dann genau fest, wo Sie im Augenblick stehen und was Sie jeden Tag dafür tun müssen, um diese Traumziele auch zu erreichen. Denn ohne Handeln sind alle Traumziele nur Illusionen!
3. Prüfen Sie dann, was für ein Gefühl der Erwartung Sie haben. Glauben Sie trotz dieses augenblicklichen Gegensatzes an Ihren Erfolg, dann löst das einen mächtigen Motivationsschub aus! Nutzen Sie ihn! Die Sieger erwarten Sie bereits!

Dank

Folgenden Firmen bin ich zu besonderem Dank verpflichtet:

Antonitzt, Herbert, Advanta-Institut für Organisations- & Persönlichkeitsentwicklung/Kommunikation & Management, Salzburg
Bühmann, Detlef, HAACKE + HAACKE GmbH + Co., Celle
Hammer, Wilhelm, Organisationsdirektor der mh-Bausparkasse, Augsburg
Herzberg, Hans-Peter, A & S Bäder GmbH & Co., Eberdingen-Hochdorf
Jung, Sunny, Dr. Jung & Partner GmbH, Grünwald
Keller, Paul und *Huber,* Pauli, Finanzdienstleistungen, Übersee
Pühse, Werner, Michelin Reifenwerke KGaA, München
de Reuter, Algunda, proFIT, München

Außerdem möchte ich mich bei folgenden „Siegerinnen und Sieger" bedanken: Frank *Berger,* Dieter *Cziczek,* Cornelia *Grewe,* Rainer *Hellmann,* Armin *Linhart,* Helfried *Otto,* Werner *Paus,* Heinz *Scheele,* Eduard *Wirtitsch.*

Ein besonderer Dank gebührt Frau Waltraud *Heyne,* Kaufering, die die Geduld hatte, sieben überarbeitete Fassungen dieses Buches zu schreiben.

Zu großem Dank bin ich auch meiner Lektorin, Frau Andrea *Zetzsche* vom verlag moderne industrie, verpflichtet, die mit ebensoviel Einfühlungsvermögen wie Geduld dieses Buch begleitete.

> Ganz besonders aber möchte ich mich bei meiner
> Frau für ihre unermüdliche Mithilfe bedanken,
> ohne deren Engagement dieses Buch nicht
> entstanden wäre!

Quellenangaben und Literaturverzeichnis

1. Berth, Rolf: Marktmacht, Düsseldorf 1996, S. 219 f.
2. Berth, Rolf: a.a.O., S. 215
3. Opaschowski, Horst W.: Deutschland 2000, Hamburg 1997, S. 100
4. Altmann, Hans Christian: Erfolgreicher verkaufen durch Positives Denken, 6. Auflage, Landsberg 1997, S. 183 - 194
5. Alle Beispiele aus: Shook, Robert L.: Ten Greatest Salespersons, New York 1980
6. Altmann, Hans Christian: Mut zu neuen Kunden, 3. Auflage, Landsberg 1997
7. Berth, Rolf: Erfolg, Düsseldorf 1993, S. 411 - 443
8. Berth, Rolf: Erfolg, Düsseldorf 1993, S. 438

Besonderer Literaturhinweis

Allen Verkäufern, die eine langfristige und partnerschaftliche Beziehung zu ihren Kunden aufbauen wollen und die die wichtigsten Voraussetzungen dieser zukunftsweisenden Verkaufsstrategie in klarer und gut lesbarer Darstellung kennenlernen wollen, empfehle ich ganz besonders das folgende Buch:

Wagner, Hubert: Die Wiederentdeckung des Verkäufers, Gerling-Akademie-Verlag GmbH München, 2. Auflage 1998

In eigener Sache

Zum Thema „Kunden kaufen nur von Siegern" gibt es folgende ergänzende und vertiefende Vorträge und Seminare für die praktische Umsetzung:

Für Verkäufer

- The big jump: Wie Sie Ihre schlummernden Kräfte wecken und einen ungeahnten persönlichen Leistungssprung erreichen
- Die 10 wichtigsten Schritte für den Aufstieg in die Klasse der Sieger (Top-Verkäufer)
- Wie Sie persönliche Grenzen überwinden und Ihr volles Erfolgspotential entfalten

Für Verkaufsleiter

- Wie Sie das schlummernde Erfolgspotential Ihrer Verkäufer noch stärker mobilisieren können
- Wie Sie Siegertypen finden, Auswählen und optimal einarbeiten
- Wie Sie Ihre Verkäufer motivieren, ihre Grenzen zu überwinden

Für weitere Informationen wenden sie sich bitte an

Dr. Hans Christian Altmann
Management-Training
Widmannstr. 8 a
82110 Germering
Tel. 089/841 47 00

·····Power-Strategien vom Motivationsexperten H.C. Altmann

A

„Das Buch macht Siegerteams. Es vibriert förmlich vor Motivationsimpulsen, die jegliche (Motivations-)Defizite ausmerzen. Wer am Ende nicht den ultimativen Führungsstil und Verkaufseuphorie entwickelt hat, ist selber schuld."
(Cash)

Motivieren und Gewinnen
20 Power-Strategien zur Verkäufermotivation;
2. Auflage, 290 Seiten
DM 69,–
ISBN 3-478-23842-0

B

Mut zu neuen Kunden
Motivation und Strategien;
3. Auflage, 334 Seiten
DM 59,–
ISBN 3-478-23703-3

„Das beste Buch auf dem Gebiet der Neukundenakquisition!"
(Deutscher Verkaufsanzeiger)

„Ich habe dieses Buch mit meinem Team getestet. Das Ergebnis: 300% mehr Termine und Umsätze."
(Paul Keller, Bankkaufmann und Finanzexperte)

C

„Ich bin von diesem Buch begeistert! Es wirkt auf mich wie eine „Betriebsanleitung" für die schwierigsten Situationen im Verkauf". *(Dieter Steffen BMW AG)*

„Eine echte Hilfe! Schon das Lesen macht Freude. Unentbehrlich für Profi und Anfänger."
(Hildegund Gleißner, Handelsvertreterin)

Erfolgreicher verkaufen durch Positives Denken
So erreichen Sie Ihre persönlichen Spitzenleistungen;
6. Auflage, 247 Seiten
DM 59,–
ISBN 3-478-22606-6

Ihr Buchhändler berät Sie gerne.

verlag moderne industrie
http://www.mi-verlag.de